はじめに

　本書は、国立特別支援教育総合研究所の知的障害教育研究班が北欧教育研究の第一人者である高知大学の是永かな子氏と津田塾大学の渡邊あや氏の協力を得て行った共同研究「インクルーシブ教育場面における知的障害児の指導内容・方法の国際比較−フィンランド、スウェーデンと日本の比較から−」をまとめたものである。

　日本が障害者権利条約を批准したことで、インクルーシブ教育システムの構築は喫緊の課題となっている。しかし、知的障害のある子どもとない子どもが共に学ぶインクルーシブ教育場面における指導方法については、障害のない子どもにとっての障害者理解につながる研究はあるが、障害のある子どもにとって効果的な指導技法や集団編成に関する研究知見が不足している。そこで、本研究では、障害児・者に関する教育や福祉分野の先進国である北欧諸国からスウェーデンとフィンランドを取り上げ、教育制度や通常の学級での教育実践についての国際比較から、効果的な指導方法について探っていくことを目的とした。特にフィンランドについては、平成28、29年度の2回にわたって国立特別支援教育総合研究所から研究員を派遣し、知的障害のある子どもたちが小中学校で学んでいる実態を調査した。日本については、小・中学校6校に協力を依頼し、特別支援学級に在籍する児童生徒の教科指導場面における交流及び共同学習の取組を数ヶ月間にわたって研究し、障害のある子どもたちの成長につながる取組にはどのような工夫が必要かについて考察した。

　今回の研究では、各国の教育システムや文化的背景などの要因も加味しながら分析を行い、通常の学級で学ぶ際の効果的な指導内容や方法の具体化についてまとめた。日本の小・中学校での実践から、知的障害のある児童生徒が在籍する特別支援学級担任と交流学級担任の連携の仕方や、交流及び共同学習を実施するからこそ学べることがあることも幾つか確認することができた。今回の報告が、知的障害のある児童生徒の交流及び共同学習の実践を深化させるために、学校現場の教員にとって有用な資料となることを期待するとともに、インクルーシブ教育システムの構築に寄与できることを祈っている。

研究代表者　元　独立行政法人 国立特別支援教育総合研究所
研修事業部　上席総括研究員（現　明星大学常勤教授）　明官　茂

目　次

「知的障害のある子どもと共に学ぶ」を考える

ー北欧の実践をふまえてー

独立行政法人 国立特別支援教育総合研究所　編著

I 研究の目的と概要

　インクルーシブ教育システムの構築が昨今の教育的課題となっているが、障害のある子どもとない子どもが共に理解を深め、共に学ぶ姿の具体的な理想とはどのようなものだろうか。特に、知的障害のある子ども場合には、どのようにすれば共に学びつつ「障害者が精神的及び身体的な能力等を可能な最大限度まで発達させ、自由な社会に効果的に参加することを可能」（中央教育審議会初等中等教育分科会，2012）にするという目的を達成することができるのであろうか。

　このような課題意識の下、国立特別支援教育総合研究所の知的障害教育研究班が中心となり、共同研究「インクルーシブ教育場面における知的障害児の指導内容・方法の国際比較〜フィンランド、スウェーデンと日本の比較から〜（平成 28-29 年度）」を行った。この共同研究には、北欧教育研究の第一人者の高知大学是永かな子准教授と津田塾大学渡邊あや准教授に共同研究者として加わっていただいた。

　本書は、共同研究「インクルーシブ教育場面における知的障害児の指導内容・方法の国際比較〜フィンランド、スウェーデンと日本の比較から〜（平成 28-29 年度）研究成果報告書」（平成 30 年 3 月）を市販書籍として新たに編集し直したものである。

　本章においてインクルーシブ教育システムの構築に関連する世界的な動向や研究の背景や目的にふれたのち、本研究の構成等について述べることとする。

1 研究の背景と目的

　2015 年 9 月の国連サミットにおいて、2001 年に策定されたミレニアム開発目標（MDGs）の後継となる「持続可能な開発のための 2030 アジェンダ（以下、SDGs 2030 アジェンダとする）」が採択された。ミレニアム開発目標（MDGs）が開発途上国のための目標であったのに対し、SDGs 2030 アジェンダは格差の問題、持続可能な

消費や生産、気候変動対策など、先進国が自らの国内で取り組まなければならない課題を含む、全ての国に適用される普遍的（ユニバーサル）な目標（UN, 2015）となっている。この中では、17 の持続可能な開発のための目標（SDGs）と、169 のターゲットが 2016 年から 2030 年までの国際開発目標として掲げられている。

　なお、教育は 4 番目の持続可能な開発目標（SDGs）として位置づけられ、「すべての人に包摂的かつ公正な質の高い教育を確保し、生涯学習の機会を促進する（外務省仮訳）（原文：Ensure inclusive and equitable quality education and promote lifelong learning opportunities for all.）（下線部は著者による）」を目指すとしている。外務省仮訳でいう「包摂的」の原語は「inclusive（インクルーシブ）」であるので、障害のある人を含む全ての人々にインクルーシブで、かつ公正な質の高い教育を確保することと、生涯学習の機会を促進することが、先進国を含め、世界各国の共通の目標となったということを意味している。

　日本においては、持続可能な開発目標（SDGs）を達成するための具体的施策を記した SDGs アクションプラン 2018（SDGs 推進本部, 2017）の「あらゆる人々の活躍の推進」において、「特別なニーズに対応した教育の推進」として「障害のある者がその年齢及び能力に応じ、かつ、その特性を踏まえた十分な教育が受けられるようにするため、教育内容・方法の改善充実などを図る。」ことが記載されている。

　近年のインクルージョンに関する教育分野の動向として、2012（平成 24）年 7 月 23 日の中央教育審議会初等中等教育分科会「共生社会の形成に向けたインクルーシブ教育システム構築のための特別支援教育の推進（報告）」が挙げられる。本報告において、交流及び共同学習は、「障害のある児童生徒等にとっても、障害のない児童生徒等にとっても、共生社会の形成に向けて、経験を広め、社会性を養い、豊かな人間性を育てる上で、大きな意義を有するとともに、多様性を尊重する心を育むことができる。」と示されている。また、2017（平成 29）年 3 月公示の小学校学習指導要領総則では交流及び共同学習に関する記載部分に「共に尊重し合いながら協働して生活していく態度を育む」ことが追記された。

　このように、インクルーシブ教育システムの構築と推進のために交流及び共同学習が重要な鍵となることが指摘され、実践の深化が求められている。

　しかしながら、障害のある子どもとない子どもが共に学ぶインクルーシブ場面における指導方法については、まだ効果的な指導技法や集団編成に関する知見が不足している。

　そこで、本研究では、障害児・者に関する教育や福祉分野の先進国である北欧諸国（スウェーデンとフィンランド）と日本の国際比較から、効果的な指導方法等について探っていくことを目的とする。

　また、本研究では、各国の教育システムや文化的背景などの要因も加味しながら分析を行い、通常の学級で学ぶ際の効果的な指導内容や方法の具体についてまとめることとする。

　これらの資料は、日本における知的障害のある児童の交流及び共同学習の実践をより深化させるために、学校現場の教員にとって有用な資料となるだろう。

2 ｜ 研究および本書の構成

　本研究は、「研究1：日本における知的障害のある子どものインクルーシブ教育場面における指導内容・方法に関する現状と課題」（第 II 章）と「研究2：日本の交流及び共同学習における指導方法等に関する事例研究」（第 III 章）、「研究3：北欧諸国における知的障害のある子どものインクルーシブ教育場面における指導内容・方法に関する研究」（第 IV 章・第 V 章）の3つの研究から構成されている。

　研究1と研究2は国立特別支援教育総合研究所知的障害教育研究班が担当し、研究3については、フィンランドの教育行政全般や通常の教育分野における動向については津田塾大学の渡邊あや氏が、フィンランドの知的障害のある子どものインクルーシブ教育場面における指導に関する資料収集は国立特別支援教育総合研究所知的障害教育研究班が、そして、スウェーデンの知的障害のある子どものインクルーシブ教育場面における指導に関する資料収集等は高知大学の是永かな子氏が担当した。

　さらに、これら3つの研究から得られた知見について考察を行い、フィンランド、スウェーデン、日本の各国における特色や課題について、文化的背景などの要因も加味しながら分析を行い、通常の学級で知的障害のある子どもとない子どもが共に学ぶ際の効果的な指導内容や方法の具体についてまとめた（第 VI 章）。

3 ｜ 用語の記載方法について

　本研究では、「インクルーシブ教育場面」とは、障害のある子どもとない子どもが共に同じ場で学ぶ授業や共に活動する行事等を指すものとする。日本の「交流及び共同学習」ももちろん「インクルーシブ教育場面」での授業に該当する。日本の「交流及び共同学習」の場合は、学籍が特別支援学級にある子どもと、通常の学級に在籍する子どもの間の交流や学習となるが、諸外国では、障害のある子どもが通常の学級に籍を置くこともあり得るし、また学級というものの捉え方が日本と全く同一とはいえない。そこで、いわゆる特別支援学級に学籍があるかどうかという点は定義に含めなかった。

また、フィンランドとスウェーデンの教育システムや学級等の用語の記載に当たっては、原語とそのカタカナ表記、及びそれに該当する英語、日本語訳を初出に示すこととした。そして、例えば「特別支援学校」などすでにある日本の教育行政用語を当てはめてしまうと、日本でのイメージに影響されて、その国の実像を捉えた訳語ではないと研究チームによって判断された用語については、原語のカタカナ表記、または原語の意味を反映し、かつ、日本の行政用語とは同一ではない用語に訳出するという方針の下に、本書を記した。

4 ｜ 倫理的配慮

　研究全体及び事例研究について、独立行政法人国立特別支援教育総合研究所倫理委員会に審査を申請し、許可を得た。

（明官　茂・涌井　恵）

第Ⅰ章　引用・参考文献

中央教育審議会初等中等教育分科会特別支援教育の在り方に関する特別委員会（2012）共生社会の形成に向けたインクルーシブ教育システム構築のための特別支援教育の推進（報告）.

文部科学省（2017）小学校学習指導要領総則.

SDGs推進本部(2017)SDGsアクションプラン2018〜2019年に日本の「SDGsモデル」の発信を目指して〜. https://www.kantei.go.jp/jp/singi/sdgs/pdf/actionplan2018.pdf（アクセス日2018年1月5日）

United Nations（2015）我々の世界を変革する：持続可能な開発のための2030アジェンダ（外務省仮訳）. （2015年9月25日第70回国連総会で採択） https://www.mofa.go.jp/mofaj/files/000101402.pdf（アクセス日2018年1月5日）

Ⅱ 研究 1　日本における知的障害のある子どものインクルーシブ教育場面における指導内容・方法に関する現状と課題

1 交流及び共同学習に関する法令等の経緯と教育課程における位置付け

　本章では、交流及び共同学習に関する国内の法令等の経緯と教育課程における位置付けについて整理し、概観することを目的とした。特に、本研究の対象である通常の学級と知的障害特別支援学級の交流及び共同学習に関する記述に焦点を当てるとともに、交流及び共同学習の推進に重要な教師間の連携に関する記述についても整理し、論考した。なお、文言は当時の表現をそのまま用いている。

1）交流及び共同学習に関する法令等の経緯
（1）交流教育の時代

　交流教育について文部省が初めて示した報告は、昭和44（1969）年3月の「特殊教育の基本的な施策のあり方について」である。「Ⅰ　特殊教育の改善充実のための基本的な考え方」の「2　普通児とともに教育を受ける機会を多くすること」の中で、「心身障害児に対する教育は、その能力・特性等に応じて特別な教育的配慮のもとに行われるものであるが、普通児とともに生活し教育を受けることによって人間形成、社会適応、学習活動など種々の面において教育効果がさらに高められることにかんがみ、心身障害児の個々の状態に応じて、可能な限り普通児とともに教育を受ける機会を多くし、普通児の教育からことさらに遊離しないようにする必要がある。」と示されている。50年近く前の報告ではあるが、「種々の面において教育効果がさらに高められる」という交流及び共同学習につながる考え方と、「普通児の教育からことさらに遊離しないようにする」というインクルーシブ教育につながる考え方が示されていることは注目に値する。

　交流教育について学習指導要領総則に初めて示されたのは、昭和54（1979）年7

月告示の盲学校、聾学校及び養護学校小学部・中学部、高等部学習指導要領であり、「児童又は生徒の経験を広め、社会性を養い、好ましい人間関係を育てるため、学校の教育活動全体を通じて、小学校の児童又は中学校の生徒及び地域社会の人々と活動を共にする機会を積極的に設けるようにすること。」（小・中学部学習指導要領：高等部も趣旨は同様）とある。小・中学校、高等学校の学習指導要領はすでに告示されていたことから、昭和54（1979）年に各都道府県教育委員会等に対し、「（略）小学校、中学校及び高等学校においてもこの趣旨を十分理解し、適切な教育活動が展開されるよう関係機関への指導について、格段の御配慮を願います。」という文部事務次官通達が出された。盲学校、聾学校及び養護学校と小・中学校、高等学校との交流教育について配慮が示されたことは、通常の学級と特殊学級との交流教育についての配慮も当然意味していると言える。

昭和54（1979）年は養護学校義務制施行の年であり、以降、交流教育の促進等を目的とし、心身障害児理解推進校（全国の小・中学校）や心身障害児交流活動地域推進研究校（全国の特殊教育諸学校）が指定されるなど、多くの交流教育に関する実践研究が行われた。また、小・中学校の教員等の障害のある子どもたちに対する正しい理解と認識を深めるため、多くの指導資料が作成・配付された。

小学校学習指導要領総則には、平成元年に「学校相互の連携や交流を図ることにも努めること」と示され、さらに、平成10（1998）年はより明確かつ具体的に「小学校間や幼稚園、中学校、盲学校、聾学校及び養護学校などとの間の連携や交流を図るとともに、障害のある幼児児童生徒や高齢者などとの交流の機会を設けること」と示された。平成11（1999）年の小学校学習指導要領解説総則編には「障害のある幼児児童生徒との交流は、児童が障害のある幼児児童生徒とその教育に対する正しい理解と認識を深めるための絶好の機会であり、同じ社会に生きる人間として、お互いを正しく理解し、共に助け合い、支え合って生きていくことの大切さを学ぶ場でもあると考えられる」「組織的に計画的・継続的な交流を実施することが大切である」と示され、平成29（2017）年の同解説総則編まで同じ表現が引き継がれている。なお、中学校及び高等学校の学習指導要領と同解説総則編にも同様の趣旨が示されている。

文部省発行の精神薄弱特殊学級教育課程編成の手引によると、昭和48（1973）年版では「特殊学級の位置付け」の項などに「普通学級との交流を積極的に図るべきである」と示されている。昭和59（1984）年版では「特殊学級の位置付け」に「通常の学級との交流」が項立てされ、具体的かつ詳細な解説があり、これは、昭和54（1979）年の文部事務次官通達によるものと考えられる。平成4（1992）年版では、交流が学習指導要領に明記されたことを踏まえ、「特殊学級の位置付け」の中の「通常の学級との交流教育」の項に、「交流教育の重要性が明記されたことにより、交流教育が、

心身障害児にとっても通常の学級の児童生徒にとっても共に重要な内容であることが明確にされたわけである。」「交流教育を実施するに際しては、特殊学級と通常の学級のそれぞれの教育課程を尊重し、それぞれの教育課程を一層充実補完するための指導内容として交流教育を位置付けておくことが大切である」とある。加えて、交流教育は「特殊学級の学級経営の課題」として、「学級経営と教育計画」の項でも繰り返し強調されている。

（2）交流及び共同学習の時代へ

　平成16（2004）年6月改正の障害者基本法第14条に、第3項として「国及び地方公共団体は、障害のある児童及び生徒と障害のない児童及び生徒との交流及び共同学習を積極的に進めることによって、その相互理解を促進しなければならない。」が加えられた〔平成23（2011）年8月改正で、一部文言修正あり〕。これにより、交流教育等の用語が「交流及び共同学習」となり、一層の推進が図られることになった。

　平成20（2008）年3月告示の小学校学習指導要領総則では、「小学校間、幼稚園や保育所、中学校及び特別支援学校などとの間の連携や交流を図るとともに、障害のある幼児児童生徒との交流及び共同学習や高齢者などとの交流の機会を設けること」と示された。平成20（2008）年8月小学校学習指導要領解説総則編には、「特別支援学級の児童との交流及び共同学習は、日常の様々な場面で活動を共にすることが可能であり、双方の児童の教育的ニーズを十分把握し、校内の協力体制を構築し、効果的な活動を設定することなどが大切である。」と追記された。特別支援学級は特別支援学校に比べ、日常的な交流及び共同学習が可能であることを明示し、一層の推進を促していると言える。

　なお、平成21（2009）年の特別支援学校学習指導要領解説総則等編では、「障害のある子どもと障害のない子どもが一緒に参加する活動は、相互の触れ合いを通じて豊かな人間性をはぐくむことを目的とする交流の側面と、教科等のねらいの達成を目的とする共同学習の側面があると考えられる。『交流及び共同学習』とは、このように両方の側面が一体としてあることをより明確に表したものである。したがって、この二つの側面を分かちがたいものとしてとらえ、推進していく必要がある。」と解説している。二つの側面は一体であることを前提としつつ、単に交流にとどまるのではなく、学習のねらいも確かに達成できるよう示したものと考える。

　平成24（2012）年7月23日の中央教育審議会初等中等教育分科会「共生社会の形成に向けたインクルーシブ教育システム構築のための特別支援教育の推進（報告）」では、多様な学びの場の整備と学校間連携等の推進に関連し、「特別支援学校と幼・小・中・高等学校等との間、また、特別支援学級と通常の学級との間でそれぞれ行われる交流及び共同学習は、特別支援学校や特別支援学級に在籍する障害のある児童生徒等

にとっても、障害のない児童生徒等にとっても、共生社会の形成に向けて、経験を広め、社会性を養い、豊かな人間性を育てる上で、大きな意義を有するとともに、多様性を尊重する心を育むことができる。」と示している。また、特別支援学級と通常の学級との間で行われる交流及び共同学習については、「各学校において、ねらいを明確にし、教育課程に位置付けたり、年間指導計画を作成したりするなど計画的・組織的な推進が必要である。」と示している。交流及び共同学習の計画的・組織的な推進は、これまでも学習指導要領解説の中で示されているが、教科等のねらいの達成を目的とする共同学習の側面の理解推進を促したものと考える。

　平成28（2016）年8月26日「特別支援教育部会における審議の取りまとめについて（報告）」の「2　幼稚園、小・中学校、高等学校等における特別支援教育　(5)交流及び共同学習　②改善・充実の方向性」では、「交流及び共同学習の実施に当たっては、それぞれの子供が、授業の内容が分かり、学習活動に参加している実感・達成感を得ながら、共に十分に学ぶことができるように、交流及び共同学習における合理的配慮の提供、教育課程への位置付け、特に中学校、高等学校段階における交流及び共同学習の在り方等について整理する必要がある。」と示された。また、平成28（2016）年12月21日「幼稚園、小学校、中学校、高等学校及び特別支援学校の学習指導要領等の改善及び必要な方策等について（答申）」の「第8章　子供一人一人の発達をどのように支援するか　5．教育活動全体を通じたインクルーシブ教育システムの構築を目指す特別支援教育」では、「障害者理解や交流及び共同学習については、グローバル化など社会の急激な変化の中で、多様な人々が共に生きる社会の実現を目指し、一人一人が、多様性を尊重し、協働して生活していくことができるよう、各教科等の特質に応じた『見方・考え方』と関連付けながら、学校の教育活動全体での一層の推進を図ることが求められる。」と示された。合理的配慮や各教科等の特質に応じた「見方・考え方」など、時代の動向を踏まえた交流及び共同学習が求められている。

　平成29（2017）年3月公示の小学校学習指導要領総則では、「他の小学校や、幼稚園、認定子ども園、保育所、中学校、高等学校、特別支援学校などとの間の連携や交流を図るとともに、障害のある幼児児童生徒との交流及び共同学習の機会を設け、共に尊重し合いながら協働して生活していく態度を育むようにすること。」と示され、「共に尊重し合いながら協働して生活していく態度を育む」ことが追記された。これは、交流及び共同学習が共生社会の形成につながることを明確に示したものと言える。

（3）交流及び共同学習の推進に重要な教師間の連携

　小学校学習指導要領に教師間の連携が示されたのは、平成10（1998）年であり、「特殊学級及び通級による指導については、教師間の連携に努め、効果的な指導を行うこと。」とある。平成11（1999）年の小学校学習指導要領解説総則編には、特に学

校経営や学級経営の視点から、「学校全体の協力体制づくりを進めたり、すべての教員が障害についての正しい理解と認識を深めたりして教師間の連携に努める必要がある。」としている。加えて、「障害のある児童の指導に当たっては、（略）特に教職員の理解の在り方や指導の姿勢が、児童に大きく影響することを十分留意し、学校や学級内における温かい人間関係づくりに努めることが大切である。」とある。平成20（2008）年、平成29（2017）年の小学校学習指導要領解説総則編において、また中学校及び高等学校学習指導要領解説総則編においても同様に示されていることから、教職員の理解や姿勢は、交流及び共同学習の推進においても基盤となる事項と言える。なお、平成29（2017）年の小学校学習指導要領解説総則編では、「『特別な支援の必要性』の理解を進め、互いの特徴を認め合い、支え合う関係を築いていくことが大切である。」と追記されている。

２）交流及び共同学習の教育課程における位置付け

　特別支援学級と通常の学級との間で行われる交流及び共同学習については、ねらいを明確にし、教育課程に位置付けることが重要であることを先述した。

　文部科学省による平成29（2017）年9月28日の調査結果では、教育課程による位置付けとして、「教科」「特別の教科　道徳」「総合的な学習の時間」「特別活動」の割合が、小・中学校とも15％〜29％の間にあり、様々な時間を活用して実施している状況が分かった。しかし、大切なことは、ねらいを明確にしているかなど、交流及び共同学習の質である。

　教育課程における位置付けを含め、交流及び共同学習の基礎理解のために、文部科学省のホームページに公表されている「交流及び共同学習ガイド」が参考になる。内容としては、よりよい交流及び共同学習を進めるための「交流及び共同学習の意義」「教育課程とのかかわり」「障害のある子どもの理解」、交流及び共同学習の展開を図る上で大切な「関係者の共通理解」「組織づくり」「指導計画の作成」「事前学習」「交流及び共同学習の実際」「事後学習」「評価の方法」「実施上の留意点」「事例」についてまとめられている。

　例えば「教育課程とのかかわり」についてでは、「授業時間内に行われる交流及び共同学習については、その活動場所がどこであっても、在籍校の授業として位置付けられていることに十分留意し、教育課程上の位置付け、指導の目標などを明確にし、適切な評価を行うことが必要」であることや、「具体的な指導の形態等については、在籍校の教育活動の一環であることを考慮し、相手の小・中学校等と協議の上、個々の実態に即して適切に実施する必要がある」ことについて言及している。表記の仕方から、特別支援学校と小・中学校における交流及び共同学習がイメージされるが、交

流及び共同学習の本質は、特別支援学級と通常の学級においても同じである。教育課程上の位置付けや指導の目標などを明確にし、適切な評価を行うなど、交流及び共同学習の質を高めることで、障害のある子どもにとっても障害のない子どもにとっても、意義ある充実した交流及び共同学習になると考える。

（武富博文・清水　潤）

2 ｜ 交流及び共同学習に関する先行研究から見える現状と課題

　本節では、国内の交流及び共同学習に関する先行研究を概観することで、小・中学校における現状と課題を明らかにすることを目的とした。特に、本研究の協力校における実践研究（第Ⅲ章参照）が小・中学校の特別支援学級と通常の学級における交流及び共同学習を対象としていることから、本節も特別支援学級と通常の学級における交流及び共同学習に焦点を当てて検討を行った。

1）学会誌や大学紀要から見える現状と課題

　藤嶋・細谷（2016）は、知的障害児を対象とした交流及び共同学習における教師の支援の在り方についてレビューを行っている。レビューの結果、特別支援学級と通常の学級との交流及び共同学習においては、①児童生徒が日常的に同一校内にいることから、積極的に障害のある児童生徒と障害のない児童生徒とのかかわりをもたせること、②授業場面において障害のある児童生徒に役割をもたせたり、児童生徒の良さや頑張りを互いに認め合うことができたりするような機会を設定すること、③特別支援学級の教員は、単に障害のある児童生徒に付き添い、T2として支援を行うだけではなく、交流学級の児童生徒のモデルとしての役割を担っていくこと、といった支援の重要性が指摘されている。一方で、知的障害のある児童生徒に焦点を当てた教科交流場面における具体的な支援方法については、現在あまり多くの報告がなされておらず、今後は、知的障害のある児童生徒が自ら積極的に交流場面に参加し、通常の学級児童生徒との活動を「楽しい」と感じることができるような教師の支援方法を明らかにしていく必要があると指摘している。

　楠見（2016）では、障害のある児童生徒と障害のない児童生徒の交流教育についてレビューを行っている。レビューの結果、実践報告として特別支援学級と通常の学級での交流教育に関する実践報告が、学校間交流や居住地校交流に関する実践報告と比べて多いことが指摘されている。しかしながら、実践報告の特徴として、交流教育をインクルーシブな社会構築に寄与するための障害理解教育実践として展開するためには、児童生徒の現状のアセスメントに基づく具体的な教育目標と評価観点・基準を

設定し、信頼性と妥当性の高い評価を通した効果的な実践事例の紹介や開発を進める必要があると指摘している。また、交流教育の効果検証が障害のない児童生徒に偏っていることから、障害のある児童生徒の交流教育における効果の有無や効果の質についても研究を蓄積すべきであると指摘している。

　これらのことから、今後、教科交流場面において知的障害のある児童生徒を対象に、アセスメントに基づく具体的な教育目標の設定と多面的な評価の実施を通して、効果検証を進めて行くことが必要であると考えられる。

2）国立特別支援教育総合研究所の研究から見える現状と課題

　国立特別支援教育総合研究所（2008）では、全国の特別支援学級が設置されている小・中学校から抽出した 48 校に在籍する児童生徒 269 名を対象に交流及び共同学習の実態を調査している。図Ⅱ-2-1 は、領域・教科の授業が設定されている児童生徒のうち、教科・領域ごとの交流及び共同学習の実施状況を示している。その結果、国語では 24.9%、算数・数学では 12.7%、英語では 17.2% の児童生徒が交流及び共同学習を行っていたが、他の教科・領域と比べると少ない結果となっている。この理由として、これらの教科が系統的・理論的な学習内容であるため、日常的に交流及び共同学習を行いにくい教科であることが指摘されている。

　国立特別支援教育総合研究所（2014）は、全国の小・中学校の知的障害特別支援学級の担任を対象に調査研究を行い、交流及び共同学習に関する課題や困難さについて検討を行っている。調査対象は、小学校が 4,032 学級、中学校が 3,954 学級であった。

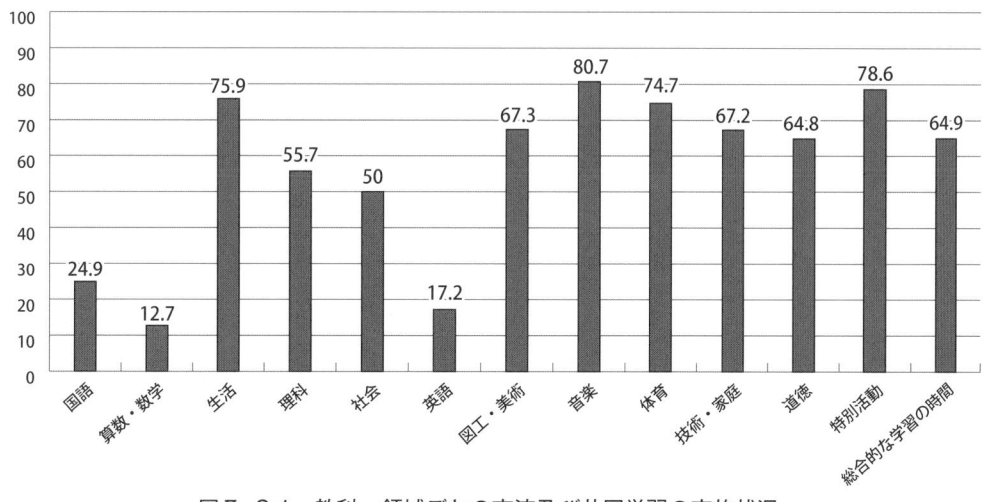

図Ⅱ-2-1　教科・領域ごとの交流及び共同学習の実施状況
出典：国立特別支援教育総合研究所（2008）

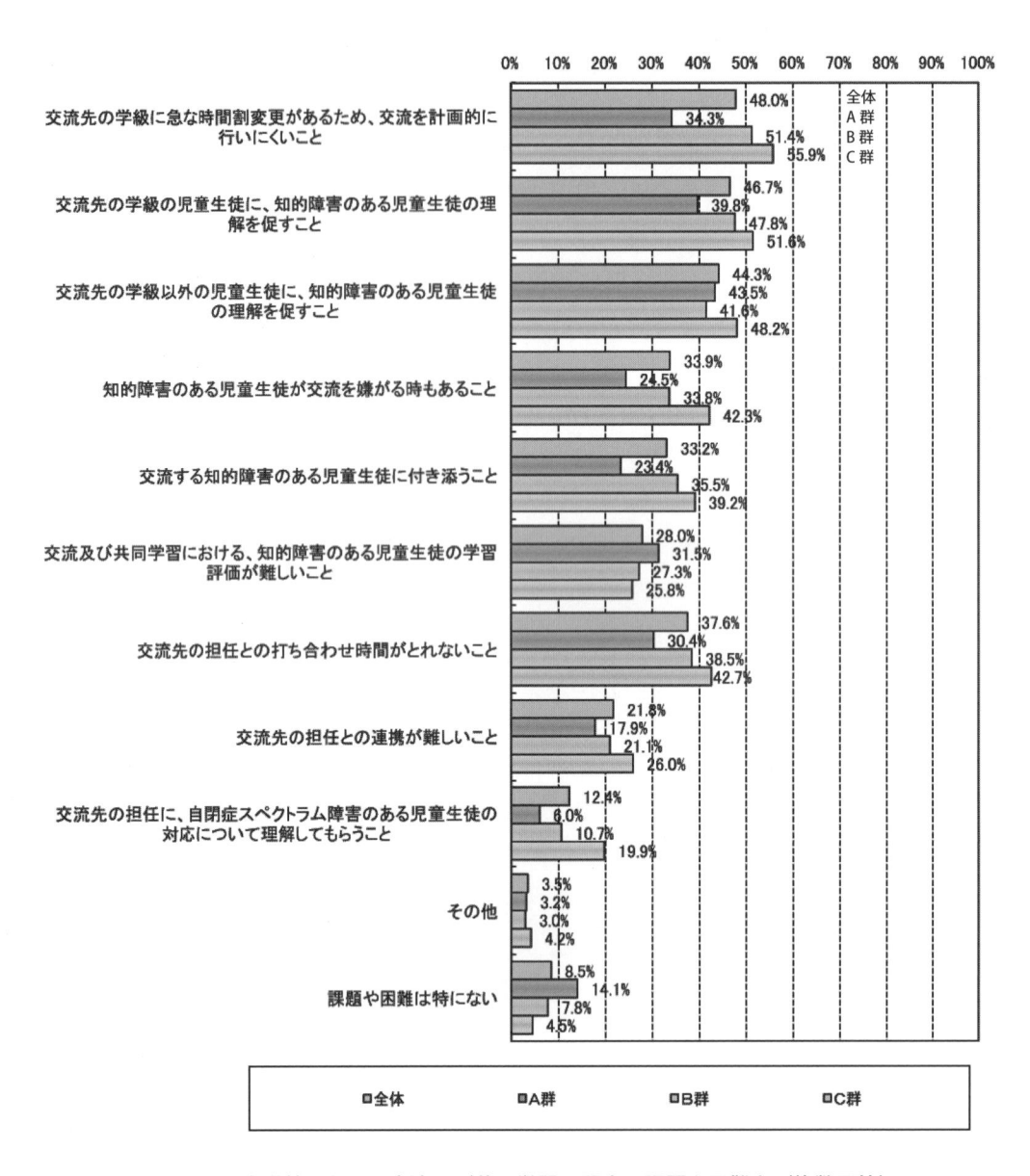

図Ⅱ-2-2　小学校における交流及び共同学習に関する課題や困難さ（複数回答）
出典：国立特別支援教育総合研究所（2014）

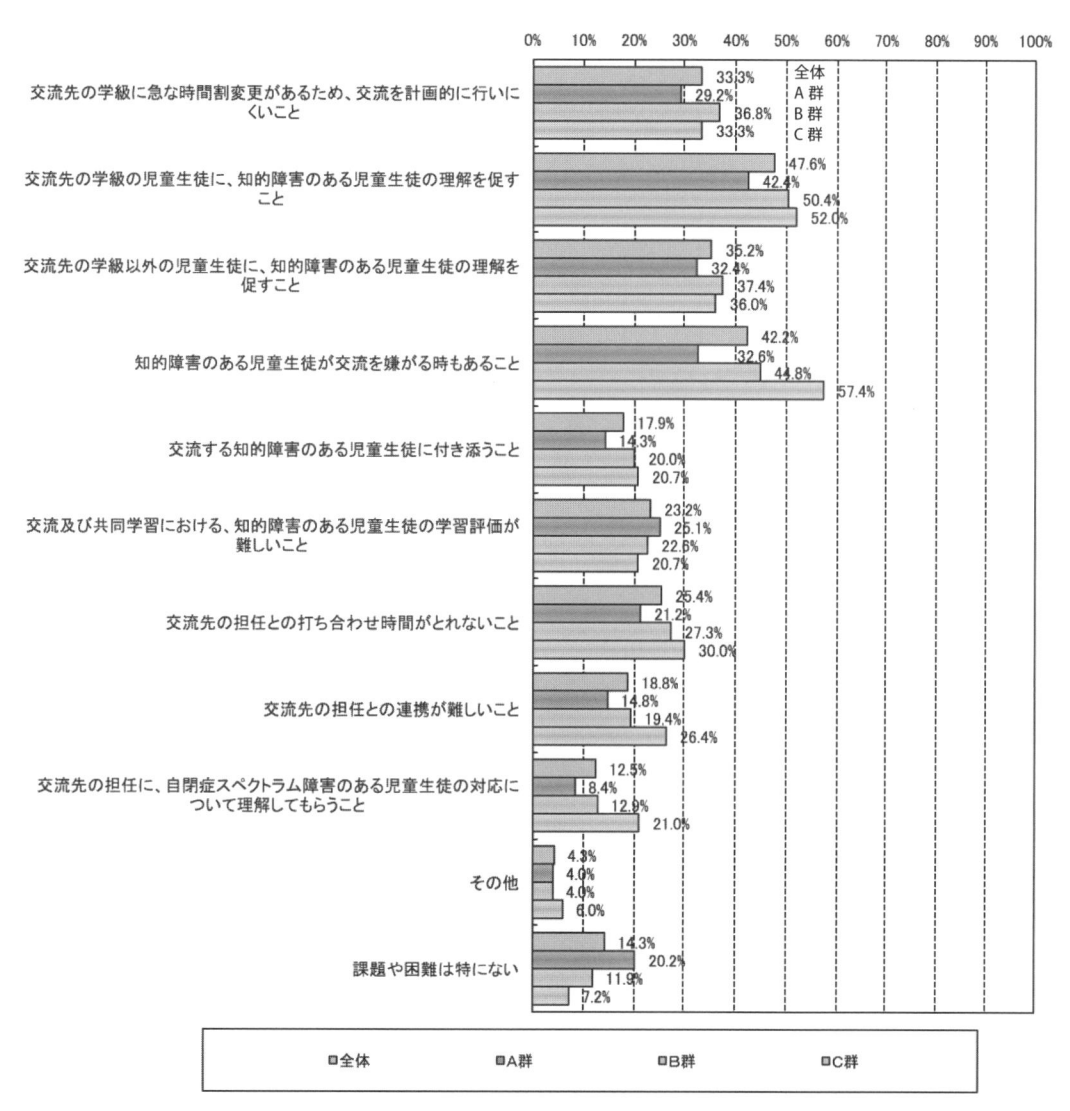

図Ⅱ-2-3　中学校における交流及び共同学習に関する課題や困難さ（複数回答）
出典：国立特別支援教育総合研究所（2014）

分析軸として学級設置状況によって群分けを行い、A 群を知的障害特別支援学級 1 学級のみ設置群、B 群を知的障害特別支援学級 1 学級と他障害リソース（知的障害特別支援学級以外の特別支援学級や通級による指導）設置群、C 群を複数の知的障害特別支援学級設置群としている。

　図Ⅱ-2-2 は、小学校の交流及び共同学習に関する課題や困難さを示している。その結果、B 群と C 群において最も回答が多かったのは、「交流先の学級に急な時間割変更があるため、交流を計画的に行いにくいこと」であり、B 群は 51.4%（423 件）、C 群は 55.9%（396 件）であった。この理由として、B 群や C 群は、A 群よりも学級の在籍児童数が多いことや、特別支援学級や通級による指導等が複数あることで調整がより難しいことが挙げられている。一方、「交流先の学級の児童生徒に知的障害の児童生徒の理解を促すこと」や「交流先の学級以外の児童生徒に知的障害の児童生徒の理解を促すこと」は、全ての群に共通した課題や困難さであることが読み取れる。

　図Ⅱ-2-3 は、中学校の交流及び共同学習に関する課題や困難さを示している。その結果、「交流先の学級の児童生徒に、知的障害の児童生徒の理解を促すこと」や「交流先の学級以外の児童生徒に知的障害の児童生徒の理解を促すこと」に関する回答数が多く、小学校と同様の傾向が読みとれる。しかしながら、中学校では「知的障害のある児童生徒が交流を嫌がる時もあること」が小学校と比べて多いことや、「交流先の担任との打ち合わせ時間がとれないこと」が小学校と比べて少ないといった、小学校と異なる傾向も読み取れる。

　これらのことから、小・中学校の特別支援学級と通常の学級における交流及び共同学習の実施に向けた課題や困難さは、共通点はあるものの、教科・領域間や学級設置状況、学校間による差が大きいと明らかになった。今後、交流及び共同学習を推進していく際には、その学校の学級数や児童生徒の年齢、ニーズ等をふまえた指導計画の作成や校内支援体制の構築が必要になると考えられる。

（半田　健）

3 ｜ インクルーシブ教育場面における指導方法等

1）授業や学習におけるユニバーサルデザイン

（1）ユニバーサルデザインとは？

　日本国内においては 10 年程前から、発達障害のある子どものいる通常の学級において、指導・支援に「ユニバーサルデザイン（universal design）」の考え方を取り入れた実践が注目されるようになってきた（佐藤 , 2007; 廣瀬・桂・坪田 , 2009; 授業のユニバーサルデザイン研究会編著 , 2010; 柘植 , 2015 など）。例えば、佐藤（2007）は、通常の学級におけるユニバーサルデザインとは、「特別な支援が必要な児童生徒だけでなく、どの子どもにも過ごしやすく学びやすい学校生活・授業を目指すこと」と定義している。一方、通常の学級に在籍する発達障害のある子どもに限らず、知的障害をはじめ、様々な障害のある子どもを想定しているものもある。長江・細淵（2005）によるユニバーサルデザイン七原則（The Center for Universal Design, 1997）を授業場面に読み替えた「授業のユニバーサルデザイン七原則」や、米国の応用特別技術センター（The Center for Applied Special Technology; 以下 CAST とする）による学びのユニバーサルデザイン（Universal Design for Learning; 以下 UDL）三原則（CAST, 2008; 2011）である。

　以下では、これらの授業や学習におけるユニバーサルデザインの概念について紹介する。

　ユニバーサルデザインという概念は 1985 年にアメリカの建築家であり、自身も肢体不自由があったロナルド・メイス氏によって最初に提唱された（Mace, 1985）。彼は、製品や建築などのデザインを最初から障害のある人、ない人、高齢者など、多様な人々の誰もが使いやすいものに設計すべきであると主張した。その後、1989 年に North Carolina 州立大学デザイン学部内にユニバーサルデザイン・センター（The Center for Universal Design）を立ち上げ、メイス氏は所長となった。The Center for Universal Design（1997）は、「ユニバーサルデザインとは、(個人による) 適応 (の努力) や特殊化されたデザインを必要とせずに、最大限可能な限り、すべての人々に利用可能な製品と環境のデザインである。」と定義した。

　このユニバーサルデザインの概念について、涌井（2016b）は、デザインの対象を障害のある人に限定していないという点で、ユニバーサルデザインはバリアフリーの概念よりも一歩進んだ概念であると指摘している。バリアフリーはある特別な対象（例えば障害のある人）に対して、特別なデザインによる製品や建築物（スロープや点字ブロックなど）を考えるものであるのに対し、ユニバーサルデザインは全ての人

を使用の対象者として想定し、人々を分けず、みんなを包容するインクルーシブな特徴をもつものである（涌井，2016b）。

　このことについて涌井（2016b）は障害者専用トイレと「みんなのトイレ」を例に挙げて説明している。例えば、障害者用トイレは、障害のある人のみに使用が限定され、入口も別で、男子トイレや女子トイレを利用する人との接点は極めて少ないという状況にあり、バリアフリーデザインは障害のある人への支援を提供する一方で人々を分離（segregated）させてしまうという特徴をもつことが多い（涌井，2016b）。他方、「みんなのトイレ」は、使用者を障害のある人に限定せず、妊婦や子ども連れの人、体調の悪い人など様々な人が利用できるようになっており、おむつ替え等のスペース等が確保されているなど、様々なニーズに応える環境がデザインされており、ユニバーサルデザインは全ての人を使用の対象者として想定し、人々を分けずに包容するインクルーシブな特徴をもつものである（涌井，2016b）。

　このように、ユニバーサルデザインの考え方はインクルージョンの考え方に近く（涌井，2016b）、イギリスではユニバーサルデザインと近似した概念・用語として、インクルーシブデザインという用語が用いられることもある（カセム・平井・塩瀬・森下, 2014）。

　教育分野においてもユニバーサルデザインは、障害のある子どもとない子どもを分離せず、インクルードするデザインとしなければならないだろう。

　ところで、The Center for Universal Design（1997）は、ユニバーサルデザイン七原則を提唱している（表II-3-1）。この七原則は、製品や建物が真にユニバーサルデザインであるかどうかを評価したり、デザインの過程をガイドしたり、デザイナーと使用者を啓発したりするために利用できる。

表II-3-1　ユニバーサルデザイン七原則（The Center for Universal Design, 1997）

①　公平な利用
②　利用における柔軟性
③　単純で直観的な利用
④　認知できる情報
⑤　失敗に対する寛容さ
⑥　少ない身体的な努力
⑦　接近や利用のためのサイズと空間

　「①公平な利用」はどんな人でも公平に使うことができ、購入することができること、「②利用における柔軟性」はどんなふうにも使えること、使用する上で、使用者

の自由度が高いこと、「③単純で直観的な利用」は説明書を見なくても、使い方が直観／直感でわかること、「④認知できる情報」は使用者の状態や感覚能力のいかんにかかわらず、必要な情報がよくわかること。いろいろな感覚で情報認知できること、「⑤失敗に対する寛容さ」は失敗してもやり直せる、失敗をなかったことにしてくれること、「⑥少ない身体的な努力」は楽な動作で使えたり、弱い力でも使えること、「⑦接近や利用のためのサイズと空間」は使おうとしたり、使っているときの適切なサイズと空間があることを意味している。

（2）長江・細淵（2005）による「授業のユニバーサルデザイン七原則」

　教育分野では、長江・細淵（2005）が前述のユニバーサルデザイン七原則（The Center for Universal Design, 1997）を授業場面に読み替えた「授業のユニバーサルデザイン七原則」を以下のように提案している。

① すべての子どもたちが学びに参加できる授業
② 多様な学びに対して柔軟に対応できる授業
③ 視覚や聴覚に訴える教材／教具や環境設定が準備されている授業
④ 欲しい情報がわかりやすく提供される授業
⑤ 間違いや失敗が許容され、試行錯誤しながら学べる授業
⑥ 現実的に発揮することが可能な力で達成感が得られる授業
⑦ 必要な学習活動に十分に取り組める課題設定が成されている授業

　長江・細淵（2006; 2007）の図画工作科と国語科における交流及び共同学習の実践は、ユニバーサルデザインの七原則（The Center for Universal Design, 1997）を「授業のユニバーサルデザイン七原則」（長江・細淵, 2005）へ読み替えて授業づくりの視点として活用することができることを示した。この「授業のユニバーサルデザイン七原則」（長江・細淵, 2005）の観点から、その授業実践がどの程度ユニバーサルデザインを満たしていたのかを分析・考察することもできるだろう（涌井, 2016b）。

（3）学びのユニバーサルデザイン

　CAST の提唱する学びのユニバーサルデザイン（Universal Design for Learning; 以下 UDL）の三原則（CAST, 2008; 2011）では、誰もが学びやすくなる学習の工夫の視点として次の三原則を掲げている。

Ⅰ. 提示（理解）のための多様な方法の提供［教材や教師側から提示されるもの（プリントや教示）にアクセスできるよう多様な選択肢（例えば、視覚情報、聴覚情報、語注など）を用意すること］
Ⅱ. 行動と表出のための多様な方法の提供［子どもが発表など理解していることを表出できるよう多様な選択肢（例えばコミュニケーション支援機器、制作や作文を補助するツールなど）

を用意すること］

Ⅲ. 取り組みのための多様な方法の提供［子どもが課題にやる気をもって取り組み続けることができるよう多様な選択肢（例えば興味のある方を選択できるようにする、模造品でなく本物を使うなど）を用意すること］

　図Ⅱ-3-1 に学びのユニバーサルデザイン（UDL）ガイドライン（CAST, 2018）を示した。なお、この最新版の図では、UDL の目的を教師や関係者がより理解できるようにするため、レイアウトの変更がなされている。原則Ⅰはこれまでの左端の配置から中央列の配置へ、原則Ⅱはこれまでの右端の配置から左端の配置へと変更になっている。

図Ⅱ-3-1　学びのユニバーサルデザイン（UDL）ガイドライン（CAST, 2018）
http://udlguidelines.cast.org/binaries/content/assets/udlguidelines/udlg-v2-2/udlg_graphicorganizer_v2-2_japanese.pdf

　さて、原則Ⅲは、子どもの主体的で深い学びを促すための工夫を示していると言い換えることもできよう。この原則Ⅲでは、下位項目として①興味を引くため、②粘り

強く努力し続けるため、③自己調整のための多様な選択肢の提示が挙げられている。①の具体的な支援例として、自分で学習の方法や順番、達成目標などを選ぶことや、学習内容と自己との関連性やそれを学ぶことの価値を考えさせるなど、現実味があって自分の生活や人生にとって意味をもたせるような工夫、不安材料や気を散らすものを軽減させることが挙げられている。また、②の例として、所期の目標をいつも思い出せるような工夫、要求水準や支援の手立て・リソースを様々にしてその子どもが挑戦する内容を最適化すること、協働と仲間集団を育むこと、相対的ではなく絶対的な評価のフィードバックにより習得を助けること等が挙げられている。③の例として、やる気を高める期待や信念をもてるよう自己の振り返りや自己強化（自分で自分を褒める等）等を促すこと、不安やフラストレーションへの対処スキルの活用を促すこと、自分の学習進捗を振り返えられるような図表の工夫等が挙げられている。

　さらに、CAST（2011）は、ユニバーサルデザインとは、みんなにとって最適な一つの解決方法ではなく、能力や個性の様々な個人差のある学習者のニーズを満たすための複数のアプローチが用意されていることであるとも述べている。CAST（2011）は One size fits all（1つのものを全員に当てはめること）を批判し、「みんなにとって最適な一つの解決方法」はあり得ず、ユニバーサルデザインでないとしている。

　複数のアプローチを用意することによってみんなのニーズを満たす、という発想は、大変重要な視点である（涌井, 2016b）。その理由は、『「ユニバーサル」という語感からすると、ユニバーサルなものは一つである、という考えにとかく陥りがちであるからである。現実の物理的世界では、全ての者のニーズを満たす最適な一つのものが存在しないことの方が多い。複数のアプローチを用意することによってみんなのニーズを満たすと発想することで、具体的な支援や指導をより現実的にイメージすることができるようになる（涌井, 2016b）』からである。

　CAST（2011）の考え方に対し、小貫（2016）は、「授業のユニバーサルデザイン研究会」の立場から「一斉授業を前提に、いわば授業理解の最大公約数の方法論の発見、探索を行う我々の方向性とは全く違ったものである」ことと、むしろ One size fits all［小貫（2016）は「1つの方法ですべて対応する」と訳出］を目指してきたことを表明し、一歩進んだCAST（2008; 2011）の UDL の主張について「我が国での実現性の壁を踏まえた上」で教育分野のユニバーサルデザインの理論化に当たり、今後議論していく必要があるとしている。

　一方、涌井（2016b）は、能力や個性の様々な個人差のある学習者のニーズを充たすための複数のアプローチを用意することは、日本の教育環境においても、そう難しいことではないと指摘している。涌井（2016a）の研究は、マルチ知能（Gardner, 1999）とやる気・記憶・注意の観点から、子ども自身に学習方法を選択させ、工夫し

て考えることを付加した学び方選択式協同学習によって、複数のアプローチを子どもたちに提供することが可能であることを示している。

　さらに、涌井(2016b)はCAST(2011)の考え方を基に、「通常の学級におけるユニバーサルデザインとは、能力や個性の様々な個人差のある学習者のニーズを満たし、その場で学ぶ全員の学習の到達度等を伸ばすのに最適な一つの解決方法か、または、複数のアプローチが用意されていることである」と定義している。

　指導方法だけでなく指導目標も、One size fits all（1つのものを全員に当てはめること）とするのではなく、個々にカスタマイズすることは、普段の通常の学級の授業においても、また、障害のある子どもが参加する交流及び共同学習においても想定できる（涌井，2016b）。具体的には、複式学級や異学年集団での協同学習や、通常の学級と特別支援学級の異学年での「交流及び共同学習」（三長，2012）などが考えられる。また、通常の学級における授業においても、例えば、体育の幅跳びの授業において、指導目標を「前回の自分の記録よりもアップする」とすれば、目標を個々人の能力に合わせてカスタマイズすることができる（涌井，2016b）。

　個々の多様性に柔軟に応じた指導方法は、障害の有無にかかわらず、効果的な学習環境の重要な要素として指摘されている（OECD教育研究革新センター，2010）。一斉指導や全員一律の指導目標といった発想のみにとらわれることなく、柔軟に指導方法や教育環境を考えていくことが、今後重要であると考えられる（涌井，2016b）。

　折しも、次期学習指導要領改訂にむけて、変化の激しい21世紀を生きる子どもたちに「育成を目指す資質・能力」や、子どもが主体的、協働的、対話的に学び、深い学びへと到達することを目指す方向性が示された（中央教育審議会初等中等教育分科会教育課程部会，2016）。このような通常教育の大きな動向の変化に加えて、インクルーシブ教育システム構築が喫緊の課題となっている特別支援教育の時流も、指導や学習を巡る条件や教育環境を柔軟に考えていくことの追い風となるだろう（涌井，2016b）。

　UDL三原則（CAST, 2008; 2011）は、ユニバーサルデザインであり、かつ主体的であり、深い学びを促すための授業づくりの参考になると考えられる（涌井，2017）。今後は、通常の学級に籍を置く発達障害のある子どもだけでなく、特別支援学級・学校に在籍する障害のある子どもと共に学ぶ場面における研究や実践への適用範囲を拡げて、授業のユニバーサルデザイン化に関する研究を進めていくことが必要だろう。

（涌井　恵）

2）子どもの多様性に応じる多様化指導（Differentiated Instruction）
〜一人ひとりの違いを活かす教え方〜

　多様化指導（Differentiated Instruction）（差異化指導や個別化指導などと訳出されることもある）とは、教授過程の考え方の枠組みである（Villa & Thousand, 2016）。Willis &Mann（2000）は同一のサイズを全員に適応することはできない（One size dose not fit all.）ことから、教師は生徒一人ひとりの違いに合わせていくべきであるという前提に基づく教育哲学として、多様化指導を強調している。また、National Center on Accessing the General Curriculum によれば、多様化指導とは、生徒の背景知識、レディネス、言語、文化、学習上の好みや興味といったものの個々の違いを認識し、認めていく指導プロセスでもあり、そして、それらの自然な違いに対して責任をもってポジティブに対応していくことである。

　つまり、多様化指導は、同じ教室の中で、学び方が様々に異なっている生徒に教えるプロセスであるといえる（Villa & Thousand, 2016）。教材、学習目標、指導方法、学習活動、生徒に実演や製作をするように求めることをアダプテーションしたり、モディフィケーションしたりするプロセスを通じて、生徒個人の違いについて積極的に計画したり、対応したりするための方法である（Universal Design for Learning, 2013）。

表Ⅱ -3-2　4つの指導計画上のポイント

#1　生徒に関する事実（実態）を集める

　生徒の背景知識、レディネス、言語、文化、学習上の好みや興味に関する情報を集めなければならない。

#2　指導内容

　内容を個々それぞれにする。使用される教材にバリエーションが多々あるのと同様に、生徒に教えるべきことを多様にするだけでなく、学習目的、知識のレベル、生徒に求めることの優先順位の多様性も含まれているので、指導内容は多元的である。

#3　アウトプットとして求めるもの

　どのように生徒が知っていることや習ったことを表出するか、どのようにそれを生み出したかを評価する。生徒の学習の好みについて集めたデータは、学習したことを示すために使用することができる。標準化された評価について、オーセンティックな代替評価（例：ポートフォリオ、カリキュラム・ベースド・アセスメント、パフォーマンスの直接観察）と共に検討する。

#4　過程において求めるもの

　学習したことを理解するために、どのように生徒を支援できるかを教師は考える。様々な授業の形式やアレンジメント（例：発見学習、協同グループ学習、直接指導）、テクノロジー、エビデンスに基づく指導実践、全員がアクセスできる足場かけ（scaffolds）を使用することができる。

多様化指導では、教師や教材によって指導内容を表現し提示する（representation）ための多様な手段・工夫、課題に取り組み続けるための多様な手段・工夫、生徒自身が表現するための多様な手段・工夫をすることが教師に求められる（Universal Design for Learning, 2013）。

表Ⅱ-3-3　インクルーシブ教育実践チェックリスト —Differentiation of Instruction—

1. 生徒一人ひとりの違いに配慮して指導を積極的に調整する責任があると、指導者一人ひとりが理解している。
2. 明示的かつ広範な研修を指導者一人ひとりが受け、多様化指導はどのようなもので構成されるかを理解している。
3. 指導者一人ひとりは、様々な生徒の背景に対応した多様化指導を行うために、様々な多様なデータ源（例：レビューの記録、インタビュー、調査、興味の指標・チェックリスト、公式のまとめの評価）から生徒についてのデータ（事実）を集めている。
4. それぞれの学習単元の中で、内容と教材の多様化はルーティン化されていて、生徒は情報を得るために多様な選択肢（読みのレベル別に合わせたテキスト、読み上げソフト、アプリ、聴覚的・視覚的な入力、重要語句の掲示、グラフィックオーガナイザー、カリキュラムのレイヤー化、コンパクト化）を提示されている。
5. それぞれの学習単元では、それぞれ異なった学習成果の表出とアセスメントがルーティン化されていて、生徒は学習したことを表出するために多様な選択肢（例：書き出す、パワーポイント、ポッドキャスト、インタビューのまとめ、口頭発表）を提示され、様々な方法で評定されている。
6. 生徒がアイデアや、概念、手続、教授の法則を理解するために多様な指導の型（例：調整された講義、ハンズオン、コンピューターやwebによる学習、コーナー学習、シミュレーション、ロールプレイ、テーマ単元・学習、地域での学習、サービス・ラーニング、自主学習、文化に応じた指導技術）の活用を通じて、それぞれの学習単元の中で、学習過程の多様化はルーティン化されている。
7. 生徒がアイデアや、概念、手続、教授の法則を理解するために多様な指導のアレンジメント（例：協同学習の構造、同年齢または近い年齢のピア・チューター、教師が小集団で直接教える、自立学習、大規模グループでの指導）の活用を通じて、それぞれの学習単元の中で、学習過程の多様化はルーティン化されている。
8. 生徒がアイデアや、概念、手続、教授の法則を理解するために多様な指導の方略（例：多重知能理論、アートの統合、タキソノミー（taxonomies）の使用、研究に基づいた方略）の活用を通じて、それぞれの学習単元の中で、学習過程の多様化はルーティン化されている。
9. 生徒がアイデアや、概念、手続、教授の法則を理解するために物理的な環境の代替（例：部屋のアレンジメント、教材へのアクセシビリティ、好みの場面設定）や社会的環境〔例：社会的規範の指導、行動契約、積極的行動支援（PBS）〕の活用を通じて、それぞれの学習単元の中で、学習過程の多様化はルーティン化されている。
10. 指導者一人ひとりは、多様化された授業や単元計画を共有するために協働している。

Villa & Thousand（2016）　は「*The Inclusive Education Checklist: A Self-Assessment of Best Practice*」において、4つの指導計画上のポイント（表Ⅱ-3-2）を示している。　また、5段階の評定によってチェックする多様化指導に関したインクルーシブ教育実践チェックリスト（表Ⅱ-3-3）も示している。

（涌井　恵）

3）協働教授（Co-Teaching）の5つの実施形態とそれぞれの利点・欠点

交流及び共同学習では、特別支援学級担任や特別支援教育支援員が特別支援学級に在籍する児童生徒に交流学級まで付き添い支援を行う事例も多い。その場合に、特別支援学級担任は主に特別支援学級の児童生徒の支援を行うことが一般的である。

しかしながら、特別支援学級の児童生徒が交流学級の児童生徒を意識し、支援に抵抗感を示すことがある。こうした際には、特別支援学級担任は他の児童生徒の支援を行ったり、交流学級の担任と交代しながら授業を行ったり等の工夫をしながら、支援を行う方法がある。こうした工夫では、交流学級の担任との事前打合せや役割分担が必要となる。役割分担では、その時間にどのような形態で授業を行うのか等のイメージの共有が重要だろう。

本節では、諸外国で行われている複数の教師が学級の中で指導を行う協働教授（Co-Teaching）の形態を紹介し、支援の必要な児童生徒への指導形態について参考とできる情報を報告したい。

（1）協働教授（Co-Teaching）の定義

協働教授（Co-Teaching）（以下、「協働教授」とする）は、様々な定義があるが、2人以上の者が教室にいる全員への指導について責任を分担することと定義される。また、効果的な「協働教授」の特徴は、「学級に在籍する様々な児童生徒の学力達成に向けた計画や指導、評価の責任の分担を含んでいる。「協働教授」における、一般的な協力関係は通常の学級教師（授業を主に担当）と特別教育担当教師（支援を主に担当）である。これが、一般的な定義であるが、「協働教授」のチームには、読みの専門家、算数指導者、言語病理学者、司書教諭、視覚教材専門員、英語学習専門員、心理士、補助教師、児童生徒自身が含まれる」（Villa, Thousand, & Nevin, 2013）とされている。

（2）形態と目的

「協働教授」の形態には、幾つかの分類がある。ここでは、ヴァージニア大学による5つの分類形態を例に紹介する。

① 「一人の教師が教え、もう一人は支援（One Teach, One Support)」

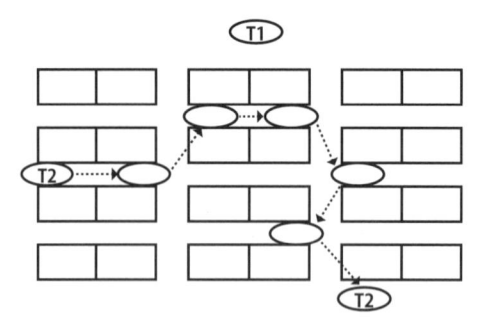

　一人の教師が指導を行い、もう一人は追加支援や援助を必要とする児童生徒、観察データを収集する人、または教室管理を行う児童生徒を支援する。我が国の交流及び共同学習でもよく行われている形態だが、支援を担当する教師は特定の子どもだけではなく、学級の中で支援を必要としている児童生徒に対して、適切なタイミングで支援を行うこともある。

表Ⅱ-3-4　「一人の教師が教え、もう一人は支援」の留意点・利点・欠点
（Friend and Cook（1996）をもとに筆者作成）

留意点	一方の教師が余りにも指導的立場を頻繁にとる場合、児童生徒が、一方の教師がもう一方の教師よりも権威があると見なすことにつながる危険性がある。
利点	・児童生徒は、時機を逃さず個別の支援を得られる。 ・児童生徒は、近くに教師がいるため課題を継続しやすい。 ・教材配布時に時間を無駄にしない。 ・学習過程の観察者として、支援教師が授業を指導している教師が見られない行動を観察することができる。 ・支援教師は教室を歩き回り、他の教師が行う良い教授法を模倣することができる。
欠点	・児童生徒から見ると、一方の教師に、他の教師より主導権があるように見える。 ・児童生徒はしばしば、1人は教師として、もう1人を補佐役として見なす。 ・授業中に教師が歩き回ることで、児童生徒の気が散ってしまうかもしれない。 ・児童生徒は、即時的な1対1の援助を期待し始める。

② ステーション・ティーチング（Station Teaching）

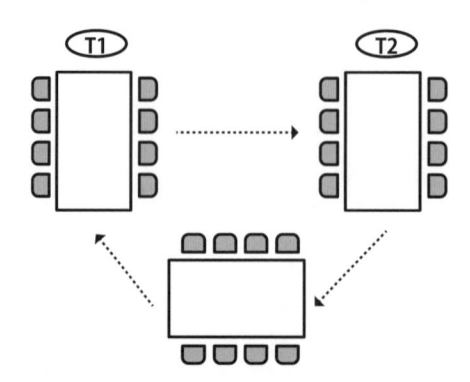

　両方の教師が指導内容を分担し、それぞれが教材の計画と教授を担当する。ステーション・ティーチングでは、教室内の児童生徒は様々なグループに分かれている。教師はそれぞれのグループにおり、グループ毎に、他のグループとは独立した学習内容を行う。

表Ⅱ-3-5　ステーション・ティーチングの留意点・利点・欠点

(Friend and Cook（1996）をもとに筆者作成)

留意点	この形態では、全ての児童生徒が全てのステーションに参加するため、違った目的では実施されない。
利点	・各教師に明確な指導責任がある。 ・児童生徒は、小グループで学ぶ利点がある。 ・教師は、より短時間でより多くの教材をカバーすることができる。 ・児童生徒は活発で実践的な学習を行っているため、規律の問題が少なくなる。 ・お互いから離れて学習をした方が効果がある児童生徒を分けることができる。 ・この方法は、同室するボランティアや他の大人の活用を最大限にする。
欠点	・効果的に機能するためには、この方法は多くの事前計画を必要とする。 ・全ての教材は事前に準備し整理しなければならない。 ・教室内の騒音が最も大きくなる。 ・同時に学習を終了するために、全てのステーションが歩調を合わせる必要がある。 ・1つ以上のグループが、教師から独立して学習する必要がある。

③ティーム・ティーチング（Team Teaching）

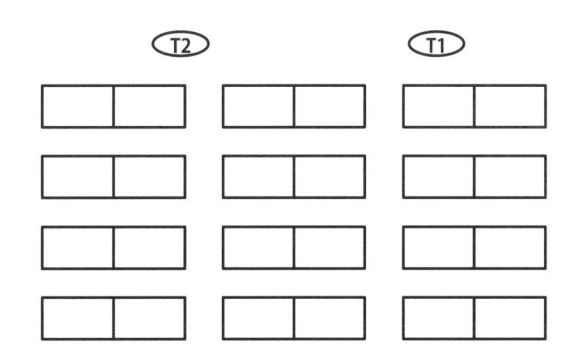

　教師が共同して全ての児童生徒の指導を計画し、責任を共有する。授業は、講義形式ではなく会話に積極的に関わる両方の教師によって行われ、児童生徒による議論を促す。どちらの教師も、授業と規律の管理に積極的に関わる。

表Ⅱ-3-6　ティーム・ティーチングの留意点・利点・欠点

（Friend and Cook（1996）をもとに筆者作成）

留意点	両方の教師が授業内容について同様に準備し、知識が必要な、この形態は一般的に実施が最も難しい。
利点	・各教師に能動的な役割がある。 ・児童生徒は、両方の教師を同等とみる。 ・どちらの教師も学級の組織と管理に積極的に関わる。 ・この方法では、挑戦することが奨励される。教師はペアで物事を試してみることもできる。 ・「2つの頭は1つより優れている」（三人寄れば文珠の知恵）
欠点	・事前計画にはかなりの時間がかかる。 ・それぞれの教師の役割は、責任の共有のために明確に定義する必要がある。

④オルタナティブ・ティーチング（Alternative Teaching）

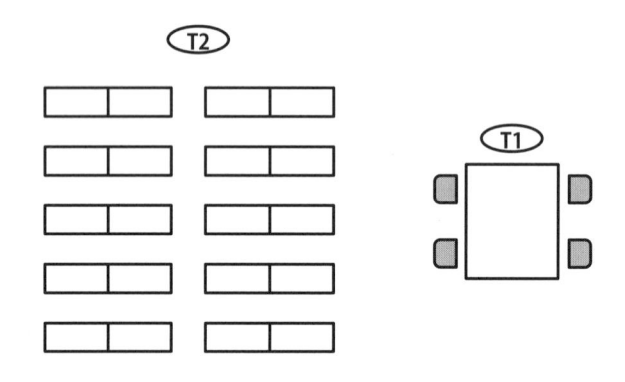

　一方の教師は授業のほとんどを運営し、もう一方の教師は教室の内外にある小さなグループと一緒に学習する。小グループの学習を大グループの学習に統合する必要はない。

表Ⅱ-3-7　オルタナティブ・ティーチングの留意点・利点・欠点

（Friend and Cook（1996）をもとに筆者作成）

留意点	同じグループの児童生徒がこの形態により、常に分離されると、インクルージョンまたは「協同学習」の利点に反してしまう。
利点	・小グループか個別で学習することは、児童生徒の個別のニーズを満たすのに役立つ。 ・どちらの教師も教室に留まることで、教師がお互いによい教授法を非公式に観察することができる。
欠点	・目的や学習構成によってグループ分けされる必要がある。そうでないと、あるグループにはラベル付けがされる（例えば、頭の良いグループ）。 ・生徒は、大きなグループと一緒に働いている教師を教師としてコントロールすることができる。 ・児童生徒は、大きなグループを教えている教師が授業を主導していると見がちである。 ・両方の教師が同じ教室で教えている場合、騒音レベルを制御する必要がある。 ・十分なスペースが必要である。

⑤パラレル・ティーチング（Parallel Teaching）

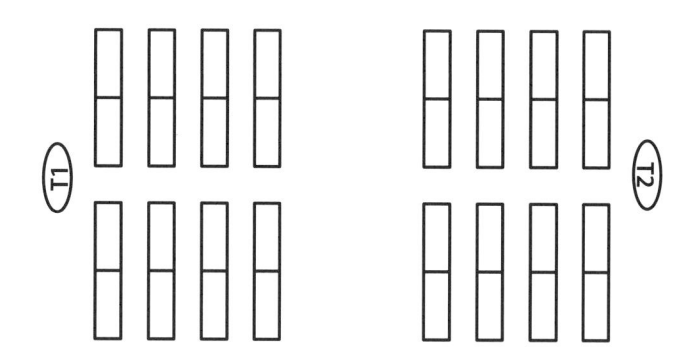

　各教師または教師と教師役の生徒が、共同して計画を立てるが、同時に、教室の各半分に同じ情報を教える。

表Ⅱ -3-8　パラレル・ティーチングの留意点・利点・欠点
（Friend and Cook（1996）をもとに筆者作成）

留意点	全ての児童生徒が教師の立場が同質であると思えるようにするために、グループと教師を順次変えることが望ましい。
利点	・事前計画により、より良い指導ができる。 ・教師はより小集団へ働きかけられる。 ・各教師は、授業で同じ内容を別々に教え、到達度を充たすことができる。 ・クラスを分割することで、必要とする児童生徒を分離することができる。
欠点	・児童生徒が同じように学ぶためには、どちらの教師も内容に熟達している必要がある。 ・同時に授業を終えるために、授業の進度が同じでなければならない。 ・2つのグループを収容するために十分で柔軟な空間が教室になければならない。 ・騒音レベルを制御する必要がある。

（3）協働教授（Co-Teaching）に必要な要素

　複数の教師が同じ教室内で学習の指導や支援を行うのが、「協働教授（Co-Teaching）」であり、5つの形態に整理することができることを紹介したが、効果的な学習を行うためには形態をなぞるだけでなく、準備や活動内容について十分に評価する必要がある。以下に、Villa, Thousand & Nevin（2013）の作成した14の指標を紹介しておく。

1．学校内で「協働教授」（つまり、2人以上の教師が、担当している児童生徒の全てに対する指導の責任を共有している）が様々な場所で活用されている。

2．「協働教授」を行う教師は、共に指導している児童生徒全てに対しての、計画、指導、評価に関しての責任を共有している。

3．どの「協働教授」の技法を活用しているのかにかかわらず、全ての「協働教授」を行う教師は教室で担当している全ての児童生徒にはたらきかけている。

4．「協働教授」は質の高い多様化指導（differentiated instruction）を提供する手段とみなされている。

5．「協働教授」は自由意思によるものではなく、児童生徒に対する支援とカリキュラムへのアクセスを保証するために求められているものとして見なされている。

6．仮想的な計画（電子メール、電子メールやグーグルドキュメントを介した教材の共有、など）に加えて、「協働教授」を行う教師同士で最低週に45～60分は直接の会議と協同的計画を行っている。

7．「協働教授」を行っている教室では、特別教育のサービスに適していると見なされる児童生徒の割合を、平均して1教室につき25％以内におさめるようにする。それが校内に在籍する全児童生徒の特長を反映していない限りは。

8．「協働教授」を行っている教室は様々な児童生徒から構成されるようにして、児童生徒は学習困難を示している児童生徒、基準を達成しないリスクがあると考えられる児童生徒、基準を達成していない児童生徒を主にするのではなく、学校の全ての児童生徒（学業成績、社会的行動、第一言語、性別など）を表すようにする。

9．「協働教授」のパートナーやチームは、1年以上は定期的にともに活動する。

10．非常に多くの時間、パラレル・ティーチング（児童生徒のグループ学習）を用いる時は、児童生徒を多様で能力が混ざったグループで活動させるようにする。

11．パラレル・ティーチングにおいて、児童生徒を均質なグループに分けた時は、グループを流動的かつ臨機応変にして、特別教育などのサービスに適しているかではなく、児童生徒の成績の分析に基づくようにする。

12．パラレル・ティーチングにおいて、児童生徒を均質なグループに分けた時は、児童生徒を特定のラベル（特別教育の適格性、英語学習者など）でグループ化せず、伸ばすことへのニーズや、特定の指導方法に基づくべきである。

13．「協働教授」の方法を多層的支援システム（MTSS）やRTI（Response to Intervention）の3層全てにおいて、定期的に活用する。

14．「協働教授」を行う教師は、サポーティブな方法やパラレルな方法に主に頼るのではなく、4つの「協働教授」の方法を全て使用する。

（横尾　俊・神山　努）

4 ｜ 現状と課題のまとめ

1）交流及び共同学習に関する法令等の経緯と教育課程における位置付け

　文部省において、「交流及び共同学習」に関連する記述が初めてみられたのは、昭和44（1969）年3月の「特殊教育の基本的な施策のあり方について」であった。当時は「交流教育」という用語が使用され、「Ⅰ　特殊教育の改善充実のための基本的な考え方」の「2　普通児とともに教育を受ける機会を多くすること」の中で、「心身障害児に対する教育は、その能力・特性等に応じて特別な教育的配慮のもとに行われるものであるが、普通児とともに生活し教育を受けることによって人間形成、社会適応、学習活動など種々の面において教育効果がさらに高められることにかんがみ、心身障害児の個々の状態に応じて、可能な限り普通児とともに教育を受ける機会を多くし、普通児の教育からことさらに遊離しないようにする必要がある。」と示された。50年近く前の報告ではあるが、「種々の面において教育効果がさらに高められる」という交流及び共同学習につながる考え方と、「普通児の教育からことさらに遊離しないようにする」というインクルーシブ教育につながる考え方が示されたことは注目に値する。

　また、学習指導要領総則に交流教育について初めて示されたのは、養護学校義務制施行の年である昭和54（1979）年7月に告示された「盲学校、聾学校及び養護学校小学部・中学部、高等部学習指導要領」であった。その後、改訂毎に交流教育に関する記述は具体性を増すようになり、平成11（1999）年の小学校学習指導要領解説総則編には「障害のある幼児児童生徒との交流は、児童が障害のある幼児児童生徒とその教育に対する正しい理解と認識を深めるための絶好の機会であり、同じ社会に生きる人間として、お互いを正しく理解し、共に助け合い、支え合って生きていくことの大切さを学ぶ場でもあると考えられる」「組織的に計画的・継続的な交流を実施することが大切である」と示され、平成29（2017）年の同解説総則編まで同じ表現で引き継がれている。なお、中学校及び高等学校の学習指導要領と同解説総則編にも同様の趣旨が示されている。

　これらの経過の中で、交流教育等の用語が「交流及び共同学習」となり、一層の推進が図られることになったのは、平成16（2004）年6月の障害者基本法改正の際であった。第14条第3項として「国及び地方公共団体は、障害のある児童及び生徒と障害のない児童及び生徒との交流及び共同学習を積極的に進めることによって、その相互理解を促進しなければならない。」が加えられた〔平成23（2011）年8月改正で、一部文言修正あり〕。「交流及び共同学習」という用語について、平成21（2009）年の

特別支援学校学習指導要領解説総則等編は、「障害のある子どもと障害のない子どもが一緒に参加する活動は、相互の触れ合いを通じて豊かな人間性をはぐくむことを目的とする交流の側面と、教科等のねらいの達成を目的とする共同学習の側面があると考えられる。『交流及び共同学習』とは、このように両方の側面が一体としてあることをより明確に表したものである。したがって、この二つの側面を分かちがたいものとしてとらえ、推進していく必要がある。」と解説している。二つの側面は一体であることを前提としつつ、単に交流にとどまるのではなく、学習のねらいも確かに達成できるよう示したものと考えられる。

　最近の動向としては、平成 24（2012）年 7 月 23 日の中央教育審議会初等中等教育分科会「共生社会の形成に向けたインクルーシブ教育システム構築のための特別支援教育の推進（報告）」では、交流及び共同学習は、「障害のある児童生徒等にとっても、障害のない児童生徒等にとっても、共生社会の形成に向けて、経験を広め、社会性を養い、豊かな人間性を育てる上で、大きな意義を有するとともに、多様性を尊重する心を育むことができる。」と示している。また、平成 29（2017）年 3 月公示の小学校学習指導要領総則では交流及び共同学習に関する記載部分に「共に尊重し合いながら協働して生活していく態度を育む」ことが追記された。これは、交流及び共同学習が、共生社会の形成につながることを明確に示したものと言える。

　さらに、「共生社会の形成に向けたインクルーシブ教育システム構築のための特別支援教育の推進（報告）」（中央教育審議会初等中等教育分科会, 2012）では、交流及び共同学習については、「各学校において、ねらいを明確にし、教育課程に位置付けたり、年間指導計画を作成したりするなど計画的・組織的な推進が必要である。」ことを、平成 28 年 8 月 26 日「特別支援教育部会における審議の取りまとめについて（報告）」（中央教育審議会教育課程部会特別支援教育部会, 2016）では、交流及び共同学習における合理的配慮の提供、教育課程への位置付けについての整理の必要性を、平成 28 年 12 月 21 日「幼稚園、小学校、中学校、高等学校及び特別支援学校の学習指導要領等の改善及び必要な方策等について（答申）」（中央教育審議会, 2016）では、「障害者理解や交流及び共同学習については、グローバル化など社会の急激な変化の中で、多様な人々が共に生きる社会の実現を目指し、一人一人が、多様性を尊重し、協働して生活していくことができるよう、各教科等の特質に応じた『見方・考え方』と関連付けながら、学校の教育活動全体での一層の推進を図ることが求められる。」と指摘している。

　合理的配慮の提供、教育課程への位置付けについての整理と共に、各教科等の特質に応じた「見方・考え方」との関連づけなど、時代の動向を踏まえた交流及び共同学習が求められているといえる。また、その際には教師間の連携が重要となると考えられる（文部科学省, 2008; 2017）。

2）国内外の関連文献から

　楠見（2016）は、障害のある児童生徒と障害のない児童生徒の交流及び共同学習に関するレビューの結果から、児童生徒の現状のアセスメントに基づく具体的な教育目標と評価観点・基準を設定し、信頼性と妥当性の高い評価を通した効果的な実践事例の紹介や開発を進める必要があると指摘している。また、交流教育の効果検証が障害のない児童生徒に偏っていることから、障害のある児童生徒の交流及び共同学習における効果の有無や効果の質についても研究を蓄積すべきであると指摘している。

　これらのことから、今後、教科学習の授業場面において知的障害のある児童生徒を対象に、アセスメントに基づく具体的な教育目標の設定と多面的な評価の実施を通して、効果検証を進めて行くことが必要であると考えられる。

　約10年前から、聞かれるようになった「ユニバーサルデザイン（universal design）」の考え方は、発達障害のある子どものいる通常の学級においてだけでなく、知的障害のある児童生徒が参加する交流及び共同学習の場面においても大変参考になる考え方である。CAST（2011）は、ユニバーサルデザインとは、みんなにとって最適な一つの解決方法ではなく、能力や個性の様々な個人差のある学習者のニーズを満たすための複数のアプローチが用意されていることであると述べている。この考え方は、多様化指導（Differentiated Instruction）や複数の教師による教授方法である協働教授（Co-Teaching）の考え方にも通ずる。これらの指導内容、指導方法、指導体制の工夫に関する観点から、インクルーシブ教育場面の実践について分析していくことで、成果と課題についてより深く分析できるのではないかと考えられる。

（涌井　恵）

引用・参考文献
第Ⅱ章 1
中央教育審議会（2016）幼稚園、小学校、中学校、高等学校及び特別支援学校の学習指導要領等の改善及び必要な方策等について（答申）.
中央教育審議会教育課程部会特別支援教育部会（2016）特別支援教育部会における審議の取りまとめについて（報告）.
中央教育審議会初等中等教育分科会特別支援教育の在り方に関する特別委員会（2012）共生社会の形成に向けたインクルーシブ教育システム構築のための特別支援教育の推進（報告）.
国立特別支援教育総合研究所（2008）「交流及び共同学習」の推進に関する実際的研究. プロジェクト研究成果報告書.
文部科学省ホームページ. 交流及び共同学習ガイド.
　http://www.mext.go.jp/a_menu/shotou/tokubetu/010/001.htm（アクセス日2018年1月9日）
文部科学省（2008）小学校学習指導要領.
文部科学省（2008）小学校学習指導要領解説総則編.
文部科学省（2017）小学校学習指導要領.
文部科学省（2017）小学校学習指導要領解説総則編.
文部科学省（2017）障害のある児童生徒との交流及び共同学習等実施状況調査結果.

文部科学省（2009）特別支援学校学習指導要領解説総則等編.
文部省（1999）小学校学習指導要領解説総則編.
文部省（1995）交流教育の意義と実際.
文部省（1989）（1998）小学校学習指導要領.
文部省（1973）（1984）（1992）精神薄弱特殊学級教育課程編成の手引.
太田俊己（2007）交流及び共同学習の経緯と背景.季刊特別支援教育,25,4-9.
吉田昌義（2010）交流及び共同学習のあゆみと意義.季刊特別支援教育,38,4-7.

第Ⅱ章2

藤嶋さと子・細谷一博（2016）知的障害児を対象とした交流及び共同学習における学習支援に関する文献的検討.北海道教育大学紀要 教育科学編,67（1）,191-199.
国立特別支援教育総合研究所（2014）知的障害特別支援学級（小・中）の担任が指導上抱える困難やその対応策に関する全国調査－研修,支援体制からの考察－.調査報告書.
国立特別支援教育総合研究所（2008）「交流及び共同学習」の推進に関する実際的研究.プロジェクト研究成果報告書.
楠見友輔（2016）日本における障害児と健常児の交流教育に関するレビューと今後の課題.特殊教育学研究,54（4）,213-222.

第Ⅱ章3-1）

CAST（2008）Universal design for learning guidelines version 1.0. Wakefield, MA: Author.
CAST（2011）Universal Design for Learning Guidelines version 2.0. Wakefield, MA: Author.（金子晴恵・バーンズ亀山静子,日本語版翻訳）.
中央教育審議会初等中等教育分科会教育課程部会（2016）次期学習指導要領等に向けたこれまでの審議のまとめ（報告）.
http://www.mext.go.jp/b_menu/shingi/chukyo/chukyo3/004/gaiyou/1377051.htm（アクセス日2016年10月10日）.
Gardner, H.（2001）MI: 個性を生かす多重知能の理論（松村暢隆訳）.新曜社.〔Gardner, H.（1999）Intelligence reframed. New York: Basic Books.〕
廣瀬由美子・桂聖・坪田耕三編著（2009）通常の学級担任がつくる授業のユニバーサルデザイン5－国語・算数授業に特別支援教育の視点を取り入れた「わかる授業づくり」－.東洋館出版社.
授業のユニバーサルデザイン研究会編著（2010）教科教育に特別支援教育の視点を取り入れる－全員が楽しく「わかる・できる」国語授業づくり－.授業のユニバーサルデザイン,Vol.1.
カセム,J・平井康之・塩瀬隆之・森下静香編著（2014）インクルーシブデザイン－社会の課題を解決する参加型デザイン－.学芸出版社.
小貫悟（2016）授業UDは理論化できるのか.授業UD研究,プレ号（no.0）,12-15.
Mace, R（1985）Universal Design: Barrier Free Environments for Everyone. Designers West, 33(1),147-152.
三長仁（2012）通常の学級と特別支援学級とが連携して『学び合い』互いに高めあう授業実践.財団法人みずほ教育福祉財団 特別支援教育研究助成事業 特別支援教育研究論文（平成23年度）.
http://www.nise.go.jp/cms/resources/content/6458/20120413-110116.pdf
（アクセス日2016年10月10日）
長江清和・細淵富夫（2005）小学校における授業のユニバーサルデザインの構想－知的障害児の発達を促すインクルーシブ教育の実現に向けて－.埼玉大学教育学部紀要,54（1）,155-165.
長江清和・細淵富夫（2006）ユニバーサルデザインの発送を活かした授業づくり（Ⅰ）－知的障害学級と通常学級（小学校5年生）との図画工作科の合同授業－.埼玉大学教育学部附属教育実践総合センター,5,169-184.
長江清和・細淵富夫（2007）ユニバーサルデザインの発送を活かした授業づくり（Ⅱ）－知的障害学級と通常学級（小学校2年生）との国語科の合同授業－.埼玉大学教育学部附属教育実践総合センター,6,209－223.

OECD 教育研究革新センター編著（2013）．学習の本質：研究の活用から実践へ（立田慶裕・平沢安政（監訳）佐藤智子・赤尾勝巳・中澤智恵ほか訳）．明石書店．〔OECD, Paris.（2010）The Nature of Learning:Using research to inspire practice.〕

佐藤慎二（2007）提言：ユニバーサルデザインの授業づくりのために．特別支援教育研究, 32-37.

The Center for Universal Design（1997）The Principles of Universal Design, Version 2.0. Raleigh, NC:North Carolina State University.

柘植雅義編著（2015）ユニバーサルデザインの視点を活かした指導と学級づくり．金子書房．

涌井恵（2016a）通常の学級における特別支援教育実践－ユニバーサルデザインな学級づくり、授業づくり、自分づくり－．発達障害研究, 38（1）,381-390.

涌井恵（2016b）授業と学習のユニバーサルデザインに関する研究の発展に向けて．授業 UD 研究, no.2,12-16.

涌井恵（2017）子どもたちの多様性に応じた通常の学級におけるアクティブ・ラーニング．授業 UD 研究 ,no.3,25-29.

第Ⅱ章3-2）

Universal Design for Learning（2013）What it is, what it looks like, where to learn more. *The Special Edge*, 26（1）,2-3.

Villa, R.A. & Thousand, J.（2016）*The Inclusive Education Checklist: A Self-Assessment of Best Practice*. National Professional Resources Inc./ Dude Publishing.

Willis, S. & Mann, L.（2000）Differentiating instruction: Finding manageable ways to meet individual needs（Excerpt）. *Curriculum Update*.
http://www.ascd.org/publications/curriculum-update/winter2000/Differentiating-Instruction.aspx（アクセス日 2018 年 1 月 8 日）

第Ⅱ章3-3）

Friend, M. and Cook, L.（1996）Interaction: Collaboration skills for school professionals. White Plains.

University of Virginia, 5 Co-Teaching Formats, Curry School of Education.
http://facult y.virginia.edu/coteachUVA/5formats.html（アクセス日 2017 年 6 月 5 日）

Villa, R. A. & Thousand, J. S.（2016）The Inclusive Education Checklist: A Self-Assessment of Best Practices.

Villa, R. A., Thousand, J. S. & Nevin, A.（2013）A Guide to Co-teaching: New Lessons and Strategies to Facilitate Student Learing（3rd ed.）Thousand Oaks, CA: Corwin Press.

第Ⅱ章4

CAST（2011）Universal Design for Learning Guidelines version 2.0. Wakefield, MA: Author.（金子晴恵・バーンズ亀山静子, 日本語版翻訳）.

中央教育審議会（2016）幼稚園、小学校、中学校、高等学校及び特別支援学校の学習指導要領等の改善及び必要な方策等について（答申）.

中央教育審議会初等中等教育分科会特別支援教育の在り方に関する特別委員会（2012）共生社会の形成に向けたインクルーシブ教育システム構築のための特別支援教育の推進（報告）.

楠見友輔(2016)日本における障害児と健常児の交流教育に関するレビューと今後の課題．特殊教育学研究, 54（4）,213-222

文部科学省（2008）小学校学習指導要領

文部科学省（2008）小学校学習指導要領解説総則編.

文部科学省（2017）小学校学習指導要領.

文部科学省（2017）小学校学習指導要領解説総則編.

文部科学省（2009）特別支援学校学習指導要領解説総則等編.

文部省（1999）小学校学習指導要領解説総則編.

III 研究2 日本の交流及び共同学習における指導方法等に関する事例研究

1 事例A ユニバーサルデザインの視点からの授業づくりと知的障害のある児童への個別的配慮の充実に向けた音楽の実践

　本事例は、知的障害のある児童が通常の学級において音楽科の交流及び共同学習を行う際に、教科の目標を踏まえた個別の目標や交流の目的を達成するために質の高い十分な学びが確保できるよう、指導内容や指導方法等の工夫・改善を図った実践である。目標の達成に向けた授業づくりにおいてユニバーサルデザインの視点から、どの児童にとっても分かりやすい教材の提示や指導方法を用いるとともに、交流及び共同学習の成果を最大化するための工夫をカリキュラム・マネジメントの視点から検討し、改善に取り組んだ。対象児童が学習活動に成功裡に参加する時間が確保される一方で、個別の学習課題に取り組むだけではなく、他者との協働により音楽を表現したり鑑賞したりする喜びをより一層深める際に必要となる、「音楽の特質に応じた見方・考え方」にアクセスするため、さらなる個別的配慮の検討の重要性が示唆された。

1）実践の背景と目的

　同校では平成25年度から平成27年度までの3か年にわたり、文部科学省のインクルーシブ教育システム構築モデル事業校として交流及び共同学習の推進に取り組んできた。これと並行して、平成26年度から平成27年度までの2か年にわたり、自治体が推進するICT機器の効果的活用モデル事業校として取り組み、一定の研究成果を収めてきた。また、平成28年度には「ユニバーサルデザインの視点に立った授業改善～児童一人一人が学ぶ・分かる楽しさを味わうために～」を研究主題に据えて研究活動を進め、平成29年度からは、これらの成果をもとに「主体的に学ぶ児童の育成

～アクティブラーニングの手法を用いて一人一人の自ら考え、表現する力を伸ばす～」を研究主題として研究活動に取り組んでいる。

特に新学習指導要領の公示を見据え、喫緊の課題となっているテーマを平成29年度の研究主題に取り入れるとともに、通常の学級に在籍する児童のみを対象としたものとするのではなく、「学びの教室」と称する通級による指導を利用する児童や、特別支援学級に在籍する児童をも対象として、「児童一人一人の自ら考え、表現しながら主体的に学ぶ力を育てること」に取り組むことは、年度毎の研究の成果を以降の教育実践に生かし、新たに生まれた課題を引き継ぎながら研究活動を進化・発展させ、着実に授業改善等に取り組むという学校文化を築き上げることへとつながっていくと考えられる。

このような経過の中で培われてくる学校としての強みを生かしつつ、自校の研究主題に向き合い、更に特別な教育的ニーズのある児童生徒の質の高い十分な学びの在り方について多角的に検討するため、音楽科の授業を対象として交流及び共同学習を実施し、指導内容や指導方法等の観点から考察を進めていくことを目的とした。

2）対象児童の実態

対象児（以下、A児とする）は知的障害特別支援学級に在籍する小学6年生であった。以下に指導開始前の対象児の実態について記した。

（1）言語面

知的発達の遅れの程度は比較的軽く、教師が同学年の児童に投げ掛ける質問等の意味は、複雑な表現を用いない限り、ある程度正確に理解できており、教師の質問にも応えることができた。また、特別支援学級においては、クラスの児童とも頻繁にコミュニケーションを交わしていた。前学年においては、文化祭の学習発表で宿泊学習の感想文を使った台詞を全て暗記し、舞台に立って言うことができた。

（2）認知面

上述の通り、エピソードに基づく記憶力は大変、優れており、長文を記憶することができている一方で、強い印象を伴うことのない事項に関する短期記憶の難しさがあり、学習上の困難となっていた。知的障害とともに、認知の偏りを想像させるエピソードもあり、読み、書き、計算、推論等の側面で学習の積み上げが難しい部分も認められた。

（3）社会性面

教師との会話において、丁寧な言葉を使って受け答えができたり、友達との間でも比較的良好な関係を築いたりすることができ、日々の学校生活を明るく過ごすことができていた。

一方で、友達の心情を想像したり、理解したりしながら言葉を掛けることが難しい側面もあり、ストレートな表現で相手を傷つけてしまったり誤解や反感を招いてしまったりすることもあった。

　学年集団の一員として臨んだ5年生のときの宿泊学習では、学年の中に入って様々な活動を共にすることもできた。また、交流及び共同学習では、気になる友達の行動をしばしば観察しながらニコニコとした表情を浮かべることもあった。

（4）その他の特記事項

　小学校4年生の終わり頃より当校に転入学した。保護者や本人は交流及び共同学習への積極的な参加を望んでいるものの、前籍校においては十分な支援や配慮が得られない中で、友達との関わりが上手くいかず、本児にとってはつらい記憶となっているようであった。これらの状況も聞き取りながら交流及び共同学習をより有意義なものにするための、複数の教科等（音楽、図画工作、学級活動、給食）により開始した。

3）交流学級について

（1）学年・男女構成

　6年生　男子21名、女子17名　計38名　※特別支援学級児童1名含む

（2）学級の様子

　当該学校における最高学年として、行事等を含め、様々な活動において、下級生の模範となるべき学年であることの認識をもった学級である。特に児童間の関係において、注意や配慮を要する関係にある児童は在籍していない。一方で、学級内には、障害の診断はないものの、発達上の課題を抱える児童や家庭環境等を背景に学習上・生活上の課題を抱える児童が複数在籍しており、細かな視点で学習上の配慮を要する児童が比較的多いクラス構成となっている。そのため、授業では集中力を欠くケースも見られ、全体に対して注意を促す場面が所々で必要となることがある。また、このような情報を担当学年の教員のみならず、校長をはじめとする管理職や関係する教科専科教員等の関係教職員が相互に情報交換しながら当該学級の指導に当たっている。

（3）対象児童との関係性など

　4年生の3月末から当校に転入しており、保護者の希望もあって交流及び共同学習も積極的に進めている。また、本児も交流及び共同学習に関して、前向きに取り組んでいる。学校としての特別支援教育に対する考えや教職員の理解も深く、同校の設置地域全体で「交流及び共同学習ガイドライン」を策定し、自治体ぐるみで組織的に交流及び共同学習に取り組んでいる。更に、実施体制面でも支援員の配置など、手厚い体制が整っている。

4）実践研究の対象となる交流教科と単元等

　対象児が交流及び共同学習に臨んでいる教科等は、音楽、図画工作、学級活動、給食であった。また、宿泊学習などの学校行事の一部でも当該学年の児童と共に学習を行った。

　本研究では、音楽科における交流及び共同学習の時間を授業観察の対象として、平成29年5月から同年10月にかけて実施した各単元・題材のまとまり毎の中から任意に単元・題材を抽出し、そのうちの1時間の授業を観察した。授業観察の合計時間は次の表Ⅲ-1-1に示す通り、4時間であった。

表Ⅲ-1-1　授業観察を行った対象授業

回	日時・曜日・校時	題材（テーマ）・曲名	備考
1	5月18日　　　4校時目	合唱：「表現を工夫しながら表情豊かに歌おう」 曲名：「語りあおう」	4時間扱いの1時間目
2	6月8日　　　4校時目	合奏：「せん律の動きや重なりをきき合って演奏しよう」 曲名「カノン」	4時間扱いの2時間目
3	7月13日　　　4校時目	歌唱：「情景を想像して歌おう」 曲名：「われは海の子」	4時間扱いの3時間目
4	10月12日　　　4校時目	合奏：「ゆれるリズムにのって，表情豊かに演奏しよう」 曲名：「スワンダフル」	4時間扱いの4時間目

　なお、より効果的な指導内容や指導方法等の検討に際しては、授業時間毎に、授業の振り返りを校長及び音楽科担当の専科教員と共に行った。また、児童の様子や特別支援学級における取組の情報について、対象児童の特別支援学級担任から聞き取りを行った。

5）各題材における授業全体の概要と対象児童の様子に関する考察

（1）第1回授業観察の結果より

　「表現を工夫しながら表情豊かに歌おう」をテーマに「語りあおう」の合唱に取り組んでいた。支援員が付き添う形で対象児童の背後に座り、支援を行っていた。

　座席配置は図Ⅲ-1-1の通りであった。

　対象児童の知的障害の実態からは、特に頻繁な支援を行う必要性は感じられず、支援員が付き添うことにより、児童間のコミュニケーションの促進よりも、支援員と児童との間に依存関係を生じさせ、児童間の交流の機会を奪いかねない状況を生じさせていた。授業中ではあったが、この点について、同行していた校長からのアドバイ

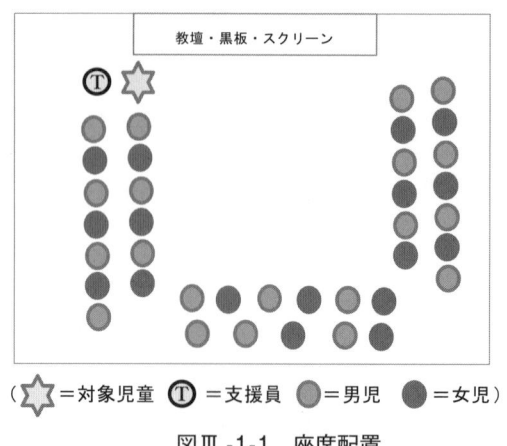

（ ⭐ ＝対象児童　Ⓣ＝支援員　🔵＝男児　🔵＝女児 ）

図Ⅲ-1-1　座席配置

スもあり、支援員が対象児童から離れ、適切な距離を保つことによって、時間中に1回、児童間による相互交流の機会を設定することができた。

　交流学級の児童は、対象児童以外に、家庭環境の問題や障害に起因するとは言えないまでも、「学びにくさを抱える児童」が複数在籍しており、学級全体としては、授業中の一部で落ち着いて学習に取り組みにくい状況も見られた。その点での配慮を含め、合唱という「曲想を考えながら表現したり、異なる声の組合せから生まれる響きの美しさを感じ取ったりする」という題材の特性に触れることをねらいとして、男女が交互に座り、互いに他の児童の様子が見渡せるような座席配置の工夫が行われていた。また、対象児童も中心となる音楽科指導担当教員の側に座ることにより、合唱中の歌声が聞き取りやすくなり、必要に応じて個別に指導を行ったり、歌唱パートを示したりするなどの支援が行いやすいようになっていた。

　全体として、音楽科指導担当教員は、音楽専科としての高い専門性を生かしつつ、音楽科の特性に触れた学びの楽しさや良さ、音と音とが重なり合うハーモニーの良さを実感できるよう、授業の展開や説明内容を意図的に組み立て提示していた。

　全体への指導の意図は明確である一方で、本題材における学習集団全体の目標とその中における対象児童の個別の指導計画上の目標や学習内容の精選が求められ、その点に関する随時の学習状況の評価が必要とされるところであった。

　また、授業観察を通じて、児童が各自で思考することや、意図的な交流場面をより多く設定し、表現を一層工夫することについて意見交流を図ることにより、より一層、音楽科の特性に触れた学びの楽しさや他者と協調しながら音楽を奏でることの良さ、他者存在の重要性について気付きを促す学習へと高めていくことの必要性を感じた。

（2）第2回授業観察の結果より

　「せん律の動きや重なりをきき合って演奏しよう」をテーマに、リコーダーによる「カ

ノン」の合奏に取り組んでいた。本題材は、4時間で構成されており、授業観察を行ったのは、このうちの2時間目の授業であった。

　今回も支援員が付き添う形で対象児童の背後に座席を設けたが、ほとんど座席には座らず距離を置いて観察しながら必要時のみ支援を行っていた。そのほかの座席配置は前回同様であった。

　授業の導入では、発声練習のための歌唱を行ったが、対象児童は、動作がゆっくりであるため歌唱の本の該当ページを開くのに時間がかかり、1番の歌の終了後にようやく、該当するページを開くような状況が見られた。事前の準備状況の確認や当該ページが分かりやすいような情報の提示の仕方若しくは、「しおり」や「付箋」を使った該当ページへのガイドが必要となると考えられた。

　合奏の取組では、まず、前時に学習した内容を復習しつつ、今回、演奏することとなる新たなパートを丁寧に確認しながら学習を進めていった。

　合奏をする際、クラス全体に対して、譜面台を隣の友達と一緒に使って学習に取り組むようにとの指示があったものの、友達と共に話し合ってどちらが譜面台を取ってくるのかや、どの種類の譜面台を使うか等の相談を行う場面などは特に見られず、対象児童が自分専用の譜面台を一人で取りに行き、用意していた。

　その後、この状況を見学していた校長からのアドバイスにより、隣に座る友達と譜面台を共有しながら使用した。

　実際の演奏に関する技能については、カノンの曲の前半部分でゆっくりとしたテンポで進む場面では、ソプラノリコーダーを正しく吹くことができていたが、曲の後半になり、メロディーが複雑になってくると理解が難しく、演奏することが難しい状況であった。隣に座っている交流学級の児童も同様に理解が難しい状況にあり、相互に教え合うことも難しいような状況が生じていた。

　授業終了後に行った校長との振り返りの中では、演奏する曲をアレンジして、前半部分のように実際に演奏する音を減らすなどの配慮を行ってもよいのではないかといった意見が出された。また、当該の音楽の時間だけではなかなか技術的な上達が見込みにくいことから、特別支援学級において学習に取り組んだり、家庭学習の中で取り組んだりすることも必要ではないかなどの意見が出された。さらに、例えば、特別支援学級における朝の会や帰りの会などで、交流及び共同学習では何を行っているのかの報告をしたり、その中で演奏を披露したりするような取組があってもよいのではないかといった意見交換も行った。これに加え、対象児童に対して、もっと積極的に話し掛けたり、コミュニケーションをとったりするような児童を隣の座席にすることや技術的にも習熟度の高い児童と近くにすることなどの配慮が必要かもしれないといったことについても意見交換を行った。

（3）第3回授業観察の結果より

「情景を想像して歌おう」をテーマに歌唱の学習に取り組んでいた。音楽科指導担当教員は、本時の目標を伝える際に、授業開始時の歌唱の様子と授業最後の歌唱の様子では、歌い方がかわることを目指す旨をクラス全体に伝えていた。

対象児童は、歌唱の際、口を開けて歌っている様子であったが、個別の配慮は、特に行われることなく、全体への説明や言葉掛けを聞きながら授業に参加していた。

本時は、当日の朝の授業時間帯に通常の着衣のまま浮いたり泳いだりする着衣泳の学習活動やその直後に外部人材を活用した短歌教室等の学習活動を行っており、疲労もあってか、集中力がなかなか持続せず、学級全体が落ち着かない様子となっていた。対象児童も向かいの座席の複数の児童が、悪ふざけをする様子などを眺め、ニコニコと笑いながら授業に参加している様子が見られた。

なお、歌唱に関わって、曲のイメージに関する全体像を捉える学習では、曲が盛り上がっていく部分と収束していく部分を板書により丁寧に図示されており、分かりやすくまとめる工夫がなされていた（図Ⅲ-1-2）。

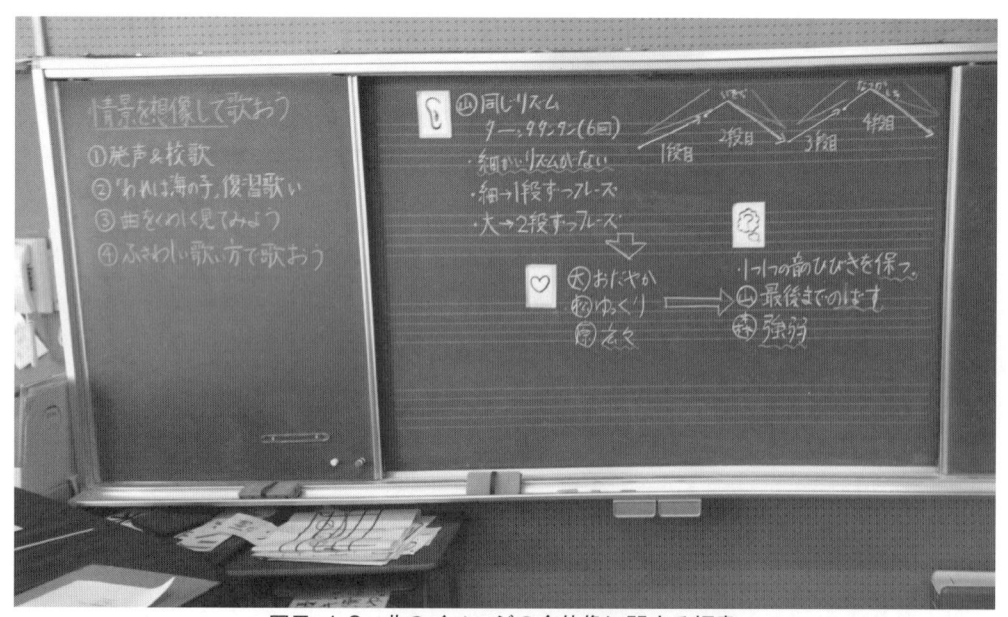

図Ⅲ-1-2　曲のイメージの全体像に関する板書

また、対象児童からの発言はみられなかったものの、曲のイメージについては、クラスの中から、「おだやか」、「ゆっくり」、「広々」といった言葉が出てきており、それぞれの言葉に応じて、そのようなイメージを具体化するためにも、「一つ一つの音の響きを保つ」や「最後まで伸ばす」、「強弱をつける」といった歌い方のポイントについて解説されていた。

　支援員は、本時も特に、対象児童のそばにつくことはせずに、少し離れたところから学習の様子を見守っていた。

　授業の終盤で行った歌唱では、教師の伴奏が歌い方のポイントを実現できるように抑揚をつけた形で演奏されたこともあり、全体として授業開始時の歌唱よりも情感を込めた歌い方となっていた。

（4）第4回授業観察の結果より

　「ゆれるリズムにのって、表情豊かに演奏しよう」をテーマにして、リコーダーによる「ス　ワンダフル」の演奏合奏に取り組んでいた。4時間構成中の4時間目ということであり、これまでの学習では、「ス　ワンダフル」の曲のつくりや曲調について意見を出し合う学習を終えており、今回はその振り返りを行うことと、曲調に応じてどのように演奏するかについて、教師と児童間を中心に意見交換や確認を行い、演奏の在り方を練り上げていく学習がポイントとなっていた。

　この点に関わって、授業の中で、教師が何を尋ねているかが分かるような板書や資料の掲示を行うとともに共通に理解しておくべき曲の構造に関する情報について明示するなどの工夫が図られており、予め詳細な板書計画のもとに授業が進められていることが見て取れた（図Ⅲ-1-3）。

図Ⅲ-1-3　曲の構造等に関する板書や掲示

　実際のリコーダーの演奏に関わっては、予め用意した楽譜に2色のマーカーを引き（青色、緑色）、書画カメラを通して拡大した上でスクリーンに楽譜を投影し、見やすさや分かりやすさに配慮していた。児童は色分けしているどちらのパートを弾いても良いこととなっていて、自分の判断と選択により演奏するように配慮されていた（図Ⅲ-1-4）。

　また、これ以外に、異なる種類のリコーダーを持参している児童に対しても、オリジナルの編曲による楽譜を準備し、音の重なりや響き合いにより楽曲を豊かに表現す

るための工夫がなされていた。対象児童はこの中から自分の弾きたいパートを決めて演奏しており、両手を用いて音を出す必要がある部分についても、途中で指使いについて確認する必要があり、滑らかな演奏とまではいかないものの、一定程度の演奏は行うことができ、学習集団の中で周囲の友達と一緒になって学習を進めることができていた。

一方で、この曲をどのように弾くかといった点に関する意見交換や練り上げに関わっては、どのような意見をもっているのかが明らかにはならなかった。学習の核になる部分での思考を展開するに当たって、対象児童へのよりきめ細やかな配慮や支援の在り方の工夫が求められるところであった。

図Ⅲ-1-4　色分けした楽譜

全体としては、曲の演奏に関わる学習活動において、個人や小グループで活動する時間と全体で合奏する時間が交互に２回ずつ繰り返されており、課題点に応じて演奏練習ができる構成となっていた。全体で合奏する時間においては、必要に応じてタンギングの仕方について、また、滑らかな演奏の具体について、実演を交えて解説するなど、分かりやすさに配慮しながら丁寧に授業が進められた。

最後の全体での練習については、意図的に２回、繰り返しの練習を行った。１回目は通常のテンポで演奏する練習を行った後、２回目はテンポを速めることを担当教師が全体に告げて、意識の集中を高める効果とより難易度の高い課題にチャレンジする意欲の高まりを期待した学習の構成にしていた。対象児童を含め、学級全体が集中して演奏に取り組むとともに、演奏終了後の充実感を引き出す工夫が行われていた。

対象児童の演奏に関する技能の向上に関わっては、授業開始時間よりも少し早めに音楽教室への移動を行い、他の児童が来室する前に音楽専科の担当教員により、本時の学習内容の確認と演奏技術の個別指導や演奏のポイントに関するアドバイスを行うことで、一定の技能を高めていた。

また、座席について席替えを行い、積極的な働き掛けが多くなると思われる児童の横へ移動するなど、交流場面を意図的に増やすための工夫を行っていた。

さらに、支援員は、当該児童の背後に位置しており、場面によってはもう一歩下がって児童の様子を見守る必要がある側面もあったが、個別練習の場面では、必要に応じて個別の関わりを行い、演奏に関する技術的な指導をマンツーマンで実施していた。

（5）特別支援学級担任への聞き取り結果より

交流及び共同学習を行った成果と課題が対象児童や交流学級の児童間において、ど

のようにあらわれたかについて聞き取った。

　交流学級全体への影響については、対象児童の学習への参加を好意的・肯定的に捉えている児童が多く見られる一方で、特定の児童に関しては、関わり方に課題の見られる児童も見られたとのことであった。

　このような課題を押さえながら、適宜、学級集団全体に対して、特別支援学級担任が障害の特性に関する理解を促す指導や適切な関わり方についての指導を行うなどの対応を並行して行ったとのことであった。

　また、指導体制上も、当該交流及び共同学習の際に教科指導担当教員に加えて、交流学級担任や特別支援学級担任が授業の様子を参観し、適宜指導を行うなどの配慮を行ったとのことであった。

　対象児童においては、交流する児童の幅の広がりや関わりの深まりといった側面では、より深化させていく余地を残しているものの、学習内容の理解に関しては、一定程度の深まりも見られており、それらの側面が功を奏したのかは定かではないが、特別支援学級における学習態度の側面で、より意欲的に学習に向かい、特別支援学級におけるリーダー的存在として、学習活動やそのほかの学校生活上の態度に好影響を与えているとのことであった。

　個別の指導計画の作成に関わっては、教科や領域等別に「実態把握の観点」を示すとともに、学習状況の「実態」や「目標達成の背景」を記入する書式設定としているとのことであった。さらに、学期毎に「学期目標」を設定し、その目標を達成するための「手立て」や学習状況の評価と今後の展望を記入するための「評価・次学期に向けて」といった記入欄も設定しているとのことであった。これらの情報をもとに交流及び共同学習を進め、特別支援学級担任が直接、引率し、指導する機会は少ないことから、支援員が毎回の授業記録を作成し、情報交換を行っているとのことであった。その他、情報交換のための会議等を設定することは少なく、立ち話的な気軽な情報交換の中で成果や課題について情報共有を行っているとのことであった。

　今後も引き続き、交流及び共同学習に際して、本児への合理的配慮の内容を検討しながら、学習内容の理解や他の児童との関わりの深化を目指したいとのことであった。

6）本事例のまとめ

　授業観察やその後の振り返り、関係者への聞き取り等の結果から、新学習指導要領の公示〔2017（平成29）年3月〕を踏まえて、質の高い十分な学びとなる交流及び共同学習を推進していくためには、以下の点からその推進について検討することが重要であることが示唆された。

・各教科等の目標を踏まえた個別の指導計画上の目標の設定を資質・能力の３つの柱に基づいて適切に行うこと。

・上記の目標に基づいて交流及び共同学習に取り組む際、教科の特質に応じた「見方・考え方」に触れるための必要な情報提示の在り方について、対象児童生徒の障害の程度や発達の状況等を勘案して、より分かりやすく焦点を絞ったり、情報の量を調整したりすること。

・教科の特質に応じて学習集団による練り上げに参加するための自力解決場面において、必要となる最小限の支援を実施し、思考を働かせて個人としての考えがもてるようにすること。また、集団解決場面において、自分なりの方法で表現できるような多様な表現方法を準備して、学習活動に参加できる状況をつくっておくこと。

・練り上げに関わる学習活動のみならず、情動の交流や簡単な教材のやり取り等ができるよう、意図的に交流場面を設定し、児童生徒間で関わる場面を適時・適切に確保すること。

・交流及び共同学習の成果の最大化を図るために、関連する学習を特別支援学級や家庭において並行して実施したり、当該授業の事前・事後に予習・復習を行ったりすること。また、交流及び共同学習の経過や成果と課題についても、関係者間で丁寧に情報共有を図り、教科等横断的にその成果を活用すること。

（武富博文・松井優子）

2 　事例B　知的障害のある生徒が交流及び共同学習の中で学びやすい環境をつくるための実践

　本事例は、中学校での交流及び共同学習の実施にあたり、特別支援学級に在籍する生徒が、通常の学級における授業を受ける際に、どのような授業方法や配慮によって授業に参加しやすくなるのかを明らかにすることを目的とした実践報告である。10月に開催された合唱コンクールに至るまでに、教材の提示や指導方法などに関して、特別支援学級、交流学級の中でどのように進められてきたのかを時系列で見ていく。

　授業の事前準備で曲の選定を行う際に生徒本人が理解しやすいプリントで学習すること、振り返りが自分でできるチェック表をつけること、本人が分かりやすい（歌いやすい）楽譜を作成するなどの準備を行うことにより、対象生徒の見通しが立てやすくなったことが示された。また、授業へのモチベーションをもって参加するなどの成果が見られた。

1）実践の背景と目的

　交流及び共同学習の実施にあたり、中学校の特別支援学級に在籍する生徒が、通常の学級において授業を受ける際に、授業方法やどのような配慮があると授業に参加しやすいのかを明らかにする。

　本対象校は公立の中学校であり、特別な配慮の必要な生徒の対応を長年行ってきた実績から、学区外から本対象校に通学を希望する生徒も多く、特別支援学級へ入級を希望する障害の程度が重度の生徒も増えてきている。一方で、保護者からは、特別支援学級だけでなく、できるだけ通常の学級の授業を受けたり、生徒と交流したりすることを希望する声も多い。この実践ではこのようなニーズを背景に、特別支援学級に所属する生徒、通常の学級に所属する生徒が共に学ぶためには、どのように学校が取り組むことができるのかを検討するため、本対象校における授業見学や担当教師、支援員へのヒアリングから交流及び共同学習の指導方法や環境づくりについて考察していくことを目的とする。また、交流及び共同学習を行うに当たりどのような課題があるのか、それに対してどのような対応策があるのかについても併せて検討していく。

　なお、本対象校の概要は、全生徒数は184名、全学級数は6クラスであり、特別支援学級は2クラス、特別支援学級の生徒数は12名（男6名、女6名）である。特別支援学級の担当教師は3名で、交流及び共同学習支援員は2名配置されている。

　在籍する生徒の出身小学校は主に3校だが、他の区域からも通ってくることがあり、合計で十数校となっている。特別支援学級在籍の生徒は、卒業後、学区内にある特別

支援学校、NPO が運営するフリースクール等に進学している。

　学校方針として朝の会は、交流及び共同学習に所属する学級で行うことを基本としている。また、障害の有無にかかわらず、授業の目的やねらいを明確にするために、全ての授業において、「ねらい」「流れ」「まとめ」を提示する取組が行われている。

　学校がある行政区は、人的サポートが手厚く、支援員、相談員が配置されており、支援員は、現在 7 ～ 8 名在籍している（非常勤）。採用の際は、教員免許の保有は問わないので、免許を持っている支援員もいるが、持っていない支援員もいる。宿泊、行事などがあるときには、必要に応じて介助員がつく。

　交流及び共同学習に関しては積極的に取り組んできており、その特色や現状については、以下の通りである。

【学校や学級の取組】
- 学区域の「交流及び共同学習のためのガイドライン」に則して、登校から下校まで、交流学級での活動を基本に下駄箱、交流学級の座席、交流名簿などを準備している。
- 運動会、合唱コンクール等では交流学級で活動し、事前に練習が必要な行事については交流学級の生徒と同様に学習している。

【通常の学級の生徒の受入れの状況】
- 日頃から交流学級で声を掛けにくる生徒が各クラス数名おり、特別支援学級に休み時間に声を掛けにくる生徒もいる。

【保護者の状況】
- 交流及び共同学習については、保護者との個別の面談を行い、希望を聞く。その後特に教科における交流及び共同学習を希望する生徒については教科担任と保護者との面談を年度当初に設けている。
- 通常の学級・特別支援学級を合わせた保護者会の場で、学級担任として挨拶や説明等を行い、保護者の理解促進を図っている。

【実施に当たって感じている課題】
- 給食等での交流をすすめるに当たり、特別支援学級の生徒全員に担任、支援員を配置することが難しい。
- 教科における交流及び共同学習をするに当たり、交流の目的をはっきり示し、支援員にどこまでの支援を依頼するか、生徒、又は教科に応じて聞き取り、連携する必要がある。
- 学級の状況によっては、生徒が落ち着かず、交流に気持ちが向かない場合がある。
- 通常の学級の教師との連携が必要である。
- 各学年の行事は通常の学級の生徒と共に学習することが基本となっており、校

外学習及び修学旅行の班行動は通常の学級の生徒と同じ班に入り、活動している。学校外における班行動に付き添えるだけの介助員申請ができず、安全上不安な点が多々残る。

2）対象生徒の実態

　対象生徒（以下、B生徒とする）は知的障害特別支援学級に在籍する生徒であった。以下に指導開始前の対象生徒の実態について記した。

（1）言語面

- ・基本的な語彙や知識は獲得されている。
- ・実際に経験したことについては記憶に残りやすく、学校での出来事を母親に伝えることができている。
- ・概念的、抽象的思考には課題がある。

（2）認知面

- ・10までの数概念は獲得している。
- ・短期記憶の弱さから口頭のみの指示だけでなく、視覚的な情報があるとよい。
- ・視覚的な順序の記憶や空間構成は得意ではなく、目と手の協応は課題がある。

（3）社会性面

- ・人との関わりを好み、笑顔で対応することが多い。
- ・敬語など、適切な言葉遣いには慣れていない。また、相手との距離感が近くなりがちである。
- ・全体集会など、活動のねらいが分からなくなったり、集中が保てなくなったとき、また相手に対して興味をもったときに、相手の顔をじーっと見つめてしまったり、触れたりして、相手に不快な思いを抱かせることがある。

（4）その他の特記事項

- ・30分以上注意力、集中力を保って学習することに課題がある。
- ・自分なりの手順があり、途中で止められたり、指導されたりすると素直に受け取れず、行動に移すことが難しい。

3）交流学級について

（1）学年・男女構成

　1年　男子21名、女子9名　計30名　＊特別支援学級生徒2名含む

（2）学級の様子

　学級活動において、素直で、話を聞く姿勢もよく、発言の多い学級である。女子はおとなしく、B生徒に自発的に関わろうとする生徒は少ない。男子は活発であるが、

幼いところが残る。また、学区域の就学支援シート（個別の配慮事項を記入したもの）を提出している生徒が4名（内1名は通級による指導を受けている）おり、情緒の安定や指示理解を促すための環境調整や、生活面と学習面それぞれの個別の支援が必要である。

（3）対象生徒との関係性など

　交流学級の生徒は、B生徒に対しては、少々不慣れな面があるが、分け隔てなくクラスの一員として接している。在籍していた小学校に特別支援学級があった学校の生徒は、比較的自分から対象生徒に関わっていることが多かった。

　また、宿泊を伴う移動教室などで接する時間が多くなることで、特別支援学級担任と対象生徒のやりとりや接し方などを見る機会を通して、対象生徒とどのような接し方をするとよいのか、関わり方を学んでいるように感じた。

4）実践研究の対象となる交流教科と単元等

　実践研究の対象となる交流及び共同学習の授業は、音楽、総合的な学習の時間、学級活動であった。

　音楽では、毎年秋に開催する合唱コンクールに挑み、7月からクラスで課題曲、自由曲の2曲に取り組んだ。総合的な学習の時間では、宿泊を伴う移動教室の事前学習や実際の合宿、福祉に関する講話・調べ学習・障害者体験・障害者スポーツ体験を行った。学級活動・朝放課後の活動では、合唱コンクールに向けての活動を行った。

　今回の研究では、主に音楽の授業の見学をしながら、合唱コンクールに向けた学級活動や他の交流及び共同学習の様子に関わる教師や支援員からのヒアリングを通して観察を行った。

　B生徒が参加している交流及び共同学習の教科と目標は以下の通りであった。

（1）音楽

・交流学級の生徒と協力して練習する。

・正しい姿勢で歌う。

・自分のパートに慣れ、正しい音程を意識して歌う。

（2）総合的な学習の時間

・交流学級の生徒と協力し、自己の課題の解決を目指す。

・交流学級の生徒との交流を楽しみ、自らも関われるようにする。

・講話や体験を通して、身近な障害者や高齢者への理解を深める。

・事前の調べ学習や事後のまとめ学習を通して、他者に伝える力を養う。

（3）日常生活・移動教室

・全体への指示を聞き、周りに応じた行動をとる。

・学級での約束事を意識し、場に応じた行動をとる。

・挨拶や質問をすることなど、コミュニケーションスキルを高める。

・係や委員会など自己の担当する仕事に意欲的に取り組む。

5）各単元における生徒の対象授業

表Ⅲ-2-1　授業観察を行った対象授業

回	日時・曜日・校時	テーマ
1	7月18日　　6校時	合唱コンクールの練習（課題曲，自由曲が決定してから初めての授業。指揮者，ピアノ演奏者は決まっていない。）
2	10月6日　　3校時	合唱コンクールの練習（指揮者，ピアノ演奏者が決まっている。）
3	10月20日　　3校時	合唱コンクールの練習（全校で歌う曲2曲，クラス自由曲）
4	10月26日　　学活，放課後	合唱コンクールの練習（課題曲，自由曲）
5	10月28日	合唱コンクール（学習発表会の一部）

　授業見学を行う前に、事前に5月末日の職員会議終了後に教師に共同研究の趣旨を説明する機会をもち、交流及び共同学習の内容について、交流学級担任、音楽教科担当教師との打合せの機会をもった。職員研修の時間修了後に、研究の趣旨、交流及び共同学習の研究における依頼内容、研究所職員が出入りすることなどの説明を行うことで、学校全体に情報共有を行っている。

　打合せには、交流学級担任、音楽教科担当教師、特別支援学級担任に同席してもらい、ヒアリングから、合唱コンクールの自由曲の選曲プロセスやスケジュールを聞き、研究で訪問する時期などについて状況把握を行った。1学期中に可能であれば1回訪問し、曲決めの様子や、夏休み明けに始まる自由曲のパート練習などの見学について希望を伝えた。実際に課題曲を決めるための授業の様子を見学することはできなかったが、授業の準備や様子については、特別支援学級の担任からヒアリングで状況を聞き取った。

　また、特別支援学級にて7月10日に事前学習を行い、7月11日の自由曲決めの授業を行っている。なお、1学期は音楽の授業は週1回であったが、2学期から10月下旬の合唱コンクールに向けて行うため週2回の授業となり、合唱コンクールの2週間前からはクラスの朝や学活、放課後等にも練習を行っており、その様子も合わせて観察した。

6）授業の様子と対象生徒の様子に関する考察

（1）事前学習（ヒアリング）　7月10日

音楽の授業で、合唱コンクールの自由曲を決める際の事前学習を特別支援学級で行った。B生徒は曲の感想を文章で表現することが難しいことが予想されたため、事前学習では、自由曲を選ぶ際に、顔の表情5種類の中から選び、曲のイメージを書くことにした。自由曲は4曲の中から1曲を決めるものであったが、音楽の曲調が明るい感じの曲で似ているものであったため、B生徒は曲の差が余り感じられていない様子であった。4曲とも曲のイメージを示す表情は5が選択され、曲のイメージには「たのしい」か「うれしい」に印がつけられていた。

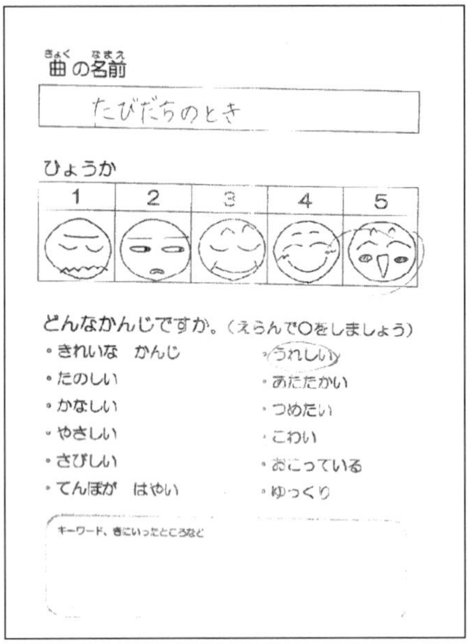

曲に合わせた顔の表情を選ぶことは、他の選曲の影響もあり、B生徒にとっては評価しにくく、難しかったようだった。

図Ⅲ-2-1　事前学習のプリント

（2）自由曲決め（ヒアリング）　7月11日

前日の事前学習で行ったプリントを持参し、授業中、他の生徒が曲を決めるためにプリントに記入しているときに、事前学習で行ったプリントに再び取り組んだ。記入することが難しいようであれば、実際の授業の中でもこのプリントを持参し、見ながら記載するように支援員がサポートした。

普段の授業中の様子は疲れたり、飽きたりする様子が見られるが、この日の授業は、事前に授業の内容が分かっていたためか、授業の集中力は普段の授業と比べると持続し、集中して取り組むことができた。事前学習をしていたことで、授業中に何を行うかの見通しがもてていた様子だった。

（3）第1回の授業観察　　7月18日

交流学級の生徒から少し離れた席に座り、横に支援員が付き添う状態で授業に臨んだ。授業が始まる前には、クラスの他の生徒と一緒に会話する様子も見られた。音楽の授業は、熱心に参加していた。板書された内容を個人の楽譜に写すときには、示されている該当部分が分からない様子で、支援員のサポートが必要な場面が見られたが、それ以外は一人で授業に参加していた。

交流及び共同学習の授業には、支援員が付き添っている。しかし、特別支援学級の

担任との打合せや情報共有が難しい状況がある。授業の様子を簡単にメモ書きしながら情報共有していくとともに、できるだけ事前準備を行い、授業で何を行うかを確認し、終わったら授業の振り返りができるようにしていくことにした。通常の学級の生徒は、授業の最後に「合唱学習カード」に記載をするが、特別支援学級の生徒は評価項目が多いことや、評価基準が本人に難しいため記載をしていなかった。そこで、新たに「ふりかえりシート」を作成し、授業の振り返りをすることで、交流学級の授業に対する意識を高める取組を行った。「ふりかえりシート」では、項目を絞るとともに、1日1枚で完結するようになっており、記入する箇所が分かりやすくなっている。また、評価をABCではなく、◎○△で表すようにしている。B生徒の評価は、よくできた（◎）が多いが、△をつける日もあり、その日の授業の取組や態度を振り返ることに役立っていることがうかがえた。

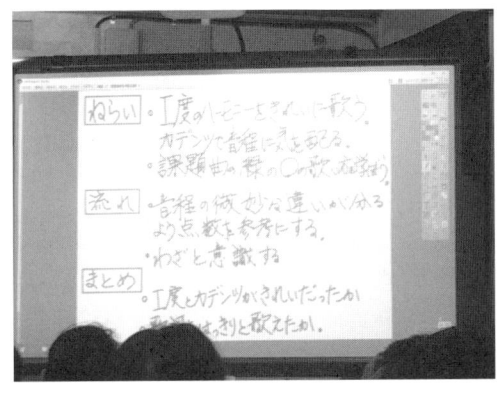

図Ⅲ-2-2　板書

図Ⅲ-2-3　授業の様子

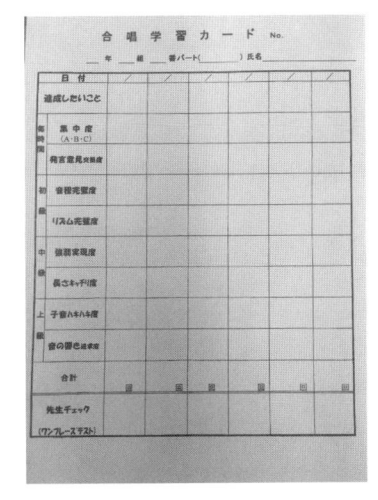

評価項目を絞り、評価内容を分かりやすい表現にし、生徒本人の振り返りができるように工夫されている。

図Ⅲ-2-4　合唱学習カード（左側）とそれをB生徒の実態に合わせてアレンジした「ふりかえりシート」（右側）

（4）第２回の授業観察の結果より　10月６日３限目

　前回の授業の席の位置からは、他の生徒との交流が図りにくいため、座席の配置を変え、通常の学級の生徒が隣に座る位置にした（支援員は必要なときにサポートできるように後ろに座った）。

　授業では発声練習に加えて、合唱コンクールで歌う「青春の一ページ」と「旅立ちの時」の練習を行った。黒板に貼ってある歌詞に強調する部分や発声に気をつける部分などを教師がマーカーなどで示すときが何回かあったが、該当部分を個人の楽譜に写すときには、自分では追えず、支援員からのサポートが必要だった。なお、楽譜は見やすいように歌詞部分だけを抜き出してＢ生徒用に特別支援学級で作成していた。

　授業の途中からは疲れが出てきたためか、支援員が横で楽譜を指したり、後ろから声を掛けられたりする様子も見られたが、周囲の生徒たちの邪魔をするような言動は見られなかった。授業後には他の生徒と話すなどの場面も見られた。特別支援学級の担任によると、音楽の授業だけでなく、合宿や総合的な学習の時間の授業を通して交流する機会があった影響もあり、交流学級の生徒たちがＢ生徒との接し方に慣れてきている様子が見られているとのことだった。

図Ⅲ-2-5　授業の様子

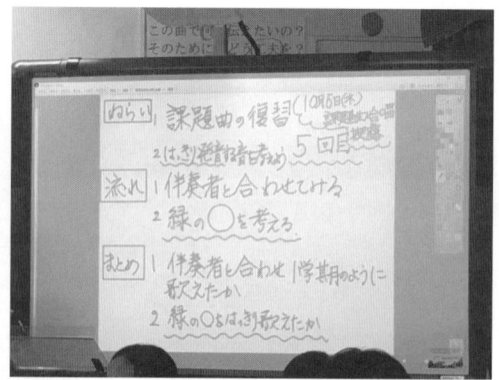

図Ⅲ-2-6　板書

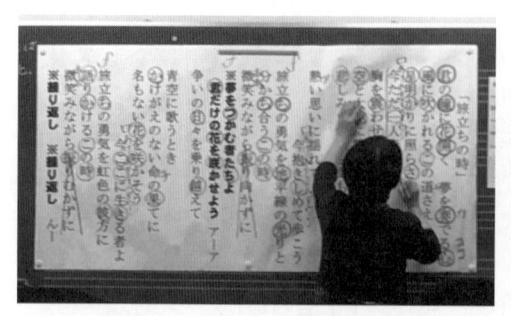

図Ⅲ-2-7　歌詞に強調などを記載

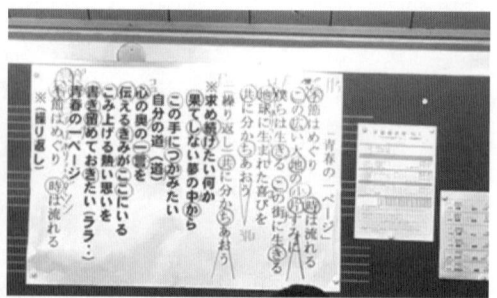

図Ⅲ-2-8　歌詞

（5）第3回の授業観察　10月20日3限目

　発声練習に加えて、合唱コンクールの全校で歌う「花は咲く」と「道」、クラスの自由曲「旅立ちの時」の練習を行った。合唱コンクール2週前になり、歌詞を見ないで歌い、以前よりも前を向いて歌うことができていた（横の生徒に対しては、たまにのぞき込むように見ることがある）。各パート練習の際には、自分の歌うパート以外のところでも、他のパートの練習をしっかり聞いている様子が見られた。

　音楽の授業以外にも、交流学級で行われる朝練習に参加しており、交流学級での練習や授業を楽しみにしている。時折指揮者を見ないで、周囲の生徒を見ていることを、特別支援学級の担任に注意されることがある。一方で、B生徒にとって内容についての理解は難しいところもあり、特別支援学級の担任からは歌詞を見ないで歌っているものの、歌詞そのものを覚えているのではなく、メロディーなどで覚えていると感じるときもあるという。周りにいる生徒の様子を見たり、のぞき込んでいたりする様子が見られるのは、B生徒なりに内容を確認しようとしているのかもしれないと感じた。

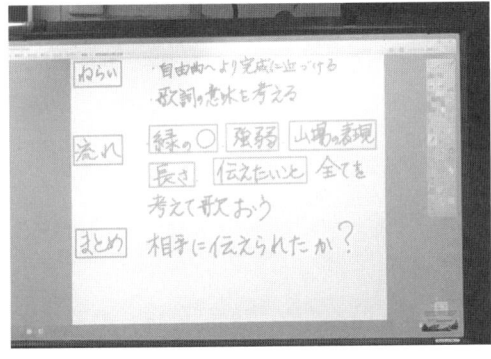

図Ⅲ-2-9　板書

図Ⅲ-2-10　授業の様子

（6）第4回の学活、放課後練習観察　10月26日

　放課後練習は、交流学級で行っており、机を教室の前に移動させて、教室の後方をステージに見立てて、練習をしている。練習が始まる前には、B生徒の席に近い生徒と話している様子が見られた。特別支援学級の生徒が来ているという雰囲気ではなく、クラスの中にしっかり溶け込んでいる印象を受けた。

　音楽の授業は、後ろ姿しか見ていなかったが、初めて正面から歌っている様子を見ることができた。特別支援学級の担任の先生から指摘があったように、指揮者を見ていないときも度々見られたが、少し離れたところで見守っていた特別支援学級の担任の先生からの合図もあり、B生徒も意識している様子が見られた。合唱の歌詞はほぼ覚えているようで、課題曲、自由曲共に歌うことができていた。

　合唱コンクール前の最終の朝練習で声出しを行っている際に、B生徒は張り切って歌っていたが、目立ち過ぎてしまい周りの生徒は困惑している様子だった。本人もそれを察して、泣き出しそうであったが、周りの交流学級の生徒たちに声を掛けてもらいながら練習を続けた。また、B生徒が落ち込んで下を向いている様子に、近くにいた生徒から立ち位置や姿勢を直される場面が見られた。

　合唱コンクール当日にもかかわらず、交流学級全体では緊張感に欠ける雰囲気だった。それに対して担任教師からは、「実行委員が頑張っているのに、クラスとしてそれでよいのか」との注意や、1人の生徒からもB生徒のことを冷やかすような態度はよくないし、合唱コンクールを全員で頑張ろうとの意見があった。交流学級の教室から体育館へ移動する際には、B生徒は指揮者の生徒からも声を掛けて励まされており、交流学級の中でB生徒の存在が受け入れられている様子が見られた。

　合唱コンクールの席は、交流学級の生徒と同じ場所に座り、休憩時間中には交流学級の生徒たちと話したり、準備を一緒に行ったりする姿も見られ、朝の練習の様子を引きずらずに気持ちの切替えができているようだった。合唱コンクールでは、1年生の最優秀賞に選ばれた。

7）本事例のまとめ

　今回の交流学級では実践の取組を観察した音楽以外でも、福祉の授業や宿泊を伴う移動教室等の行事や、朝夕の学活や給食等でも交流する機会があった。生徒たちはある一定の時間は、特別支援学級の生徒と一緒に過ごす時間が必然的に確保されることになる。一方で、特別支援学級の担任、交流学級の担任、音楽の教科担任と、それぞれの教師が関わる時間は限られていた。今回の音楽の授業では、交流学級の授業のときは支援員が付き添っていた。しかし、そこでの出来事を情報共有するための時間をとることは、難しい状況が見られることも多かった。

　限定的な時間の観察であったが、支援員、特別支援学級の担任共に授業中だけでなく、休み時間も何らかの対応が必要となる場合も多く、時間を確保するのが難しい状況が見られた。このような中でも朝の打合せや短時間の会話とともにメモ等を使いながら、情報共有できるように工夫されていた。いつも直接コミュニケーションをとることは難しいこともあるが、情報共有する手段を幾つかあらかじめ準備していると取り組みやすくなることが示されていた。

　自由曲を選択する際には、事前学習を特別支援学級で行った。曲の内容の理解は、生徒個々の能力差もあり、曲自体の鑑賞や評価が本人の学校生活や教科学習において直接何かにつながるかは判断が難しいところもあるように感じた。一方で、事前に音

楽の授業で何をやるのかを理解した上で授業に参加するので見通しが立てやすいことや、授業に対するモチベーションの向上には効果があることが示された。

　交流及び共同学習については、交流する特別支援学級の生徒と共に、他の交流するクラスの生徒達の学びの場となることも求められる。事前のクラスの様子をヒアリングしたときに、小学校のときから交流していた生徒は関わり方に慣れていることを特別支援学級の担任から聞いていたが、交流する時間や機会が増えることによって、交流学級の生徒もどのように接してよいか、理解してきたようだった。特にB生徒は、人と接することが好きで、ときにはしつこかったり、頬をつついたりなどの行動がある。交流学級の生徒たちは、B生徒と特別支援学級の担任とのやり取りから、やめてほしいことをどのように伝えればよいのかや、望ましい姿を提示するとB生徒に伝わりやすいことを学んでいる様子が見られた。また、クラスで合唱練習や活動をしているときに、その場にふさわしくない行動をとっているときには、注意をしたり、声を掛けたりと、学級の仲間の一人として受け入れていた。

　今回B校に交流及び共同学習に実践協力校として協力していただく中で、B生徒以外の交流及び共同学習の授業や生徒の様子を見る機会があった。そこからも交流及び共同学習の意義について考えてみたい。

　合唱コンクールに参加した他の特別支援学級に在籍する生徒は、合唱コンクール本番では、交流学級の生徒と一緒に歌うことは難しかった。しかし、交流学級で一緒に練習したり、ステージに立つことなどの交流や経験から特別支援学級では見られなかった成長があったという。また、合唱コンクールのステージでは、移動する場面で交流学級の生徒がさりげなくエスコートしており、特別支援学級の生徒の交流学級における居場所がつくられているのを感じた。このような交流及び共同学習を経験した生徒は、特別支援学級の中で合唱コンクールの振り返りにビデオを見ながら行ったときに、来年に向けた目標についても意識することができたという。一場面の授業や様子だけでは生徒の成長の様子や進歩の可能性は分からないこともあるが、様々な機会や時間を通して継続的に交流することで、特別支援学級の生徒も交流する学級の生徒も共に学び合い、成長していることが感じられた。

　そして、交流及び共同学習の授業は、特別支援学級の授業だけでは得られない教科の深みを学ぶ機会にもなっている。合唱コンクールの練習ではない他の音楽の授業を見学したときの内容は、オペラの鑑賞アイーダの第2章であった。導入部分では、前回授業で鑑賞した第1章の復習を兼ねて、前回記入したプリントの内容の確認や第2章でのストーリー展開を予想して記入した何人かの生徒のプリントが紹介された。生徒たちは復習と共にその日の授業内容に対する期待感が高まっているようだった。

　授業の中で活用するプリントには、オペラの概要や登場人物の相関図、何問かのク

イズ、次回のストーリーの予想を記入する欄があり、オペラの鑑賞の合間に担当教師から登場人物やオペラで使用する楽器についての説明があり、随時プリントに記入していく。オペラの内容を興味深く学べるとともに、授業の流れが分かりやすい構成になっていた。このような授業の流れは、特別支援学級の生徒にも分かりやすく、オペラの内容を理解しつつ、自由記述欄にも自分の考えが記入できていた。また、深みのある授業は、将来の教養や趣味、人生を楽しむことにもつながるのではないかと推察する。

　一方で、このような交流及び共同学習を意義ある学びの場にするためには、特別支援学級の担任、支援員、交流学級の担任、教科の担任の共通の理解や情報共有が不可欠である。新学期や特別な行事があるときは忙しくなるものの、実践事例のような情報共有の取組は、交流学級の中で対象生徒が単に時間や空間を共有するだけでなく、質の高い十分な学びを保障するためにも重要である。

　インクルーシブな場面は、障害者の権利に関する条約の批准や障害を理由とする差別の解消の推進に関する法律が施行され、社会の中でも浸透しつつあり、増えている。今後ますます多様性が求められる社会で生きていく生徒たちにとって、交流及び共同学習を通して多様な人と接する機会は、貴重な機会となっていることが示された実践事例であった。

（松井優子・武富博文・横尾　俊）

3 ｜ 事例 C 特別支援学級での補助的な学習支援を支えに 通常の学級で力を発揮させた体育の実践

　本事例は、入学後すぐに特別支援学級に入り、朝の会、帰りの会及び給食では同じ学年の通常の学級での交流を積み重ねてきた5年生の児童が、今年度初めて通常の学級の体育に定期的に参加した実践をまとめたものである。特別支援学級からは友達と2名で入ることで、心理的な負担を和らげることができた。4月当初から、交流学級の仲間の助けもあり、特別支援学級の体育の授業よりも意欲をもって走ったりする姿が見られていた。さらに、授業での課題を事前に特別支援学級の友達と練習したりすることで、交流学級の授業においてもより一層自分の力を発揮することができた実践例である。

1）実践の背景と目的

　C小学校では、特別支援学級に31名の児童が在籍している。特に知的発達の遅れの程度が軽度の児童は一人で通常の学級での交流及び共同学習に参加する例はあるが全体でも5名程度である。特別支援学級担任に時間的な余裕が無いことから、交流及び共同学習に担任が付き添うことが難しい。また、この学校では、特別支援学級児童全員が入学後から朝の会や給食は基本的に交流学級で過ごすことになっており、児童によっては交流学級における人間関係がすでにできているケースもある。

　今回の取組では、それらの環境をベースに初めて交流及び共同学習に参加する児童を対象に、授業に参加するための前提となる環境設定、授業の中で自分の力を発揮するために特別支援学級側からどんな支援が必要になるか、交流学級の児童や学級担任とはどのような共通理解や支援が求められるかについて検討する。

2）対象児童の実態

　対象児（以下、C児とする）は知的障害特別支援学級に在籍する小学5年生の児童であった。以下に指導開始前の対象児の実態について記した。

（1）言語面

・会話は比較的できる。
・緊張の強い場面では動きが止まったり、言葉が出てこなかったりすることがある。
・漢字を使うことは難しいが、作文を書くことはできる。
・1年生程度の教科書を読むことができる。

（2）認知面

- ・生活能力は高く、空間認知に大きな課題は見られず、特別支援学級の集団行動でも特に問題は無い。
- ・模倣する力は弱く、ダンスなど苦手なこともある。
- ・体のかたさがあり、足を上げたり、しゃがんで座ったりすることが難しい。

（3）社会性面

- ・分からないときに動きが止まったり黙ったりすることがある。これは家庭の課題も背景にあると考えられる。
- ・困ったときに自分からたずねることは難しいが、友達とのコミュニケーションはとれる。

（4）その他の特記事項

- ・特になし

3）交流学級について

（1）学年・人数

5年生　39名　※特別支援学級児童2名含む

（2）学級の様子

特別支援学級から交流している2名以外にも、個別の支援が必要な児童が数名いる。学級担任は特別支援学級の経験があり、穏やかに、かつ分かりやすく授業を進めている。児童が落ち着いており、他の児童がC児を特別に見ている感じは見られない。

（3）対象児童との関係性など

学級全体の児童と交流や会話をし、他の児童と同じように自然な対応ができている。特別支援学級から交流学級に来ている児童がもう1名いることで、C児も交流学級に入りやすい状況にある。外国語の授業にも参加しているが、他の児童がすぐに対象児に教えに行ったり、特定の児童が積極的に関わったりする場面は余り見られない。

4）実践研究の対象となる交流教科と単元等

対象児が交流している教科等は、体育、朝の会、帰りの会、給食であった。

そのうち、本実践では体育を分析の対象教科とし、X年4月〜9月までに実施した単元「体つくり運動」と「運動会練習・ソーラン節」について、C児と交流学級の児童の変化について追った。そのうち、授業観察を行ったのは、4月14日（体育リレー等）、5月26日（学級活動）、6月23日、7月13日（体つくり運動）、9月28日（運動会練習）である。

表Ⅲ-3-1　授業観察を行った授業

回	日時・曜日・校時	教科・題材
1	4月14日　5校時	体育（リレー等） 校庭での体操、バトンリレー
2	5月26日　5校時	学級活動（係活動） 「クラス盛り上げコミコミ」誕生日紹介表の作成
3	6月23日　5校時	体育「体つくり運動」 ①準備運動、②体つくり運動、③ペアでひざタッチ、④動きをまねる、⑤相撲
4	7月13日　3校時	体育「体つくり運動」 ①準備運動、②体つくり運動（1友達のポーズをまねる、2ラインテープごっこ、3ソフトマットの乗り越え）、③まとめ
5	9月28日　4校時	合同体育「運動会練習（よさこいソーラン）」 ①導入、②展開（部分練習）③通し練習（3回）

5）各授業における児童の様子
（1）第1回　4月14日

　交流学級の「体育（校庭でのリレー等）」に参加した。C児は運動が苦手で、昨年までは交流していなかったが、今年度は意欲的に参加している。交流学級の担任は特別支援学級担任の経験者であった。

　本時では表情よく参加し、リレーも最後まで走り切る。特別支援学級の担任の話では、「特別支援学級での体育の授業よりもがんばって走っている。複雑な指示はよく理解できていないようであり、交流学習での目標にしたい。担任の先生はおだやかに、かつ分かりやすく授業を進めている。児童が落ち着いている。他の児童がC児を特別に見ている感じはない。」ということであった。

　校長や特別支援学級担任の理解・協力姿勢があること、通常の学級担任の理解やC児との関わりがよいこと、C児がこの授業で学習意欲を出していること、他の児童の自然な関わり等から研究対象の授業に考えた。対象教科は体育であるが、学級経営や他の時間での関わり（朝の会、帰りの会など）が体育の交流及び共同学習を支える背景にあると感じられた。

（2）第2回　5月26日

　雨天のため体育は中止となり、学級活動（係活動）に参加した。C児は4人のグループ（1名は特別支援学級児童、2名は優しそうな児童U．V）に入った。内容は「クラス盛り上げコミコミ」で誕生日紹介表を作成することであった。

　4名の児童のやり取りは自然だった。

U児	「6月1日と書いて」	→	C児	書く（漢数字）
U児	「ここ違うよ」と消す。	→	C児	素直に書き直す。
C児	「○○君の誕生日」と突然言う。	→	V児	うなずく。
V児	（C児の描いたケーキが完成しつつあるのを見て）「おーすごい、きれい」			

　交流学級担任からは、「C児は交流をいつも楽しみにしている。本時の内容は前回1回行っているので、見通しをもって取り組んでいた。」との所見が述べられた。

　授業後の打合せで、特別支援学級担任に状況に応じて支援に付くことを提案し、役割の内容については検討を依頼した。社会性に関する実態（困っていることを言い出せない）については、特別支援学級での指導など、日常の取組と関連させることにした。体育の指導内容が具体的に決まった段階で、C児の個別の目標を具体的に設定することにした。

（3）第3回　6月23日　（分析対象授業）

　　1　題材名　　体つくり運動

　　2　本時の目標（本時　1/4時間目）

　　（1）いろいろな動きを経験する。

　　（2）友達との交流を楽しむ。

　　3　本時の展開と授業観察記録　＊特学担任は、ほぼ見守り（支援なし）

学習活動	教師の支援	児童の様子	様子の要因
1　準備運動、集合・整列	＊個別支援は特になし。 ＊交流学級担任の全体への説明、言葉掛け	・リズムや流れにそって、ほぼ同じようにできる。	・最初から最後まで表情がよい。久しぶりの交流（体育）ということもあるようだ。
2　体つくり運動 （1）1人で様々な動き ・行進、スキップ、片足とび、這う、しゃがんだまま歩く、起きてダッシュなど	（1）バランスの取り方について	（1）少し難しい動きでも、挑戦し、最後までやろうとする（例：ひじをつかずに手で這うことなど）。	（1）学級担任や他児の存在が意欲につながっているように見える。
（2）ペアで相手のひざをタッチ ① 2人で ② 4人の中でペアを変えて		（2）相手から逃げることを喜ぶ。②の最後だけ、相手をタッチしようとしていた。	（2）勝負よりも関わることが楽しいようだ。②は相手の動きから、自分もできそうだと判断したのではないか。

（3）動きをまねる ① 教師の動き（動物、乗り物など） ② 友達の動き（4人組：動きは自由）	（3）最初から最後まで相手の動きを見て、まねることが大事（相手意識）	（3）姿勢の保持、指先などの微細な動き、ひじの伸ばしなどは難しい。②の3人目のときは相手の動きに注目していた。<u>4人目としてC児が5つの動きを出すとき、恥ずかしがりながらも、よく考えて出していた。</u>	（3）細かな動きになると、早めにあきらめてしまう姿も見られた。②では、特学担任をちらちら見ながらも、自分なりによく考え、勇気をもって問題を出しているように見えた。
（4）相撲（8人組） ＊終了後、学級担任と個別に振り返り	（4）腰を落とすと腰を曲げるの違いについて、踏ん張ることが大事（ソーラン節へのつながり）	（4）友達の促しで順番が決まる。 ＊とても嬉しそうだ。	（4）表情はよいが、8人になると関わり方が難しくなるように見えた。 ＊この時間がC児の満足感と次への意欲に大いにつながっていると見えた。

　C児の個別の指導計画については、特別支援学級担任が交流学級担任と相談して作成した。

　今後の取組として確認したことは以下の通りであった。

① 4人組で友達の動きをまねる場面で、C児が思考する姿があった。事前課題として特別支援学級で次回の動きを少し練習し、次回に発揮できるとよい。

② 他の児童も含め、自己評価の場面があるとよい。

③ ソーラン節につながる中心の動きを決める（「腰を落とす」がよいか）。

④ その他：4人組は本時のメンバーがよい。

（4）第4回　7月13日　（分析対象授業）

1　題材名　　体つくり運動

2　本時の目標（本時　2/4時間目）

（1）自分の体を意識し、いろいろな動きを体感できる。

（2）友達との交流を楽しみ、進んで友達と関わろうとしている。

3　本時の展開と授業観察記録

学習活動	教師の支援	児童の様子	様子の要因
1　準備運動、集合・整列、ストレッチ（1人、2人組）	特学担任の支援は特になく、見守る。	1　体のかたさはあるが、ほぼ同じように行っている。	
2　体つくり運動 （1）4・5人組で友達の動きをまねる。 ・1人5ポーズ		2 （1）3回目に実施。教師の支援なく、5つのポーズを担任の合図に合わせてすぐにできた。他の友達もすぐにまねしていた。	2 （1）事前練習等の成果と考えられる。
（2）「ラインテープ」ごっこ ・ラインテープの上を、歩く・ケンケン・しゃがんで歩く。 ・向かい合ったらハイタッチをして、好きなところに移動。		（2）外周をしゃがんで歩くことが中心。途中で何度か止まる。ハイタッチは3回。	（2）苦手な動きだが、よく頑張っていた。
（3）全員が大きなソフトマットを乗り越える。 ・自力でなく協力して。1回2人まで。		（3）友達から促され前に。1回目は失敗。2回目はC児も他児もあきらめず成功。乗り越えた後、他児を自分から進んで引き上げる。	（3）みんなと同じくやりたいという思いが成功に。成功体験が自信になり、自然と進んで他児を引き上げることに向かったか。
3　まとめ	3　担任は工夫点を評価。次の課題は、より安全に行うこと。確実な実施が安全につながる。		

　4・5人組での模倣と事前学習は、交流及び共同学習に向かう事前学習のモデルになると考えられる。まずは、前日にC児と特別支援学級担任が、C児の中心課題の内容について担任に尋ねる。中心課題として目標を事前に決めており、前日であれば記憶しやすく見通しがもちやすいことから、三者で目標を共有できる。

　次に、交流学級担任から「腕を使う、足を使うなど違う動きを5つ考えること」の指示を受ける。特別支援学級の4・5年生8人でポーズを考え、やってみる。特別支援学級としての学びに生かすことにもつながり、他児の発案がポーズ検討の参考にも

なり、自分のアイデアも付加できる。当日の授業と同じようにやることでC児の不安を軽減し、見通し・気持ちの余裕・期待につながると考えられる。

　特別支援学級担任からは、運動会種目のソーラン節につながる腰を落とす動きは、好きなポーズであり、本人ができることで、意欲をもつことから、達成感・満足感につなげたいとの要望があった。また、今年度のC児の変化については、交流学級担任の学級経営がよいことをあげている。昨年度までは体育に入れなかったC児が、今年度は自分から行くようになったことや、給食も昨年は一緒にいるだけだったのに、今年は自分から話し掛けたが、受け止めてもらえなかったようで泣いたことがあった。突然、独り言のように話したらしく周囲は何のことか分からず驚いたようだが、自分の気持ちを開くようになったことを肯定的に受け止めている。今後は、適切な話し方などの指導も課題となるだろう。

（5）第5回　9月28日

　授業参観　5年合同体育（3学級）運動会練習（よさこいソーラン）

○ 導入「エビカニクス」

　初めての体験のためC児はなかなか踊り出せず、特別支援学級担任が言葉を掛け隣で一緒に少し踊ったところ、踊ることができた。踊ることを知らされておらず、本人には突然であったため、戸惑ったようだ。

○ 展開①「よさこいソーランの部分練習①」

・中心となる3つの動き（場面）を繰り返し練習。
・3つの動きとも、教師の示範をよく見て、踊っている。リズムに合わせ、他児とほぼ同じようにできている。特に動き始め、指先の伸びなどがよい。
・同じ動きを何度も繰り返すことが、分かりやすさとできるようになることにつながっている。

○ 展開②「よさこいソーランの通し練習①」

・リズムに合わせ、他児とほぼ同じようにできている。後半も、下半身の踏ん張りが見られた。特に最初と最後の腕の伸ばしがよい。
・集団の力がやる気につながっている。

○展開③「よさこいソーランの部分練習②」

・一つ一つの動きを確かめるように練習している。
・時々他児へ笑顔を見せる。自信や余裕の表れと思われる。

○展開④「よさこいソーランの通し練習②」

・疲れているように見えるが、やる気がみなぎっているのか、キレのよい動きが見られた。
・練習　学年全体で9月1週目から約10回

特別支援学級では1週目に約5回、2週目からは週1〜2回練習している。1週目で大体の流れや動きを覚え、2週目から細かに確認している。交流学級でも1回練習したようだが、C児は自分の判断で参加しなかった。特別支援学級の方が安心して、自分のペースで、苦手なところを確認できるようだ。

・特別支援学級担任の支援について

C児は特別支援学級担任がいるとチラチラ見て気にしている。基本的には離れて見守っているが、気にする頻度が高いときなどに行く。確認を求めている場合は励まし、分からない場合は教えるようにしている。交流学級に行ったときは、C児だけでなく、他の児童も気に掛けるようにしている。よさこいソーランでC児を評価しているのは、動きを止めることを意識できたときや、集団による流れのある動きで、うまく間を取りタイミングを合わせることができたときである。

6) 本事例のまとめ

本事例では、3回目と4回目の「体つくり運動」の題材を中心に、交流学級での授業と、特別支援学級担任の対応について考察する。

(1) 学校全体での環境づくり

本対象校では、学校全体の特別支援教育及び特別支援学級に対する理解が進んでいる。平成26年度に文部科学省事業「センター的機能を生かした地域支援」を受け、地域の特別支援学校と連携した特別支援教育推進を行っている。そのため、他の教職員や保護者の理解もあり、入学時に特別支援学級に在籍しても、全員が、朝の会、帰りの会、給食の時間は交流学級で過ごしている。学年が上がることで人間関係も積み重なっていく。C児は、5年生になって初めて教科交流したが、それまでの交流の下地があったことで、スムーズに入ることができた。学校全体が、特別支援学級の児童と共に生活する基盤をつくっていることは重要である。

(2) 交流学級の選定

交流及び共同学習の交流学級は、学級担任の理解があり、ペアになる児童との関係にも配慮してくれる。また、学級担任には特別支援学級での担任経験があることから、C児の特別支援学級担当とも日頃から連携をとっている。今回の交流授業のねらいに関しても一緒に検討している。

(3) 担任及び支援員による対応

特別支援学級担任は、基本的には交流学級に付き添っていない。授業の関係から付き添う余裕がないとのことだったが、今回は対象の授業において必要なときのみ時間をとって付き添ってもらった。今回の研究を通じて、交流学級との授業の中で特別支援学級担任による適切な支援が重要な要素になっている。例えば、5回目の合同体育

での導入の「エビカニクス」の踊りに戸惑っていたＣ児に声を掛けて一緒に踊ることで、初めての体験だったにもかかわらず、Ｃ児が踊ることができている。また、特別支援学級担任は、Ｃ児がそばにいることを気にしていることを分かっていたため、必要以上にかかわらず、交流学級でも支援の必要な児童が他にもいることから、他児にも同じように関わっている。そのことでＣ児が学級で浮き上がることもなく適切な支援が受けられていた。

（4）交流学習での中心課題の継続と事前学習

　今回の交流授業に関して、特別支援学級担任へ新たな支援をお願いした。3回目の授業で、友達の動きをまねる場面でＣ児がモデルになるときに、自分で考えてはいるものの、自信がなさそうであり、他児に比べれば動きも少なく、表情も今ひとつだった。そこで、特別支援学級担任に、次回の授業内容を確認してＣ児が事前に練習して自信をつけて参加できるようにすることをお願いした。実際の経過は4回目の授業の取組に書かれているが、事前学習の経過と実践のポイントを表Ⅲ-3-2にまとめた。

表Ⅲ-3-2　事前学習の経過と実践のポイント

事前学習の経過	ポイント
1　交流及び共同学習の前日に、Ｃ児と特別支援学級担任が交流学級担任に、中心課題の内容を尋ねに行く。	・当日の中心課題が事前に決まっていること。 ・Ｃ児が記憶しやすく、見通しをもちやすい前日に行ったこと。 ・中心課題の具体的内容を三者で共有できたこと。
2　交流学級担任が中心課題の内容について、当日と同じ言葉で具体的に指示する（腕を使う、足を使うなど違う動きを5つ考えること）。	・指示が前日と当日が同じなので、当日も混乱しないこと。 ・指示が具体的で、理解しやすいこと。
3　特別支援学級児童8名で、5つの動きを考える。	・事前学習に他児も加わることで、Ｃ児は他児の発案が参考になり、動きのアイデアを考えやすくなったこと。
4　特別支援学級児童8名で、当日と同じ流れで行う。	・当日と同じ流れで行ったことで、不安が軽減し、見通しや期待につながったこと。
5　Ｃ児は5つの動きを自分の言葉で小さな紙にメモし、当日持参する。	・メモを持参することで、当日の授業に安心して参加できたこと。 ・自分の言葉でメモしたことで、思い出しやすかったこと。

　4・5人組で友達の動きを模倣する学習活動では、事前学習の成果が発揮された。その理由は、中心課題として模倣をする学習活動に焦点を当てた上で、事前学習を進めたことにあると考える。また、事前学習の進め方は、交流及び共同学習を実施する上での参考になることから、改めて以下に事前学習の経過とポイントを整理する。

C児が特別支援学級担任と一緒に交流学級担任に次の時間の内容を聞きに行き、自分ができそうなことを特別支援学級で他児と一緒に練習して、自分で考えたポーズを次回の授業で見せている。そのときのC児の表情には前回よりもよくなっていた。交流学級の授業では、障害のある児童は何らかの手立てがなければなかなか成果は示せないのは当然あり、交流授業と交流授業の間にC児にとっての別の学習が必要である。その時間をどこで保障し、どんな内容を用意するかが重要に思われる。今回の実践から見えてきたことである。

（明官　茂・清水　潤）

4 事例 D 学び方の多様性と知的障害特別支援学級在籍児の特性に配慮した理科の実践

　本事例では、障害の有無にかかわらず、児童たちの学び方の多様性に配慮したユニバーサルデザインな授業づくりとともに、対象児である知的障害特別支援学級に在籍する児童に個別の教育的ニーズに応じた手立てを用意し、学力面と対人面双方に効果を及ぼすことを目指した。

　実践の中では、対象児は事前に知的障害特別支援学級において理科に関する用語や授業に関連する日常語彙を学習したり、全児童へ例示する見本教材を対象児と特別支援学級教員とで事前に作成したり、交流学級での授業において対象児が教師の模範提示を手伝ったりするなどの工夫を行った事例である。また、全児童に対して、単元前にレディネステストによる実態把握を行ったことにより、対象児や交流学級児童の理解が未だ不十分だったり、難しいと思われる内容を把握した上で指導の手立てを工夫することができた。

1）実践の背景と目的

　対象校では、長年交流及び共同学習に取り組み、交流学級となっている通常の学級で障害理解授業にも継続的に取り組んでいる。学校全体としても保護者、児童共に障害への理解が高くあり、休み時間には特別支援学級の児童にごく自然に声を掛ける姿が多々見られる。対象児は低学年の頃から、交流及び共同学習を行っており、同学年児の受入れもよい。

　小学3年生では理科が始まるが、生活科に含まれていた植物や生物等に関する理科的な内容と比べ学習内容や学習語彙の抽象度が上がる。通常の学級内でも学力差が徐々に出始める時期である。そこで、障害の有無にかかわらず、児童たちが多様な学び方によって学習活動に参加できるよう配慮したユニバーサルデザインな授業づくりを試みた。

　また、対象児の実態に応じた個別の配慮も組合せ、学力面と対人面双方に効果を及ぼすことを目的とした。具体的には、対象児の学習について、事前に知的障害特別支援学級において理科に関する用語や授業に関連する日常語彙を学習したり、全児童へ例示する見本教材を対象児と特別支援学級教員とで事前に作成したり、交流学級での授業において対象児が教師の模範提示を手伝ったりするなどの工夫を行った。また、全児童に対して単元前にレディネステストを行い、学習状況の実態も把握した。以下では、実践の成果と課題について報告する。

２）対象児童の実態

　対象児（以下、D児とする）は知的障害特別支援学級に在籍する小学３年生の児童であった。以下に指導開始前の対象児の実態について記した。

（１）言語面

- ・ひらがな、カタカナは全て読み書きできるが筆記の速度は同学年児よりは遅い。
- ・簡単な日記文を自分の言葉でひらがなを主に使用して書くことができる。
- ・１学期当初は１年生の漢字を学習中であったが、教科名など日常的に使用する漢字は書けた。
- ・特別支援学級の休み時間には、自閉症・情緒障害特別支援学級の年齢の近い同性の児童と伸びやかな声で笑顔を時折見せながら会話をしていた。生活上の出来事について、複文で表現したり、理由も含めて説明したりすることができ、会話のキャッチボールは不自由なくできていた。

（２）認知面

- ・初めての問題や事柄は，言語指示のみでは分かりにくい様子で、内容を優しくかみくだきジェスチャーや絵、自分で操作することなどにより理解できる様子が見られた。
- ・一度できた学習課題であっても、設問のパターンが若干変わると理解した内容を別の課題に応用することは難しかった。

（３）社会性面

- ・交流学級では、運動会のダンスの練習を全体の流れに合わせてほぼ他児と同じように行動できていた。
- ・交流授業では、自分から分からないことを教師に聞いたり、友達にノートを見せてくれるよう話し掛けたりすることもあった。

３）交流学級について

（１）学年・男女構成

　３年生　男子21名、女子12名　計33名　＊特別支援学級児童含む

（２）学級の様子

　研究開始時の学級には、明るく、仲が良く、どの活動にも意欲的に取り組む雰囲気があった。考えたり、表現したりといった活動も低学年から日常的に取り組んでいるので、学習面、生活面で話し合いながら児童同士で課題解決する様子も見られていた。

　理科の授業では主に男子が活発に発言をする傾向があった。１コマ授業の中の"交流（学び合い）の時間"では、同性同士がペアやグループになることが多いが、男女混ざっての交流も見られた。

（3）対象児童との関係性など

　D児に積極的に話し掛けたり、長くやりとりをしたりしている児童は、2回の観察では見られなかった。低学年の頃から交流で関わりのある児童もあり、D児からの働き掛けに応じてくれる。交流学級の1名の同性の児童が休み時間に特別支援学級に遊びに来て、D児とやりとりして遊ぶ様子もあるとのことであった。

4）個別の指導計画における対象児の目標

　前期の理科（交流及び共同学習）の指導目標は次の通りであった。

・教師の言葉掛けで、学習したことと関連したものに気付く。【関心・意欲・態度】
・条件が変わると、関連して変わることに気付く。【思考・表現】
・実験や観察の結果を、教師や友達と一緒に表やシートに記入する。【技能】
・実際にものに触れたり、体験したりすることで、言葉と一致させながら理解する。
　　　　　　　　　　　　　　　　　　　　　　　　　　　　　　　　【知識・理解】
・友達との肯定的なやりとりの機会を経験する。【対人面】
・自信をもって活動し、交流学級の友達から認められる経験をする。【対人面】

5）実践研究の対象となる交流教科と単元、及びデータの収集方法等

　対象児が交流している教科等は、理科、社会、音楽、図画工作、体育、総合的な学習の時間、朝の会、帰りの会、給食であった。このうち、本実践では理科を分析の対象教科とした。理科の授業は交流学級担任ではなく教科担当の教員が指導に当たった。

　データの収集は、X年5〜9月までの授業に関して行った。この期間中に1・2週間おきに授業観察を計6回行い、授業改善に関する打合せを授業担当者と計7回行った。そのうち、数回は特別支援学級担当者と交流学級担任も参加した。

　X年5〜6月を実態把握期とし、対象児や交流学級児童の実態把握、また活用できそうな指導の手立てについて直接観察結果に加えて、対象児や他児童のノートや授業プリントの記述内容から探ることとした。この時期に指導した単元は「たねをまこう」「チョウを育てよう」「植物の育ちとつくり」「風やゴムのはたらき」で、各単元につき1回、計4回の授業観察と4回の授業改善に関する打合せを授業担当者と行った。打合せの数回には特別支援学級担当者と交流学級担任も参加し、参加できない場合には授業担当者より打合せ内容を伝達した。

　X年7〜8月には授業改善に関する打合せを授業担当者と2回行った。

　X年9月には、単元「オリジナル昆虫図鑑をつくろう（全5時間）」の授業を行い、1回の直接授業観察、及び授業担当者との打合せを行った。①直接観察結果、②単元冒頭に単元内容の事前理解度について把握するために行ったレディネステスト、③児

童の作品（オリジナル昆虫）と学習プリントの記述内容、④単元後に行った業者テストより、学習面と対人面についてのデータを収集した。

6）指導の方法
（1）実態把握期（5月〜6月）
　授業は基本的に、①導入、②めあてや課題の提示、③個人学習、④他児との交流、⑤まとめという流れで行われたが、各部分の配分時間は授業日や授業内容によって異なっていた。ノートに学習のめあてや予想、実際の（観察）結果やまとめを記述する場合もあれば、学習プリントを用意する場合もあった。ユニバーサルデザインな授業づくりの基本的な方針として、D児をはじめ多様な児童の認知特性や学び方に応ずるために、ノートやプリントでは、絵を描くなど視覚的な手立てを活用したり、他児と学び合ったり、体を使ったり、物を操作する活動を取り入れたりするなどして、できるだけ視覚、聴覚、触覚といった多感覚やGardner（1999）の提唱する言語的知能、対人的知能、空間的知能、論理・数学的知能、音楽的知能、運動感覚的知能、内省的知能、博物的知能といった8つのマルチ知能をできるだけ多く活用できるような、書字以外の活動も多く取り入れた学習活動を設定するようにした。

　単元「風やゴムのはたらき」の授業では、D児が自信をもって活動し、交流学級の友達から認められる体験をすること、それが友達との肯定的なやりとりの機会とつながることを期待して、D児が全児童に例示する見本教材の作成と授業担当者が行う模範提示を手伝うことを試みた。

（2）授業改善に関する打合せ（7月〜8月）
　直接観察から得られた対象児や他児の様子、またノートや学習プリントの記述内容から、9月に行う授業計画について話し合い、学級全体に対して行うユニバーサルデザインな支援と、D児に対して行う個別的な支援、他の特別な支援の必要な児童に想定される配慮と支援について話し合い、具体的な指導のねらいや手立てを決めた。

（3）単元「オリジナル昆虫図鑑をつくろう」（9月）
　図Ⅲ-4-1と図Ⅲ-4-2に「オリジナル昆虫図鑑をつくろう」の単元計画（全6時間）を含む指導案を示した。図Ⅲ-4-2には、単元目標や対象児童の本単元における目標についても記載した。本単元においても、ユニバーサルデザインな授業づくりの基本的な方針は実践把握期と同様であった。

　なお、単元冒頭においてレディネステスト（15分間で実施。漢字にルビ付き）、単元終了後に業者テストを全児童に対して行った。レディネステストは単元内容の事前理解度について把握し、授業の手立てをより対象児や学級集団に合ったものにするためのもので、単元後に行った業者テストとほぼ同じ内容を理科担当教員が手製のプリ

ントで用意した。また、紙面によるテスト以外の方法で児童の学習活動を形成的に評価するために、児童が創作したオリジナル昆虫作品（制作物）制作時の様子から、①昆虫は頭・むね・腹の三部分に分かれることが示されているか、②昆虫の虫は6本あるか、③その6本の足は胸から出ているかの理解度について把握した。

理科学習指導案

授業者 　　　

1．日時　　平成　年　月　日(木) 3．4校時

2．場所　　3年■組教室

3．学級　　3年■組(男子21名、女子12名、計33名)

4．単元名　「オリジナルこん虫図鑑をつくろう」

5．単元目標

・野外にいる昆虫に興味をもち、それらの体のつくりやどのような場所を住みかにしているかを、進んで調べることができる。　　　　　　　　　　　　　　　　　　【関心・意欲・態度】
・いろいろな昆虫のからだのつくりを比較して、昆虫かどうかを確認したり、昆虫などの動物のすみかには、食べ物があり、外敵からの隠れ場所になっていると考えたりし、自分の考えを表現できる。　　　　　　　　　　　　　　　　　　　　　　　　　　　　【科学的な思考・表現】
・昆虫の幼虫から成虫になるまでの変化を、蝶の育ち方と比較しながら記録できる。　　　【技能】
・昆虫のからだは、どれも、頭、胸、腹の3つの部分からできていて、胸にはあしが3対6本あること、昆虫の成長には完全変態のもの、不完全変態のものがあることを理解できる。【知識・理解】
・昆虫などの動物は、その周辺の環境とかかわって生きていることを理解できる。　【知識・理解】

6．対象児童の本単元における目標

①教師の言葉がけで、学校にいるこん虫に気づくことができる。【関心・意欲・態度】
②オリジナルこん虫の「あたま・むね・はら」をつくることができる。【思考・表現】
③オリジナル昆虫の足をむねから6本出すことができる。【思考・表現】
④自分の作りたいこん虫のアイデアスケッチを教師と一緒に描くことができる。【技能】
⑤「さなぎ」「すみか」などの言葉を理解することができる。【知識・理解】
⑥友だちとの肯定的なやりとりの機会を経験する。【対人面】
⑦自信をもって活動し、交流級の友だちから認められる体験をする。【対人面】

7．単元計画（全5時間）

時	学習内容	評価項目	対象児童の目標
1	学習の見通しをもつ。 さなぎ・すみかについて知る。	【知識・理解】	⑦【対人面】 ⑤【知識・理解】
2〜3	オリジナルなこん虫をつくる。（本時）	【思考・表現】 【技能】	④【技能】 ②③【思考・表現】 ⑥【対人面】
4〜5	オリジナルなこん虫を発表する。	【関心・意欲・態度】	①【関心・意欲・態度】
6	まとめテスト	【知識・理解】	⑤【知識・理解】

図Ⅲ-4-1　単元「オリジナルこん虫図鑑をつくろう」の指導案（1）

8．本時の目標
・こん虫の特徴をとらえ、自分の考えたオリジナルのこん虫を作ることができる。【思考・表現】
・自分の考えたオリジナルのこん虫の特徴について、マトリックスを使ってまとめることができる。
【技能】

9．対象児童の本時の目標
・オリジナルこん虫の「あたま・むね・はら」をつくることができる。【思考・表現】
・オリジナル昆虫の足をむねから6本出すことができる。【思考・表現】
・自分の作りたいこん虫のアイデアスケッチを教師と一緒に描くことができる。【技能】
・友だちとの肯定的なやりとりの機会を経験する。【対人面】

１０．本時の展開

	学習活動	指導上の留意点（○評価）
導入 （5分）	1．めあての確認をする。	・図鑑を作ることを再度確認する。
	オリジナル昆虫のアイデアスケッチをしよう。	
展開 （35分）	2．アイデアスケッチを描く。	・教科書や本を参考にしてもよいことを伝える。
	3．特徴についてマトリックスを使ってまとめる。	○自分の考えたオリジナルのこん虫の特徴について、マトリックスを使ってまとめることができる。（ワークシート）
	4．友だちと交流する。	・書き直したり、書き加えたりしても良いことを伝える。
まとめ （5分）		・時間と人数を指定する。
	5．友だちの意見を聞いて、アイデアスケッチを完成する。	
導入 （5分）	1．めあての確認をする。	・材料の確認をする。
	オリジナルの昆虫を作ろう。	
展開 （35分）	2．オリジナルの昆虫をつくる。	・全く同じでなくても良いことを伝える。 ○こん虫の特徴をとらえ、自分の考えたオリジナルのこん虫を作ることができる。（観察）
まとめ （5分）	3．マトリックスを見ながら、自分の考えた昆虫になっているか確認する。	
	4．友だちと交流する。	・書き直したり、書き加えたりしても良いことを伝える。 ・時間と人数を指定する。
	5．友だちの意見を聞いて、オリジナル昆虫を仕上げる。	

図Ⅲ-4-2　単元「オリジナルこん虫図鑑をつくろう」の指導案（2）

7) 指導の経過と考察
(1) 実態把握期（5月〜6月）

　学習面に関しては、D児は行動観察を行った全ての授業においてまじめな授業参加態度が見られ、分からないことがあると、授業者のところへ行って尋ねることも多々見られた。D児の質問の内容（「子葉って何？」「成虫って何？」「草たけって何？」「手ごたえって何？」など）から、日常語彙や理科に関する用語で概念理解の難しい単語があることが分かった。

　また、D児の行動観察から、黒板に書いてある内容を書き写そうと常にまじめに取り組む姿が見られていたものの、ノートの記述を見ると、時間切れで完全には書き写せない場合があったり、自分で考えた内容（理由など）を書く場合は、単語のみの記述となっていたりした。それから、D児以外にもノートを完全に書き写せていなかったり、自分の考えを最後まで書けていなかったりする児童がクラスの約1／3程度いた。「植物の育ちとつくり」の授業では、マトリックス表に植物を観察した内容を単語で埋めていく学習プリントを使用した。普段、表現が拙く発表することに困難のある児童が、このプリントを手がかりとすることで、観察内容を簡潔かつ的確に発表できるという姿が見られた。

　対人面に関しては、単元「たねをまこう」「チョウを育てよう」「植物の育ちとつくり」「風やゴムのはたらき」において各1回ずつ行った直接観察では、D児が席の近い異性の児童ら数名と1対1でノートや学習プリントの記述内容について交流する姿が見られた。普段から仲良くしている同性の児童から声を掛けられたりすることもあったが、2、3の言葉を交わす短いやりとりであった。4〜6人でやりとりする同性の児童のグループのそばに接近したり、遠目に眺めたりすることもあったが、言葉を交わしてやりとりすることは無かった。

　単元「風やゴムのはたらき」の授業では、D児が全児童に例示する見本教材の作成と授業担当者による模範提示を手伝うことを試みたところ、D児とこれまで一度も関わりをもつことの無かった同性の児童が、D児が作成した見本教材を借りて、グループの他児に風のはたらきについて説明するという場面が見られた。また、3名の児童がD児の見本教材に触発されて、自宅で保護者と同様の風やゴムで動くおもちゃを作成するというエピソードがあった。彼らの作品も授業の中で紹介し、風やゴムのはたらきについて学級で理解を深めた。

　授業の構成に関しては、授業の流れとして、個人学習の次に他児との交流を行うことを児童に伝えたが、児童から個人学習の時間の延長を求める声が上がることが多く、時間延長したが、その分仲間との交流時間が短くなるということがあった。

（2）授業改善に関する打合せの結果（7月〜8月）

　実態把握期の結果を基に、授業改善に関する打合せを授業者と行い、次の点について授業改善を加えることとした。

　対人面に関する工夫として、D児が見本教材の作成と模範提示を手伝うことを単元「オリジナル昆虫図鑑をつくろう」においても継続して取り入れることとした。D児が見本教材を作成や模範提示を行うことは、それほど特別な印象を他児に与えておらずごく自然に行えている、またこれまで関わりの無かった児童との関わりのきっかけになる、他児が類似作品を家庭で制作するなど好影響がみられていると、肯定的に授業者も受けとめており、指導効果が見込まれると考えたのがその理由である。

　学習面に関しては、実態把握期の結果から、D児は日常語彙や理科に関する用語で概念理解の難しい単語があることがわかった。また、他児と同じスピードで板書を写すことは難しいこともわかった。さらに、交流学級の他児の様子をみると、自分の考えなど多くの文章量を書くことができる児童がいる一方で、板書の速さについて行けない児童や自分の考えを文章にまとめることが苦手な児童もいた。

　そこで、特別支援学級での個別学習（国語）の時間に、理科の用語の読み方や意味についての事前学習を行うことや、マトリックス表や思考ツール（田村・黒上, 2013）などのグラフィック・オーガナイザーを用いた学習プリント（図Ⅲ -4-3）を作成し、書字量が少なくても思考を整理できるような工夫を取り入れることにした。

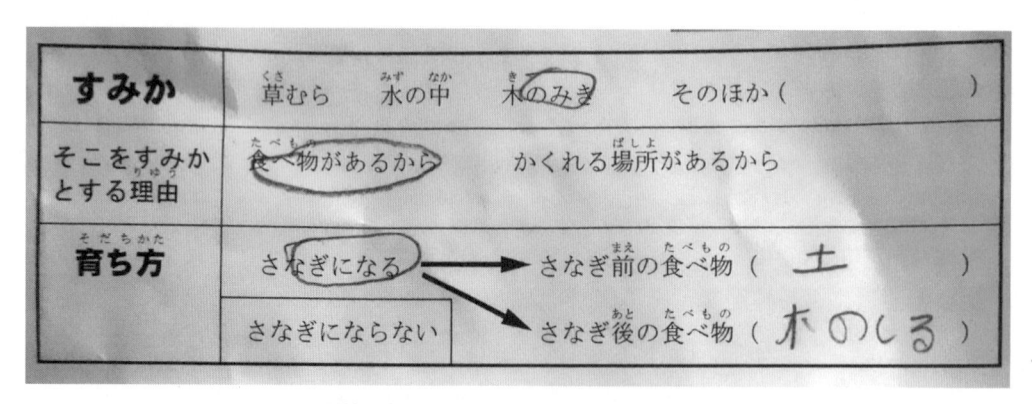

図Ⅲ -4-3　回答選択式のマトリックス表を使ったワークシート

　交流学級での授業の学び合いの中の個人作業の時間が長くなりがちなことに関しては、その分D児の手持ち無沙汰な時間が長くなってしまうこと、更に他児にとっても「正しい回答」が書けてからでないと交流できないような方向付けになり、級友と交流することでいろいろな考えに触れたり、考えが十分でなかった点に気づき、級友の考えを取り入れたりするような学び合いには結びつきにくくなると考えられた。

　そこで、個人作業は予め設定した時間で切り上げる方針を授業者と確認し、級友と

の交流を経て「正しい回答」にたどり着けばよいと方向付けることにした。

　なお、ユニバーサルデザインな授業づくりの基本的な方針は変えず、D児をはじめ多様な児童の認知特性や学び方に応ずるために、ノートやプリントでは、絵を描くなど視覚的な手立てを活用したり、他児と学び合ったり、体を使ったり、物を操作する活動を取り入れたりするなどして、できるだけ多感覚やマルチ知能を活用できるような学習活動を設定することを授業者と確認した。

（3）単元「オリジナル昆虫図鑑をつくろう」（9月）

① レディネステストの結果

　単元冒頭に実施したレディネステストの結果を表Ⅲ-4-1 に示した。

　D児のテスト結果のうち、誤答であったのは、昆虫の「すみか」の説明について選択肢から回答する問題（設問⑤⑥）と、トンボの育ち方とチョウの育ち方の違いについての問題（設問⑨）と、トンボが体を曲げられるのは何があるためか問う問題（設問⑯）といった思考・判断を伴う全ての設問であった。交流学級の児童全体もこの種の設問の正答率は低かった。

　また知識を問う設問では、D児は、昆虫の育つ過程について写真と「さなぎ」「よう虫」「せい虫」という単語を対応させる問題（設問⑦⑧）と、トンボの育ち方とチョウの育ち方の違いについての問題（設問⑨）と、トンボの体の部位の名称を問う問題（設問⑩⑪⑫⑮）に誤答が見られ、理解が不十分であることがわかった。これらの単語については特別支援学級での事前学習で取り上げることとした。また学級全体としても正答率の低かった「あたま、むね、はら」の名称理解や昆虫の育ち方の違いについて重点的に指導することとした。

　さらに、D児にはVOCA-PEN（五大エンボディ株式会社製。音声を録音したシールをペン先でタッチするとその内容を再生するペン）を使って、教科書の記載内容を易しく解説したり、クイズの問題が録音された音声シールを教科書に貼り付けた教材を作成したりし、事前学習や理科の授業中に用いた（図Ⅲ-4-4）。

② 知的障害特別支援学級での事前学習

　知的障害特別支援学級において、①でも述べたVOCA-PENの使い方についての学習を行うとともに、オリジナルの昆虫作品の例示作品を特別支援学級の個別指導の時間に作成した。その過程で「あたま、むね、はら」の3つの部分を個々に作成し、それぞれの部分の名称を言葉で言いながら順番につなぎ合わせることで知識の定着を図った。また、「すみか」については、生活科の時間に学校の中庭で実際に木や草むらの陰に隠れる活動を行った。その際「すみかってこれだよ」と教師が言葉でも伝えた。また、花の蜜や木の実などを見つける活動では、すみかと食べ物との関係についても話をした。学校行事や特別支援学級の時間割の関係で、実施時間が交流授業と同

表Ⅲ-4-1　単元冒頭に実施したレディネステスト及び単元終了後に実施した業者テストの結果

設問内容	設問番号	正答	レディネステスト（単元冒頭）		業者テスト（単元終了後）	
			A児の回答の正誤と内容（正答は○、誤答は×と表示）	交流級児童の正答率(%)	A児の回答の正誤と内容（正答は○、誤答は×と表示）	交流級児童の正答率(%)
●こん虫クイズ						
・オオカマキリがよく見つかるのはどこですか。(3つの選択肢から1つを選択)	①	野原	○　正答	94%	○　正答	97%
・アメンボがよく見つかるのはどこですか。(3つの選択肢から1つを選択)	②	水面	○　正答	100%	○　正答	100%
・次の文で、正しいほうに○をつけましょう。(2つの選択肢から1つを選択)	③	いきものの色、形、大きさはそれ	○　正答	100%	○　正答	100%
・バッタはどこをすみかにしていますか。(3つの選択肢から1つを選択)	④	草むら	○　正答	100%	○　正答	100%
・こん虫のすみかについて、（　）に合う言葉を□からえらんでかきましょう。→こん虫は（⑤　）や（⑥　）があるところをすみかにする	⑤	たべもの	×　くさ	97%	×　たてもの	94%
	⑥	かくれるばしょ	×　とぶところ	90%	○　正答	100%
●トンボクイズ						
・育つじゅんになるように、(写真の下に) よう虫・さなぎ・せい虫の合うものを書きましょう。(3つの選択肢から2つを選択)	⑦	さなぎ	×　そだつ	72%	×　アキアカネ	88%
	⑧	成虫	×　とんぼになる	81%	○　正答	97%
・トンボの育ち方は、チョウの育ち方とくらべてどこがちがいますか。<注：「☆ヒント　チョウの育ち方は、たまご→よう虫→さなぎ	⑨	トンボはさなぎにならない。	×　たまごの形がちがうから	63%	×　たまご、せい虫	91%
・トンボの体のつくりについて、絵を見て部分の名称を答える。	⑩	頭	×　無回答	81%	○　正答	100%
	⑪	むね	×　無回答	81%	○　正答	97%
	⑫	はら	×　足	63%	○　正答	97%
・あしは（⑬　）に（⑭　）ついている。	⑬	むね	○　正答	81%	○　正答	100%
	⑭	6本	○　正答	90%	○　正答	100%
・写真の⑮は何ですか。	⑮	しょっ角	×　あたま	45%	×　あたま	73%
・トンボが体を曲げられるのは、はらに何があるからですか。	⑯	ふし	×　はね	54%	×　あし	70%

注：クラス平均点 94.5点（本テストでは業者期待平均点が83点に設定されていたのに対し、クラス平均点は94.5点という結果であった。

図Ⅲ-4-4　昆虫の写真の隅に貼られた音声シールの音声を VOCA-PEN を使って聞いているところ
（注：音声シールには、昆虫の名前やクイズが録音されている）

日の前の時間の授業となってしまった。

③「オリジナル昆虫図鑑をつくろう」（2〜3時／全6時間）の様子

（ア）対象児

　本時の直前まで、事前学習や授業で披露する昆虫作りを特別支援学級で行っていたせいか、疲れた様子が見られ、学習活動に集中できない様子だった。

　学習面に関しては、事前学習で準備していたイメージを元に昆虫を作ろうとするが、材料の加工がうまくできず、なかなか制作を進めることができない様子だった。

　また、対人面においては、本時の前の時間に集中して学習した疲れのせいか周囲の児童となかなか関わらなかった。話合いをする活動においても教室を歩き回るが、他児になかなか話し掛けられず、自分の席に戻ってくるという様子が見られた。

（イ）交流学級の児童たちの様子

　学習面に関しては、個々の児童の作業ペースやかかった時間は様々で、一人でずっと制作作業を続ける児童もいれば、特に男子について数名のグループで互いの作品について説明したり、見合ったりする様子が見られた。また、1種類のオリジナル昆虫を作成する児童もいれば、幼虫、さなぎ、成虫のそれぞれについて雌雄ペアの6体の昆虫を作成する児童もいた。途中、交流の時間として、どれが「あたま、むね、はら」なのか、足はむねから出ているか他児と確認する時間をとった。

④ 業者テストの結果

　表Ⅲ-4-1の右端に単元冒頭に実施したレディネステスト及び単元終了後に実施した業者テストの結果を示した。業者期待平均点は83点に設定されていた難易度のテストであったが、クラス平均点は94.5点とそれよりも10点以上高い値を示した。単元冒頭に実施したレディネステストに比べ、D児が正答した設問が増え、また交流級児童においても1つの設問を除く全ての設問で正答率が上がった。

8）本事例のまとめ

　本事例では、知的障害特別支援学級において理科の用語や授業に関連する日常語彙を事前に学習したり、全児童に例示する見本教材を、対象児と特別支援学級教員とで事前に作成したり、交流学級での授業において模範提示を手伝ったりするなどの工夫を行った。

　理科には元来、風の実験などの具体物を使った活動や虫や植物などの観察といった日常生活や遊びと近い活動が多く含まれている。その一方で、理科的事象を説明する語彙の抽象度は生活科に比べて学年を経る毎に上がっていく。本実践では対象児の発言、ノートの記述等からつまずいている語彙や概念を把握し、それらの理解を助けるために特別支援学級での事前授業を試みたところ、一定の成果を得た。今後、事前授

業の指導内容や時間量、時間割の設定などについては更に検討が必要である。

　単元前にレディネステストを全児童に行い実態把握を行ったことにより、対象児や交流級児童の理解があいまいな内容や、理解が難しいと思われる内容を把握した上で指導の手立てを工夫することができた。単元冒頭にレディネステストを実施したことで、D児にとっても、交流級の児童にとっても授業のポイントを焦点化して授業づくりをすることができ、また業者テストの平均点が高得点であったことからも分かるように、D児と交流児童双方の学習効果を上げることができた。これには、全ての児童がそれぞれの方法で学習活動に従事することができるよう、絵や図や、もちろん文章での説明等様々な学習の手立てを用意したことも影響したと推察される。

　全体児童に目配せをした授業のユニバーサルデザインの工夫と、特別支援学級在籍時への個別の配慮と手立てを用意することが重要であること、さらに、レディネステストによる事前の実態把握から授業を組み立てていくといったPDCAのサイクルを回していくことの有効性も示唆された。

（涌井　恵・横尾　俊）

5 事例E 他児との関係性に配慮した高学年の知的障害のある児童に対する外国語活動の実践

　本事例では、小学校6年生の知的障害特別支援学級に在籍する児童が参加した、外国語活動における交流及び共同学習について報告する。特別支援学級担任が通常の学級内で他児から一見しては目立たず、本児に適した配慮を行い、対象児童が外国語活動で学ぶことを目指した。具体的には、言葉掛け、教科書内の手がかりとなる書き込み、特別支援学級において通常の学級で行う外国語活動の内容を取り入れた授業を行い、学習機会を増やすなどの工夫が行われた。

1）実践の背景と目的

　外国語活動は平成20年の学習指導要領において、小学校第5学年及び第6学年に新設された。平成29年3月に公示された小学校新学習指導要領においては、小学校3・4年生では外国語活動が、小学校5・6年生では外国語が教科として設定された。

　平成20年の学習指導要領において、外国語活動の目標は「外国語を通じて、言語や文化について体験的に理解を深め、積極的にコミュニケーションを図ろうとする態度の育成を図り、外国語の音声や基本的な表現に慣れ親しませながら、コミュニケーション能力の素地を養う」とされている。内容については、外国語を用いて積極的にコミュニケーションを図ることができるよう、(1) 外国語を用いてコミュニケーションを図る楽しさを体験すること、(2) 積極的に外国語を聞いたり、話したりすること、(3) 言語を用いてコミュニケーションを図ることの大切さを知ることが、また、日本と外国の言語や文化について、体験的に理解を深めることができるよう、(1) 外国語の音声やリズムなどに慣れ親しむとともに、日本語との違いを知り、言葉の面白さや豊かさに気付くこと、(2) 日本と外国との生活、習慣、行事などの違いを知り、多様なものの見方や考え方があることに気付くこと、(3) 異なる文化をもつ人々との交流等を体験し、文化等に対する理解を深めること、について指導するとされている。このように、外国語活動はコミュニケーションが重視されるため、交流及び共同学習において、他児との交流機会を設定しやすいと考えられる。

　一方、外国語活動が導入される小学校5・6年生の時期は、児童達は思春期に差し掛かる年齢であり、自らと他者の違いについて意識し始める傾向にある。そのため、他児と一見して異なる対応、いわゆる「特別扱い」は、障害のある児童が受けることを拒否する場合もある。このため、小学校高学年の段階では、障害のある児童の思いを踏まえて、通常の学級内で一見して目立たないような、通常の学級に適合した配慮

をすることが重要となる。

　本事例では、小学校6年生の知的障害のある児童が参加した、外国語活動における交流及び共同学習において、交流及び共同学習に参加した特別支援学級担任が行った最小限の配慮について報告する。事例の小学校では、特別支援学級に在籍する児童は、その児童の実態に応じて、なるべく低学年から交流及び共同学習に参加していた。また、交流及び共同学習の際には、可能な限り特別支援学級の担任や支援員が共に参加するようにしていた。このほかの特徴として、毎学年でクラス替えをしている、各学級で毎月席替えをしている、など各児童がなるべく多くの児童と接する機会がつくられていた。外国籍の児童も多く、多様な児童が在籍していた。

2）対象児童の実態

　対象児（以下、E児とする）は知的障害特別支援学級に在籍する小学6年生の児童であった。以下に指導開始前の対象児の実態について記した。

（1）言語面

　日常会話は比較的多弁であり、教師や特別支援学級の同級生に対して、自分が興味をもったことや好きな物などについて話し掛けることが多く見られた。また、授業中にも知識に関する質問などで、分かるものについては手を挙げて発言することがあった。年齢相応の会話のやりとりは難しかったが、E児に個別で一つ一つ丁寧に話すことで理解できた。また、文字の読みについては小学校3年生程度までの、書きについては小学校2年生程度までの単語、文章、漢字はできた。

（2）認知面

　初めての問題や状況は、1対1で個別に丁寧に説明されることで理解でき、集団に対する一斉指示での理解は困難で、何をすればよいのか分からず動けないことがあった。算数は2桁の掛け算のひっ算を学習していた。

（3）社会性面

　学校生活全般で自ら他児に関わろうとすることが多くあった。通常の学級における他児との休み時間でのやりとりは、簡単な遊びを通して関わることがあった。また、他児によっては、自分から分からないことを質問することができた。

（4）その他の特記事項

　E児が特別支援学級を利用するようになったのは小学校4年生からであった。小学1年生の頃から、学習面や対人面でのつまずきが見られるようになり、小学2年生では学習面のつまずきについて個別に対応していた。小学校3年生の時点で両親と教員で話し合い、E児が落ち着いて学習できると考えられる特別支援学級に籍を置くこととした。

3）交流学級について

（1）学年・男女構成

　6年生　男子13名、女子16名　計29名　＊特別支援学級児童含む

（2）学級の様子

　比較的賑やかな学級であり、集団活動は適切に行っていた。休み時間に男子と女子が混ざって遊ぶことも多かった。授業中には多くの児童が積極的に発言していた。また、両親のいずれかが日本語を母国語としていない児童や、通級による指導の利用経験がある児童が数名在籍していた。

　なお、この学校では毎月席替えを行っていた。席替えの際に、通常の学級担任と特別支援学級担任で話合い、特別支援学級の児童の隣にはその児童と比較的関係が良好な児童が座るように配慮していた。

（3）対象児童との関係性など

　前述の通り、本児は小学校3年生まで通常の学級に在籍していた。小学校3年生の頃には他児の迷惑となる行動を示すこともあった。しかし、現在ではE児と特定の児童とで話したり遊んだりすることがあった。休み時間には、E児から他児に話し掛けた後に遊びなどやりとりに発展する様子があった。また、授業中には、E児が授業内容について分からないときなどに、他児が援助する様子があった。

4）実践研究の対象となる交流教科と単元等

　対象児が日常的に交流及び共同学習を実施している教科は、音楽、図画工作、体育、外国語活動であった。

　そのうち、本実践では外国語活動を事例の教科として、X年9月に実施された単元「Turn right. 道案内をしよう」について、E児と他児との関わりや、特別支援学級担任との関わりについて観察した。単元の評価規準は、「コミュニケーションへの関心・意欲・態度」については、相手意識をもって目的地への行き方を尋ねたり分かりやすく案内したりしている、「外国語への慣れ親しみ」については、建物の言い方を言ったり、目的地への行き方を尋ねたり言ったりしている、「言語や文化に関する気付き」については、英語と日本語とでは、建物の表し方が違うことに気付いている様子、であった。

5）指導の方法

（1）指導の概要

　E児の事例の単元までの外国語活動における様子について、交流及び共同学習には特別支援学級の肢体不自由がある同級生1名と、特別支援学級担任1名と参加してい

た。5年生のときにはE児一人で交流及び共同学習に参加することもあったが、3名で参加する6年生の体制の方を好む発言をしていた。

　E児は外国語活動に対しては比較的積極的であったが、単元によっては「難しい」と発言する様子があった。そのため、授業内容などについて個別的な配慮を必要とすることがあったが、交流学級内の他児にとっても目立つ明らかな特別扱いは嫌う発言があった。また、外国語活動の内容について、個別や少人数の学習環境で丁寧に学ぶことで理解できる様子があった。

　以上の、E児が交流学級内の他児にとっても目立つ明らかな特別扱いは嫌っている様子があったこと、交流及び共同学習にはもう1名の特別支援学級在籍児童と参加していたことから、特別支援学級担任はE児の近くに常に位置取りせず、必要最小限の関わりや配慮を行うようにしていた。また、E児が外国語活動の内容について、個別や少人数の学習環境で丁寧に学ぶことで理解できる様子があったことから、交流及び共同学習で扱う外国語活動の内容について、特別支援学級の授業においても扱うようにした。

　このほかに、授業時間外に本単元の内容や、外国語活動に触れる機会ができるよう、以下のことを行った。8月に行った夏祭りの行事で行うスイカ割りのゲームにおいて、スイカの位置へ、straight、right、left といった英単語を使って誘導するルールでも行った。また、特別支援学級の教室内に世界地図を置く、授業の流れなどの教材内に、日本語の指示や単語にそれと対応する英単語を併記する、授業で使用する単語を記述したカードを貼り出す（図Ⅲ-5-1 参照）など、日常的に英単語や外国の地図等が目に付くようにした。

　また、通常の学級担任、特別支援学級担任、ALT担当教師で、放課後など日常的に特別支援学級や交流学級の児童の様子、授業の展開について、こまめに意見交換す

図Ⅲ-5-1　特別支援学級内に貼り出した単語カード

るようにし、さらに特別支援学級担任は交流学級の児童にも積極的に話し掛けるようにしていた。

（2）単元「Turn right. 道案内をしよう」における指導目標及び指導方法

① 単元目標

・積極的に道を尋ねたり、道案内したりしようとする。

・目的地への行き方を尋ねたり言ったりする表現に慣れ親しむ。

・英語と日本語とでは、建物の表し方が違うことに気付く。

② 指導の流れと手立て

　以下では、交流学級における対象の授業の様子について、授業の展開と、Ｅ児の様子や配慮に分けて示す。

授業の流れ	対象児の様子
	・授業開始時、特別支援学級担任はＥ児から数メートル離れた位置にいた。 ・Ｅ児の教科書内には、単語を読む手掛かりとなる文字を、特別支援学級担任があらかじめ書き込んでいた（図Ⅲ-5-2参照）。
○ ALT担当教師より挨拶「How are you?」 ○場所名（hospital、parkなど）を示す単語の復習；ALT担当教師が提示した単語を、学級の児童が一斉に読んだ。	・Ｅ児、挨拶した。 ・Ｅ児、提示された単語を順番に読んだ。
○「What's this?」：あらかじめ、児童２人の机の間に１つ、消しゴムを置いた。ALT担当教師が幾つかの単語を順番に言い、学級の児童はその単語を復唱した。その中で、あらかじめ指定していた単語をALT担任が示したら、児童はその単語を読まず、机の間に置いた消しゴムを取り合った。この活動を４回行った。なお、単語の指定は、学級の児童が行った。	・消しゴムには、Ｅ児が消しゴムをどの向きで動かせばよいのか分かりやすいよう、顔を描いた。 ・Ｅ児、活動の開始前に特別支援学級担任に話し掛け、活動のルールについて質問した。 ・Ｅ児、消しゴムを取れないことが続いた。その際、特別支援学級担任が励ますため声掛けした。
○「Let's ～（道案内）」：各児童は教科書内の町の地図を広げた。その地図内のスタート地点からの移動について、ALT担当教師が「go straight」「turn right」「turn left」をランダムに数回言った。児童は、言い終わった時点にある建物の名前を英語で回答した。この活動を４回行った。	・Ｅ児、活動の開始前に特別支援学級担任に話し掛け、活動のルールについて質問した。 ・特別支援学級担任、Ｅ児の消しゴムに顔を書き込み、Ｅ児はその消しゴムをコマにして、ALT担当教師の道順の指示に従い動かした。 ・コマの動かし方が分かりやすくなるよう、教科書内の地図を工夫した（図Ⅲ-5-3参照）。 ・Ｅ児、手を挙げて建物の名前を１度回答した。

	それに対して、特別支援学級担任が「早いね」と声掛けした。
○「Where is the 〜?」：上記の活動で使用したものと似た地図を各児童に配付した。配付された地図は、建物が幾つか空白になっており、空白の建物はペアの児童で異なった。児童はペアの児童に、「Where is ○○【建物名】？」で、空白の建物の場所を聞き、質問された児童は、「go straight」「turn right」「turn left」を使って案内した。	・E児、活動の開始前に特別支援学級担任に話し掛け、活動のルールについて質問した。 ・E児、ペアの男子と小声で道案内を行った。 ・E児、活動の後半に、前の席の女子から「もう終わったの？」と話し掛けられた。
○上記の活動、「Where is the 〜?」の答え合わせ	・E児、手を挙げて発言した。
○終わりの挨拶	

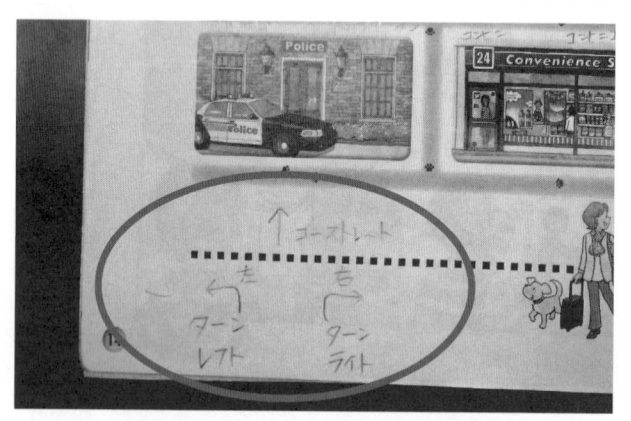

図Ⅲ-5-2　E児が使用した教科書

＊囲み内のように、読むための手がかりが記入されている。

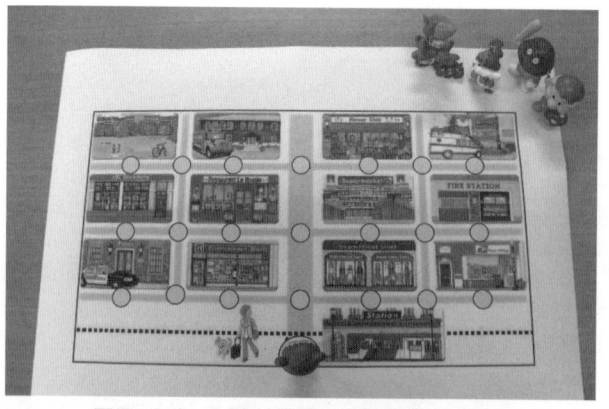

図Ⅲ-5-3　E児が使用した教科書内の地図

＊コマの動かし方が分かりやすくなるよう、地図内に丸を加筆した。

　次に、特別支援学級で行われた、上記の単元を扱った授業について示す。特別支援学級では8名の児童、ALT担当教師、特別支援学級担任4名が参加した。

授業の流れ	対象児の様子
	・E児から特別支援学級担任は離れた位置にいた。
○ ALT担当教師より挨拶「How are you?」	・E児、挨拶した。
○ ALT担当教師、学級の児童に今、行きたいと思う場所を質問した。	・E児、身を乗り出して手を挙げて発言した。
○児童はペアになり、それぞれで行きたいと思う場所の名前を配付された紙に書いた。	・E児、「K駅（近隣の駅名）」をペアの児童と共に書いた。また、ペアの児童が場所名を書いている最中は、その児童に声を掛けて見守っていた。
○ ALT担当教師、教室内に椅子を複数個、マス目のように置き、幾つかの椅子に児童が場所名を書いた紙を貼った。児童同士でペアとなり、1人の児童はもう1人の児童に、「Where is ○○?」で紙に書かれている特定の場所の位置を質問した。質問された児童は、その位置を「go straight」「turn right」「turn left」を使って案内した。	・E児、他児にとって活動の見本となるよう、最初にペアでこの活動を順番に交代して行った。活動後にペアの児童とハイタッチをした。 ・他の児童の順番が終わったら、その児童とハイタッチした。
○上記の活動をALT担当教師が学級の児童に「Where is ○○?」で質問して行った。	・E児、大きな声で「go straight」「turn right」「turn left」を使って案内した。
○ ALT担当教師が実際に街で外国人に声を掛けられ、道案内を尋ねられた話をした。	・E児、手を挙げて、まだ習っていない場所名が出たときはどうすればよいのか質問した。
○挨拶	
○ ALT担当教師を特別支援学級の児童が、straight、right、leftの単語を使って、職員室まで誘導した。	

図Ⅲ-5-4　特別支援学級で使用した教材

6）事例のまとめ

　本単元にE児は積極的に参加し、また授業外の学校生活においても、英語の場所名に興味を示して読み上げる様子が見られるようになった。年度当初は外国語活動を苦手と発言する様子もあったが、本単元が終わった時期には、外国語活動を楽しい、得意と発言する様子が見られるようになった。以下、本単元で行われた配慮について考察する。

　E児に対して、特別支援学級担任は他児から一見して目立つ配慮はせず、教科書内に単語を読む手がかりとなる文字を書き込む、E児からの声掛けに応じて授業内容について適宜個別的に説明するという、通常の学級内に適した対応をしていた。E児は小学校6年生で高学年であり、交流学級内で他児からも目立つように特別扱いされることは嫌がっていた。そのようなE児の対人面の気持ちも配慮し、なおかつE児の学習面の状況を考慮して、必要最小限の個別配慮を行ったことが効果的と考えられる。

　また、特別支援学級担任はE児の近くの位置に常におらず、数メートル離れた位置にいて、適宜近づいて配慮や称賛をしていた。これまでに報告された実践においても、特定の児童生徒に教師や支援者が常に近くにいるようにすることで、かえってその児童生徒が他者の援助に依存することや、その児童生徒が他の児童生徒と相互作用する機会が減ってしまう場合があることが報告されている。本事例の場合、交流及び共同学習に参加した児童が2名いたこともあるが、特別支援学級担任はE児の近くの位置に常にいなかったことが、かえってE児が自立して授業に参加することや、他の児童とやり取りすることにつながったと考えられる。また、特別支援学級担任が離れた状況でE児が授業に参加できたことに、E児と比較的に関係が良好な児童を、隣に配置したことも影響していると考えられる。

　そのほかに、外国語活動の単元は、交流及び共同学習のみでなく、特別支援学級に

おいても実施するようにしていた。知的障害のある児童生徒は丁寧で個別的な学習を必要とすることが多くある。E児が交流及び共同学習で行う外国語活動の単元を、特別支援学級でも扱い、それにより学習内容を重ねて学習したことで、交流学級の授業に適切に参加できたと考えられる。これに関して、特別支援学級で外国語活動の内容を余り行えていなかった時期では、E児が外国語活動の参加に自信がない発言があったことからも推察できる。

新学習指導要領において「外国語によるコミュニケーションにおける見方・考え方」とは、外国語によるコミュニケーションの中で、どのような視点で物事を捉え、どのような考え方で思考していくのかという、物事を捉える視点や考え方であり、「外国語で表現し伝え合うため、外国語やその背景にある文化を、社会や世界、他者との関わりに着目して捉え、コミュニケーションを行う目的や場面、状況等に応じて、情報を整理しながら考えなどを形成し、再構築すること」であると考えられている。特別支援学級の児童が交流及び共同学習において外国語活動を学ぶことは、同級生と共に外国語に触れ始め、獲得していこうとする初期の過程にある。そのため、特別支援学級の児童が同級生と円滑に、外国語によりコミュニケーションできるよう配慮することにより、外国語の表現や外国の文化について学ぶ機会につながる。

最後に、交流及び共同学習を円滑に行うには、特別支援学級担任の交流学級への関わりが重要といえる。E児は交流学級内で余り大きな配慮を必要としていなかった。しかし、E児は単独で交流及び共同学習に参加していた5年生については、否定的に発言することがあった。E児が授業内容の理解や参加が困難な場合に、適宜援助を受けられる特別支援学級担任が交流学級内にいることが、E児が心理的にも安心して交流及び共同学習に参加できたことにつながったと考えられる。さらに、特別支援学級担任は通常の学級担任と、交流学級の児童、特別支援学級の児童、授業計画について適宜意見交換をしており、それにより交流及び共同学習の授業の進め方を適宜調整できたと推察される。また、特別支援学級担任が交流学級の児童とも積極的に関わることで、交流学級の児童から特別支援学級担任に関わる機会が増え、更に交流学級の児童が特別支援学級の児童と関わる機会が増えることにもつながっていることが示唆できる。

（神山　努・明官　茂・平沼源志・半田　健）

6 事例F 交流及び共同学習に係る校内体制を基盤とした、指導目標の焦点化による音楽の実践

　本事例の学校では、4年前から交流及び共同学習について計画的・積極的に取り組み始めた。特に、特別支援学級が中心となり、交流及び共同学習の基本的な考え方や計画の方針等を明確にし、校内での共通理解を図っている。これらにより、交流学級では、交流及び共同学習が自然な形で進められるようになってきた。また、対象児童の音楽の実践では、これまで設定してきた「交流のめあて」について、題材が変わっても学びを積み上げ、年間を通じて達成できるよう、中心となる指導目標を焦点化した。その際、交流学級担任と特別支援学級担任が指導目標、指導内容及び指導方法を共に考え、共有し、実践を進めた。今後は、育成を目指す資質・能力の三つの柱を踏まえた指導目標の設定等が課題である。

1）実践の背景と目的

　本事例の学校では、交流及び共同学習について計画的・積極的に取り組み始めてから4年目となる。特に、特別支援学級が中心となり、特別支援学級経営計画の中に、交流及び共同学習の基本的な考え方や計画の方針等を明確にし、校内での共通理解を図っている。主な内容は、以下の通りである。なお、交流学級担任との組織的連携を図るため、平成28年度には交流委員会を組織し、年3回の会議を実施している。

○ 交流及び共同学習の意義・目的（法的根拠、特別支援学級児童及び交流学級児童の立場から）

○ 対象教科等（児童の実態や保護者の要望等も考慮し交流学級担任と相談、教科は主に音楽と体育に参加、係活動や給食当番も含めて朝の会・帰りの会・給食に参加、学年・学級行事にもできるだけ参加、学級名簿・下足棚・ロッカーなど全て交流学級でも氏名順に用意）

○ 交流学級担任との連携等（「交流のめあて」を共有する「交流ファイル」の作成、次週の交流内容や連絡事項を共有する「交流割り振り表」の作成、職員室では各交流学級担任の近くに担当特別支援学級担任を配置、交流学級の支援を要する児童に特別支援学級担任が必要に応じて支援、家庭訪問や個人面談に交流学級担任も参加、通信簿には交流学級担任の所見も記載、年度初めの交流学級の通信で交流について紹介）

　特別支援学級児童の交流及び共同学習の指導目標（「交流のめあて」）は、学習面と

関わりについて3点ずつ設定されていたが、対象児童（以下、F児とする）の交流対象教科である音楽の各題材の時間数は3～6時間と少なかった。短時間で異なる目標を達成することは難しいと考え、題材が変わっても学びを積み上げ、年間を通じて目標達成できるよう、学習面と関わりの目標を絞り込み、1点ずつとした。その際、交流学級の担任と特別支援学級担任が指導目標、指導内容及び指導方法を共に考え、共有し、実践を進めた。

　本事例では、交流及び共同学習に係る校内体制を基盤としながら、指導目標の焦点化を図り、指導内容及び指導方法について考察することを目的とした。

2）対象児童の実態

　F児は、知的障害特別支援学級に在籍する小学6年生である。以下は、指導開始前のF児の実態である。

（1）言語面

　基本的な挨拶（「おはようございます」や「さようなら」など）は言うことができ、特別支援学級や交流学級の児童の名前を覚え、呼ぶことができる。また、カ行・サ行・タ行・ハ行の発音が不明瞭であり、学習中である。

（2）認知面

　個別に出された指示は、ほとんど理解でき、活動への見通しがもてると比較的スムーズに取り組むことができる。また、見て覚えるよりも聞いて覚える方がよく、聴力は右がよい。自分の名前は、ひらがなで書くことができる。

（3）社会性面

　人を好み、相手との距離が近くなりやすいが、同学年の友達だけでなく、他の学年の友達とも関わりがある。また、来客や友達の保護者にも進んで声を掛けるなど社交的である。

（4）その他の特記事項

　交流学級では隔月で席替えをしているが、どの席になっても学習面や関わりに特に影響はない。

3）交流学級について

（1）学年・男女構成

　6年生　男子16名、女子14名　計30名　＊特別支援学級児童含む

（2）学級の様子

　学級には特別な支援を要する児童が在籍しているものの、全体的に落ち着いており、性別や障害等を問わず、自然な関わりが見られる学級である。また、授業観察時には

来客に「よろしくお願いします。」「ありがとうございました。」と言うなど、進んで挨拶する習慣がある。これは、学級目標としてキーワード「あいさつ」「笑顔」が掲げられ、学級担任がその姿勢を率先して示していることによると考える。

（3）対象児童との関係性など

日常的には、「F児、おはよう。」「F児、またね。バイバイ。」と自然な言葉掛けが見られる。年度当初は関わりが少なかったが、次第に関わる場面が増えてきた。特に、音楽や体育では、F児から特定の児童に積極的に関わる場面が多く見られる。

4）実践研究の対象となる交流教科と題材等

主な交流教科は音楽と体育である。体育は技能面等で難しい場合もあることから、音楽を対象とした。

本研究では、平成29年5月から7月にかけて実施した各題材の各1時間を抽出し、授業を観察した。以下の表Ⅲ-6-1は観察授業の題材等であり、計3回行った。

表Ⅲ-6-1　観察した対象授業

回	期日等	題材等	観察時／時数
1	5月25日　6校時	○音の重なりとひびき ・演奏「マルセリーノの歌」	3／4時間
2	6月15日　6校時	○ひびき合いを生かして ・歌唱「ロック マイ ソウル」	2／3時間
3	7月6日　　6校時	○ひびき合いを生かして ・演奏「カノン」	4／6時間

指導目標については、達成可能かつできることの継続・発展等の観点から検討した。学習面の共通目標は「曲のリズムに合わせる」とし、題材及び内容に応じてできそうな箇所を具体的に設定した。また、関わりの目標については当初、F児の課題から「分からないときに『教えて』と言う」としたが、関わる場面を意図的に設定する中で、自然な関わりが見られるよう、「班の話合いで友達と受け答えし、自分の考えを伝える。」とした。なお、観察時の授業には特別支援学級担任も指導者として加わった。また、授業後の振り返りは、交流学級担任、特別支援学級担任と毎回行った。

5）指導の方法と結果

ここでは3回目に参観した題材「ひびき合いを生かして～演奏『カノン』～」を中心に、前の題材と関連させながら述べる。

授業の場所が、これまでの音楽室から交流学級の教室へと変更になった。音楽室を使用しなくてもできる題材であること、児童が指示理解しやすい環境であることが理由であった。図Ⅲ-6-1が座席配置である。隔月で席は替わるが、F児に特に影響はな

かった。太字枠が班である。

　F児に関する本題材の目標と本時の展開

等を図Ⅲ-6-2に示した。

教卓

W児	F児			
Y児	X児			

図Ⅲ-6-1　座席配置

平成●年●月●日（木）6校時　6年●組教室
T1交流学級担任　T2特別支援学級担任

1　題材名　　ひびき合いを生かして〜演奏「カノン」〜
2　題材の目標（本時　4／6時間）
　（1）始めの2・4小節目の3拍目「シ」を、曲のリズムに合わせ、リコーダーで演奏する。
　（2）各小節の1拍目を、曲のリズムに合わせ、教師と一緒にトーンチャイムで演奏する。
　（3）班の話合いで、友達と受け答えし、自分の考えを伝える。
3　本時の展開と対象児の様子など

分	学習活動	教師の支援	対象児の様子	様子の要因
10	1 歌唱「歌はともだち」 ○友達が歌いたい歌をみんなで歌う。 ・世界が一つになるまで ・カントリーロード	・特に支援なし。 ・隣のW児が該当ページを開く際に手伝っていた。	・1曲目は他ページをめくったり、周囲を見たり興味なさそう。2曲目は意欲があり、特に音を伸ばすところがよい。	・2曲目は一定のリズムパターンを繰り返すので、リズムにのって歌いやすいのではないか。
35	2 演奏「カノン」 （1）教科書の左ページの復習をする（リコーダー）。 （2）教科書の右ページ ①音符の上に音の文字を書く。	（1）途中でT2がリコーダーの持ち方等を確認する。 （2） ①特に支援なし。	（1）始めから正しい持ち方でできた。右効きだが左指でしっかりおさえている。 （2） ①自分なりに書いている。	（1）繰り返すことで慣れてきたか。3年生のときはできていた。 （2） ②みんなの前で演奏するのが初めてだったからか（表情はよい）。
	②演奏する（F児のみT2と一緒にみんなの前でトーンチャイム） （3）各班（4人）で役割等を決める。	②T2が隣で見本を示す。 （3）T2がF児と希望箇所を確認した後、隣のW児に「どれやりたい」とF児に聞くよう促す。次に、T2からT1に変わり、4人のやりとりが円滑に進むよう促す。	②恥ずかしがってT2の後ろに隠れる。 （3）T2の「れんしゅうしたのは」の問いに、教科書の該当箇所を指さす。W児の問い掛けに該当箇所を指さす。T1に代わり、4人でのやりとりが更に楽しくなり、身を乗り出す。その後、4人だけになったが、進行児童の問い掛けに、該当箇所を指さす。	（3）始めは周囲を見渡すなどしていたが、T2と該当箇所を確かに決め、W児とのやりとりができ、活動の流れにのったようだ。タイミングよくT2からT1に代わり、楽しい会話の中で、やりとりの楽しさが増したようだ。該当箇所を示すことを繰り返したことで、4人だけになっても自信をもってやりとりできた。
	（4）一部演奏（F児のみトーンチャイム）	（4）T2が隣で見本を示す。	（4）自分からトーンチャイムを取りに行き、演奏の姿勢を取る。T2に合わせてほぼできた。	（4）昨日の初めて行った特別支援学級での個別練習では、できていたとのこと。

4　目標の評価
　（1）○（特に持ち方◎）（2）ほぼ○（今日が1回目）（3）○（教科書の該当箇所を指さす）

図Ⅲ-6-2　音楽　学習指導略案（F児）

本題材の目標の一つ目は、リコーダーでできつつある「シ」を、曲のリズムに合わせて演奏することである。一定のリズムであればリズムを取りやすいと考え、演奏箇所を始めの「2・4小節目の3拍目（できたら5小節目の3拍目も）」とした。音楽の教科書には、該当する音符を○で囲み、音符の上に「シ」と書き、余白にめあて「リコーダーで『シ』の音(リズムに合わせて)えんそうしよう」と示した。なお、リコーダーは1回目に参観した題材「音の重なりとひびき～演奏『マルセリーノの歌』～」でも取り上げている。F児が最もおさえやすい一番上の「シ」を選び、裏側にパットを付けておさえやすくすることは継続した。本時では、始めから正しい持ち方ででき、右利きであるが左指でしっかりおさえていた。特別支援学級や家庭での学習も含め、繰り返し学習したことにより、慣れてきているようであった。

本題材の目標の二つ目は、教師と一緒に曲のリズムに合わせて、トーンチャイム（ハンドベルの一種）を演奏することである。トーンチャイムは、演奏の中でF児が役割を発揮できることを目指して初めて選択した楽器であり、音色や音量は「カノン」と合っている。F児は一定のリズムに合わせてリズムをとることがほぼできることから、演奏箇所を「各小節の1拍目」とした。音楽の教科書には、リコーダーの該当箇所との違いが分かるよう、該当する音符の上に赤い●を書き、余白にめあて「●のところでトーンチャイム『ド』を鳴らす」と示した。みんなの前でT2と一緒に演奏し、指揮の役割を果たせるよう、前日には特別支援学級で個別に練習した。本時は、みんなの前で初めての演奏であり、T2が隣で見本を示すものの、恥ずかしがってT2の後ろに隠れていた。ただ、表情はよかったことから、次は演奏するであろうと期待した。本時の最後に再度演奏する場面では、自分からトーンチャイムを取りに行き、演奏の姿勢を取り、T2に合わせてほぼできていた。なお、本題材最後の6時間目にX児とのエピソードがある。X児はその日、リコーダーを忘れてきた。ふだんX児はT2と一緒にトーンチャイムを演奏しているが、T2はX児に「演奏する楽器がないなら、F児と一緒にトーンチャイムをやって。」と促した。すると、X児は自然に、みんなの前でF児と一緒にトーンチャイムを演奏した。

本題材の目標の三つ目は、班の話合いで、友達と受け答えし、自分の考えを伝えることである。演奏について各班で役割等を決める場面は、2回目に訪問した題材「ひびき合いを生かして～歌唱『ロック マイ ソウル』～」にもあったが、決めたことを書くプリントは各自にあった。本時は各班にプリント1枚（図Ⅲ-6-3）

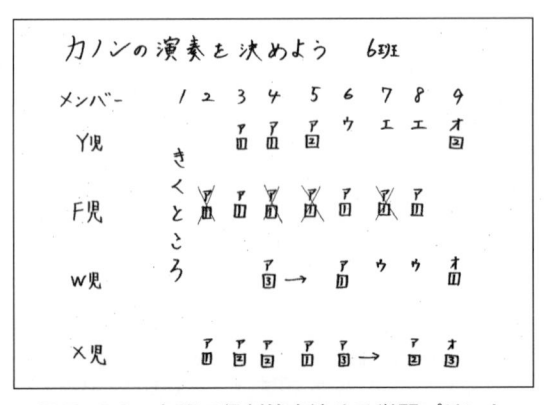

図Ⅲ-6-3　各班で役割等を決める学習プリント

① 　F児とT2、W児のやりとり場面

　各班で役割等を決める学習になった。F児がしばらく周囲を見渡しているところにT2が来た。T2はF児に「（これまで）練習したのは（どれですか）」と問い掛け、F児は教科書の該当箇所（ア1）を指さした。そして、T2がF児に演奏を希望する箇所であるか確認すると、うなずいた。

　次にT2はW児の隣に行き、F児にどこをやってみたいか聞くよう促した。W児がF児に「どこやりたい」と聞くと、F児は教科書の該当箇所（ア1）を指さした。

　T2はF児の班を離れ、他班の様子を確認に行った。その後、F児の班にT1が来る。

② 　F児とT1、班員（W児、X児、Y児）のやりとり場面

T1	：	F児、どこ吹くの。
F児	：	（「ア1」を指さす）
T1	：	ねぇねぇ、（F児）「ア1」をやるんだって。
班員	：	知ってます。
T1	：	（「ア1」の）どこやるの。え、全部？全部は大変だよ。
		＊2～9番まで8回あり
T1	：	ね。
Y児	：	ふふふ。
X児	：	うーん、大変だね。
T1	：	（F児）どうする。全部やる？
T1	：	X児、どうにかしなよ。助けてあげなよ。
X児	：	え、どうしようかなあ。
T1	：	X児、「2番を最初やります」って。
		＊1番は全員「きくところ」。F児は2番を休んで3番から。2番の間に3番への気持ちの準備ができる。
X児	：	やります。
全員	：	おー。
T1	：	X児がやってくれるって。F児、ありがとうって。
F児	：	ありがとう
T1	：	X児、F児、タッチ。→ハイタッチをする。

③ 　F児と班員のやりとり場面

　T1がF児の班を離れ、4人だけになったが、決まっていない担当についてY児がF児に問い掛けると、F児は教科書の該当箇所（ア1）を指さした。

【やりとり場面の最後の「ハイタッチ」に関連して～他教科での関わる手段を生かす～】

　4時間目の体育で（音楽は6時間目）ベースボール型のゲームをするとき、今回初めてF児が参加した。ゲームの際に、「F児が打ったら、Z児が走って」と、T1が伝えた。そして、セーフになり戻ってきたZ児が、「F児イェーイ」とハイタッチをしようとしたので、T1がF児の手を持ち上げ、ハイタッチをした。この場面から、F児が他児に依頼するときなどはハイタッチを使うとよいとT1は考え、音楽でも活用した。

　体育ではその後、T1がW児に「W児、まだF児大変だよ。」と話した。するとW児は、Z児と同じような役割を果たし、F児とハイタッチをした。

図Ⅲ-6-4　　各班で役割等を決める場面

【交流学級担任】

●3年担任

　Ｆ児は学級の児童たちの優しさに包まれながら、楽しい１年を過ごせたのではないかと思います。交流学級担任として意識していたのは、「Ｆ児は特別ではない」ということでした。配慮はしますが、過度になったり、足らなくてＦ児が困ったりしないように見極めました。その中で、一年を通して、学級の児童たちがどんどんＦ児に優しくなっていったのが印象的でした。私がみんなの前でＦ児に優しくしたり、スキンシップを取ったり、ときには叱ったりと、いい意味で特別扱いしないことが良かったのではないかと思います。担任が自分たちと同じようにＦ児と関わっているということが、児童たちの心の垣根を取り除いたのではないかと思います。

●5年担任

　４年生までに、担任や学級の児童たちと自然に関わり合える雰囲気が築かれていたと思います。５年生でも、交流している体育や音楽、学活の時間などにＦ児が来ないと、「呼んできましょうか」と自然に言える学級でした。これまでの積み重ねの大切さを改めて感じた１年でした。

　中には、５年間で初めて学級が一緒になり、どのように関わったらよいか分からない児童もいました。私がしたことは、Ｆ児にいつも通り「いってらっしゃい」「おかえり」の言葉を掛けること、係や給食当番の仕事をしてもらったことです。席替えのときは、関わり方を知っている児童が近くに一人はいるようにし、他の児童が自然に話ができるようにしました。後は、学級の雰囲気でうまくいっていたと思いますし、これも今までの担任が築き上げてくれたものと感じます。

●6年担任

　Ｆ児に交流学級担任として、何かしたという記憶がない。６年当初から、自然と児童たちとの関係が出来上がっていて、交流学級であるか否かにかかわらず、６年生全体で自然に言葉を掛けていた。Ｆ児は廊下を歩いているとき、友達に「あ！」と言って手を出し、ハイタッチしていることも多い。運動会の学年発表のとき、Ｆ児の移動を交流学級の児童に頼んだが、近くにいた児童たちが自然に言葉を掛けてくれ、移動できた。６年の体育でもＦ児が困っていると、交流学級にかかわらず言葉を掛けてくれる。

　これは１年生からの積み重ねだと感じる。おそらく下学年のときの方が、発達の差も大きく、困ることもあったと思う。そのときに、特別支援学級担任と交流学級担任が一つ一つ話し合い、解決してきたから、児童たち同士の信頼があり、輪ができていると感じる。Ｆ児が困っていたら助けるのも当たり前。それは、Ｆ児に限らず、学級の友達が困っていたら助けるのも当たり前の精神につながっていると感じる。人は得意なこと苦手なことがあって当たり前で、助け合って生きていくということを、小さい頃から自然と学び、今の学年での関係があると感じる。

【特別支援学級担任（１〜６年）】

　入学当初、Ｆ児は言葉を発することがなかった。そこで私は、学年の各学級で、Ｆ児は「みんなと仲良くしたいと思っていること」「並んでいるとくっついちゃうこと」「頑固になることがあること、それは心配や不安があるとき」「特別支援学級で学んでいること」を伝えた。Ｆ児ができるようになったことを各学級で伝えると、みんな一緒に喜んでくれた。学年の最後には、各学級のみんなにサポートへの感謝を伝えた。

　Ｆ児の保護者には、交流学級担任が掛けてくれた言葉やしてくれたことを連絡帳で伝えてきた。友達とのやりとりや集団の中での育ちも伝えてきた。そして、保護者からの感謝の気持ちを交流学級担任に伝えてきた。

　Ｆ児が５年生のとき、学校全体としての交流及び共同学習が継続するよう、交流委員会を立ち上げた。特別支援学級担任には、児童と児童、教師、保護者をつなぐ役割がある。

表Ⅲ-6-5　交流学級担任及び特別支援学級担任の振り返り

であり、1枚のプリントを手がかりに関わりが必然的に生まれる設定になっていた。なお、図Ⅲ-6-3に示された1〜9は、曲全体を4小節ごとに9つに分けた進行順である。また、アや　1　などは、それぞれ楽譜の演奏箇所にあたる。

　また、F児が演奏する箇所にペン等で分かりやすく印すことは、これまでの題材でも行ってきており、本時ではF児が自分の演奏箇所を理解した上で、他児や教師とやり取りし、自らの考えを伝える姿が見られた。図Ⅲ-6-4に役割等を決める具体的なやり取り場面を示した。

　図Ⅲ-6-5に、交流学級担任及び特別支援学級担任の振り返りの結果を示した。

6）本事例のまとめ

（1）指導目標の設定の仕方と共有、新学習指導要領等を踏まえた目標設定

　交流及び共同学習において、特別支援学級児童が多くの目標を達成し、多くの内容を学び、身に付けることは、特に学年が上がるにつれて難しくなる。よって、指導目標を焦点化することが必要であり、それにより内容を絞り、有効な方法も検討しやすくなる。本事例では、「交流のめあて」がすでに設定され、「交流ファイル」で共有する基盤があり、指導目標の焦点化や共有も自然に進めることができた。これにより、題材が変わっても、F児の学びを確かめやすく、積み上げることができ、指導目標は達成しつつある。

　具体的に、題材「ひびき合いを生かして〜演奏『カノン』〜」では、学習面の共通目標「曲のリズムに合わせる」を踏まえ、これまでリコーダーでできていた「シ」を取り上げることで、前の題材よりも確実にできるようになっていた。また、F児のリズム感のよさと曲に適した楽器の選択の観点から、トーンチャイムで各小節の1拍目を演奏することを目標にし、指揮の役割を果たしたことは、F児の目標達成だけでなく、学級全体として拍を合わせ、音の重なりや響き合いの美しさを感じることにつながったと考える。さらに、学習面の目標を基に、関わりの目標を関連させて設定したことで、学習活動を自然な形で展開することができた。これは、交流の側面と共同学習の側面が一体で分かちがたいものとする「交流及び共同学習」のねらいにせまる取組と言える。なお、指導方法の面では、特別支援学級や家庭での学習、演奏箇所が分かりやすいような楽譜上の視覚的手がかり、リコーダーをおさえやすくする手立て、必然的な関わりを生む学習プリントなどの工夫があった。

　今後は、F児の学びの質が一層向上するよう、新学習指導要領に示された「育成を目指す資質・能力の三つの柱」に沿って目標設定することが大切になる。そのためには、特別支援学級での音楽の指導目標を「育成を目指す資質・能力の三つの柱」に沿って設定するとともに、特別支援学級での指導内容及び指導方法を交流及び共同学習に

一層生かす必要がある。また、トーンチャイムの演奏を通じて、音の重なりや響き合いの美しさを感じたことは、新学習指導要領の音楽に示された「音楽的な見方・考え方」の「音楽に対する感性」に関することである。「音楽的な見方・考え方」は知的障害のある児童生徒についても必要なことであり、実態を踏まえながら指導目標等に生かしていくことが大切になる。さらに、演奏箇所を楽譜上に分かりやすく示すことについては、新小学校学習指導要領の各教科の音楽「第3　指導計画の作成と内容の取扱い」に示された「障害のある児童などについては、学習活動を行う場合に生じる困難さに応じた指導内容や指導方法の工夫を計画的、組織的に行うこと」、同解説の例にある「視覚的な情報の整理」に該当する。特別支援学級の児童生徒への指導方法は、通常の学級における障害のある児童生徒等への指導方法にも有効なことが多く、交流及び共同学習の機会に試行することが効果的であると考える。

　なお、本事例はF児のみであったが、これまで述べてきたことを他の特別支援学級児童の交流及び共同学習にも生かす必要がある。

（2）交流及び共同学習の基盤となる校内体制づくりと教師の意識・姿勢

　本事例では先述した校内体制づくりが基盤となり、自然な形で交流及び共同学習が進められた。交流学級担任の立場を尊重しながら綿密な計画を立てる特別支援学級担任と、その計画を理解し進める交流学級担任、そして取組を推進し支える管理職の姿を見ることができた。特に、交流及び共同学習の意義・目的をおさえていること、対象教科等の選定においては、児童の実態や保護者の要望等も考慮し交流学級担任と相談していること、交流学級担任との連携等として様々な工夫がなされていることは大いに参考になる。

　また、交流及び共同学習の推進においては、具体的に図Ⅲ-6-5に示すように、交流学級担任と特別支援学級担任双方の意識や姿勢、取組が非常に重要であると言える。交流学級担任が「いつも通り」「特別ではない」「当たり前」の意識や姿勢で「積み重ね」、特別支援学級担任が全体を「つなぐ」ことがポイントになっている。以上のことが、交流学級担任が毎年変わる中においても、自然な形で交流及び共同学習が行われていた要因であり、新小学校学習指導要領解説総則編の中に示された「集団指導において、障害のある児童など一人一人の特性等に応じた必要な配慮等を行う際は、教師の理解の在り方や指導の姿勢が、学級内の児童に大きく影響することに十分留意し、学級内において温かい人間関係づくりに努めながら、『特別な支援の必要性』の理解を進め、互いの特徴を認め合い、支え合う関係を築いていくことが大切である。」を踏まえた実践であるとも言える。

　今後は、特別支援学級担任等のキーパーソンが変わっても、現在の取組を継続・発展させていくことが重要になる。

（清水　潤・平沼源志・半田　健）

7 | 研究2のまとめ

1）知的障害のある子どもにとっての交流及び共同学習の成果と課題

本研究の研究2では、実践協力校において交流及び共同学習に関する実践を行った。

交流及び共同学習は、障害のある子どもと通常の学級に在籍する子どもの双方が社会性や豊かな人間性を育成する上で、重要な役割を果たす事が期待される。

こうした成果が得られる実践ではあるが、実際に知的障害のある子どもが共に学ぶためには、幾つかの課題解決が求められる。この研究2は共に学ぶ学習内容をどのように計画し、知的障害のある子どもがどのような内容を学べるようにするかということ、そのためにはどのような工夫が必要かということを中心に実践が進められた。

学習内容という点では、通常の学級で行われている学年相当の教科内容を知的障害のある子どもが同じ内容そのまま学習することには困難が伴う。そのために、子どもの実態に応じた支援や教材の工夫、学習目標の変更や学習内容の変更・調整が必要となる。

本研究2の研究協力機関では、このような教材の工夫や学習内容の変更・調整を行いながら、対象となる知的障害のある児童生徒に応じて、興味関心がもてる教科を中心に実践が行われた。授業では、それぞれの子どもが学習の中でどのような支援を行えば通常の学級に在籍する子どもと共に学習ができるかが報告されている。

これらの実践の中では、表Ⅲ-7-1 に示したような支援や学習内容の変更・調整が行われた。

このように事例を見ていくと、知的障害のある子どもが交流及び共同学習の中で充実した学びを得るためには、事前学習や学習内容の掲示の工夫等によって、学習活動の見通しをもたせることと、個別的配慮または合理的配慮として行われる学習内容の変更・調整や教材の工夫が重要であることが分かる。特に事前学習では、その学習内容に応じて活動の流れを事前に行ってみたり、成果物を実際に作ったりするなど、事前に学習内容を予習することで交流及び共同学習での活動で心理的に安定し、子どもの持つ力を発揮できる状態で学習が期待できる。また、教材の工夫では、知的障害のある子どもにとって分かりやすいだけでなく、通常の学級に在籍する子どもの学習の理解に役立つ工夫や、一人一人が取り組むワークシートや提示教材については、子どもの実態に応じて理解しやすいものに変更した工夫を見て取ることができる。

一方で、このような事前学習や教材の工夫を行う場合の困難さを推測することができる。例えば事前学習をする場合には、特別支援学級に在籍する他の子どもとの学習活動と交流及び共同学習を行う子どもの学習内容や時間をどのように組織するのか

表Ⅲ-7-1　各事例で行われた支援内容と学習内容の変更・調整

	交流教科	支援内容	教材・教具の工夫	学習内容の変更・調整
事例A	音楽	・特別支援学級での事前学習(演奏の練習) ・ペアになる児童の配慮 ・支援員の位置や距離を一定程度保つ（必要時のみに支援）	・板書の工夫 ・編曲された楽譜	・曲のアレンジ ・演奏する音を減らす
事例B	音楽	・特別支援学級での事前学習(曲のイメージをもつ) ・支援員の付き添い ・座席位置の配慮 ・周囲の生徒への理解・啓発	・見やすい楽譜の工夫	・ふりかえりシートの変更
事例C	体育	・特別支援学級での事前学習(動きやポーズを予習) ・グルーピングの工夫 ・担任の付き添い	・授業中にメモを活用した	・活動の時間や回数を増やす
事例D	理科	・特別支援学級での事前学習(予習・制作物の事前制作) ・学び合いの時間を毎時間とる ・授業のユニバーサルデザイン化（書字以外の活動も多く取り入れる）	・マトリックス表など思考ツールを活用した学習プリント ・VOCA-PEN を使って教科書の内容をやさしく解説したり、クイズにしたりする工夫	・学習目標を対象児に合わせて別に設定
事例E	外国語活動	・特別支援学級での事前学習(英単語の学習) ・担任の付き添い ・ペアになる児童の配慮	・教科書への手がかりの書き込み	・手がかりを用いた音読
事例F	音楽	・特別支援学級や家庭での事前学習（演奏の練習） 　担任の付き添い ・周囲の児童への理解・啓発 ・座席位置の配慮	・教科書への手がかりの書き込み ・リコーダーをおさえやすくする工夫 ・必然的な関わりを生む学習プリント	・演奏箇所や演奏楽器の変更・調整

や、交流及び共同学習先の通常の学級との連携をどのように行うかの課題がある。前者については、特別支援学級のほかの子どもとも共に学ぶ機会は重要であり、日常的に実現可能な方法を模索する必要がある。また、後者については通常の学級の授業についても計画通り進まない事が多く、事前学習していた内容と違う学習になったり、様々な都合により別の活動になってしまったりすることも考えられる。そうした変更などに対応できるように、通常の学級担任との打合せをどのように行うのか、変更があった場合にはどう対応すべきかについての検討が必要だろう。

　このように、交流及び共同学習で知的障害のある児童生徒の学習を質の高いものとするためには、事前の学習計画や児童生徒に応じた適切な支援の検討が必要であり、その実行には、特別支援学級の担任のみではなく、管理職を含めた学校全体の協力が重要となる。今回の実践は、交流及び共同学習での充実した学習について授業研究を行うことを目的に組織、計画されたものであり、それに見合った規模で時間を掛けて行われてきたものである。したがって、現在の教育環境を取り巻く状況で、日常的にこうした実践を行うことには難しい部分もあるが、知的障害のある児童生徒が見通しをもちながら、交流及び共同学習で質の高い学習活動ができる工夫を検討することが必要である。

　実践協力校で行われたこれらの実践では、事前の十分な計画や準備と授業中に行われる適度な支援が行われることで、知的障害のある児童生徒が、交流及び共同学習の活動の中で、学習の見通しが良いことから主体的に参加し、他の児童生徒との交流の中で共同的に学ぶことができたといえる。知的障害のある児童生徒にとって、こうした交流及び共同学習の場は、特別支援学級だけでは経験することが難しい大人数で行うダイナミックな学習や活動であったり、大きな成果を共同で作り上げたりする経験ができる場であるともいえる。こうしたことを実現するためには、学習の場を共有することだけを目的とするのではなく、児童生徒の実態に応じた学習目標や支援計画を立てることが重要になるだろう。

（横尾　俊）

2）障害のない子どもにとっての交流及び共同学習の成果と課題
（1）教員免許制度における特別支援教育

　本書でこれまで見てきたように、インクルーシブ教育システムの充実ということは大切であり、交流及び共同学習はその有効な手段であることは言うまでもない。では現実にどのように交流及び共同学習を設計していくかとなると、様々な状況を考慮する必要がある。

　まずもって、免許制度のことに触れておく必要があろう。特別支援学校の教師は小学校・中学校・高等学校又は幼稚園の教員の免許状のほかに原則として特別支援学校教諭の免許が必要であるが、特別支援学級や通級による指導を担当する教師は特別支援学校教諭の免許は必要ではない。これまでは「児童等の心身の発達及び学習の過程」の科目（要するに教育心理学の科目）の内容の一部において、特別な支援を要する児童・生徒への対応・支援について扱われてきた。つまり、これまで特別支援については（研修は受けてきたものの）余りよく分からない（実践にまでには至っていない）という教師がいたとして、その教師が人事の在り様によって特別支援学級を担当する、とい

うことが現実としてあり得る。

　一方、平成31年度からの教員養成制度の新課程として、全ての教員免許について、特別支援教育関係（「特別の支援を必要とする幼児、児童及び生徒に対する理解」を含む）の科目が必修となる。教職課程コアカリキュラムで当該科目の内容をみると、発達障害のみならず、各障害のある幼児、児童及び生徒の学習上又は生活上の困難について基礎的な知識や、「通級による指導」や「自立活動」の教育課程上の位置づけと内容が位置づけられている。最低1単位（おおよそ90分×8回の講義）ではあるものの、「特別支援に関することは全く分からない」ということではなくなること（もちろんこれが最終目標ではないが）については一歩前進であろう。

（2）教科等の本質と交流及び共同学習

　中央教育審議会『幼稚園、小学校、中学校、高等学校及び特別支援学校の学習指導要領等の改善及び必要な方策等について（答申）』（平成28年12月21日）においては、

> 　障害者理解や交流及び共同学習については、グローバル化など社会の急激な変化の中で、多様な人々が共に生きる社会の実現を目指し、一人一人が、多様性を尊重し、協働して生活していくことができるよう、各教科等の特質に応じた「見方・考え方」と関連付けながら、学校の教育活動全体での一層の推進を図ることが求められる。さらに、学校の教育課程上としての学習活動にとどまらず、地域社会との交流の中で、障害のある子供たちが地域社会の構成員であることをお互いが学ぶという、地域社会の中での交流及び共同学習の推進を図る必要がある。(p.59)

として、交流及び共同学習を教科等の「見方・考え方」の視点から位置づけている。この脚注においては、

> 　具体的には、例えば以下のようなものが考えられる。
> ・保健体育科における共生の視点に立った関わり方
> ・生活科における身近な人々との接し方
> ・音楽科、図画工作科、美術科や芸術科における感じ方や表現の、相違や共通性、よさなどの気付きを通した自己理解や他者理解
> ・道徳科における、正義、公正、差別や偏見のない社会の実現
> ・特別活動におけるよりよい集団生活や社会の形成　など

などが例示されている。まさに、教科等を学ぶ本質として、交流及び共同学習という教育活動がある。逆に言うと、交流及び共同学習を適切に教育課程に位置づけることで、教科等の学びがよりよく実現されるということである。「適切に」位置づけるということは、すなわちカリキュラム・マネジメントを正しく実現するということにほかならない。例えば事例Bでは、音楽、総合、特別活動において、合唱コンクールを中心に位置づけて交流及び共同学習を展開している。その場の思いつきで一緒に歌

おうかということではなくて、合唱コンクールという目標に向かって生徒は活動し、学習形態として交流及び共同学習がある。そこでどのように学習目標や学習形態をデザインするかということが、カリキュラム・マネジメントである。

（3）学習活動と学習内容のデザイン

　一斉授業を前提とすれば、通常の学級において交流児童・生徒がいない場合には、学習目標がクラス全体で統一されている。一般的には、自力解決→（交流→）練り上げによってクラス全員が本時の学習目標という1つの到達点に向かう、という流れになる。

　ところが、交流児童・生徒がいる場合には、学習目標が異なることが生じる。例えば事例Dにおいては、思考・判断・表現に関わる単元目標としては「いろいろな昆虫のからだのつくりを比較して（中略）と考えたりし、自分の考えを表現できる」であるし、対象児童の単元目標は「オリジナル昆虫の『あたま、むね、はら』をつくることができる」である。

　おそらく、学習目標が異なる児童・生徒がクラスの中に混在するという状況は、特別支援学校や特別支援学級では当たり前の状況ではあるものの、特別活動や探究的な活動を除いては、通常の学級における教科の学習では想定されてこなかったのではないだろうか。（1）で述べた、突然に特別支援学級の授業を担当する教師が悩む原因の1つでもあろう。

（4）交流及び共同学習をスムーズに成立させるには

　過去の調査（国立特別支援教育総合研究所，2008）において、各教科等における交流及び共同学習の状況をみると、音楽科（80.7％）、特別活動（78.6％）、生活科（75.9％）、体育科（74.7％）が高く、国語科（24.9％）、英語科（17.2％）、算数・数学科（12.7％）が低い。このデータは様々な障害種の特別支援学級を対象とした調査であり、知的障害特別支援学級に限ると、国語14.5％、算数・数学3.6％、図工・美術10.4％、音楽25.2％、体育19.3％で交流及び共同学習を行っているとの結果であった。

　こうした結果は教科特性にもよるのであろうが、ここでは、教材、学習活動、学習のねらいという観点から、交流及び共同学習がスムーズに成立するための事例検討を、教科等の目標と結び付けて考察してみる。

　まず、教材が具体であるかが挙げられる。例えば体育科において、余りにも難しいルールの下でのスポーツであれば交流は難しくなるが、ルールを変更することで全ての児童生徒にとって分かりやすく楽しめる学習活動となり得る。事例Aの振り返り（事後検討会）で出された意見のように、メロディーをアレンジした演奏教材を準備することもこれに当たる。また、小学校生活科では「具体的な活動や体験を通して」とあるように、学習者にとって身近な・具体的な教材を想定しているため、交流及び

共同学習が成立しやすい。

　次に、学習活動と学習のねらいに距離があるかどうかである。学習問題や本時の課題といわれるものが、そのまま児童生徒の学習活動に結びついていると、学習問題の抽象性に合わせて学習活動の抽象性が上がり、交流及び共同学習には向かなくなる。1つの学習活動であっても、様々なねらいが設定できる場合であれば、個々の児童生徒に応じたねらいが達成でき、成長につながる。事例Dでは先に示したように、「オリジナルこんちゅうをつくろう」という1つの学習活動で、複数のねらいが設定できている。事例Fでは、音を絞ることでリズムを中心にとらえて演奏するという本時の目標が設定できていた。

　そして、適切な支援によって、ねらいを達成できる場合である。事例Eは支援によって1つのねらいを達成している。対象児童の教科書内に単語を読む手がかりとなる文字を特別支援学級担任があらかじめ書き込んでいたり、授業中の適切な声かけが行われていたりした。

（5）今後に向けて

　学習活動と学習内容のデザインで述べたことは、一斉授業が前提だから起こりうる課題である。例えばこれを、個別の探究活動をベースとした学習形態に変更すると、「児童・生徒によって学習目標が異なる」ことは、どの学級においても「よくあること」になる。

　資質・能力の3つの柱の1つ「学びに向かう力・人間性等」を見とって評価しようとすると、答申p.61にもあるように、観点別評価を通じて見とることができる部分と、個人内評価を通じて見とる部分があることが指摘されている。後者の方は、資質・能力の育成に当たっては、まさに個々の児童・生徒によって学習目標が異なるということを示している。

　このことをもう1歩進めると、認知機能の違いに対応した、学びに必要な指導や環境の設定、あるいは評価が重要であるということになる。例えば、松村（2014）は、2E教育において認知的様式を生かした指導を、特別支援学校や通級による指導だけではなく、通常の学級での教科学習や総合的な学習の時間の指導にも生かす試みを行っている。障害がある・ない、ということではなく、認知的な個性は人それぞれに違うので、違いを認めたうえで指導に生かす、ということである。

　また、学級経営としては、全校スタンダードの確立も促したい（実例は「よくわかる札幌市立発寒西小学校平成29年度版」など）。持ち物、ノートの種類、始業・就業の挨拶、めあてを書く位置や出し方も含めた板書の方法や授業の進め方などを、学校内で統一することで、児童生徒には迷いがなくなる。授業中に何をしているのかがわからなくなったときには板書のこの位置を見ればよい、交流学級に行った際にも同じ

挨拶で授業が始まる、など、効果は高い。また、学級ルールにかかる年度当初の指導も最小限のものとなるので、実質的な授業時間の確保にもつながる。他校通級を実施しているならば、地域で統一すればよいし、小・中学校といった学校種を超えて統一すれば、学校間のギャップとなりえる要因を減らすこともできるであろう。

　今後に向けては、校内研究体制として通常の学級、特別支援学級を問わず同一の研究テーマや研究対象、教科研究などを行うことが求められている。すでにこのような取組を進めている学校もあるやに聞いている。将来的には、答申 p.122 にあるように、教育課程の円滑な接続と、学びの連続性を実現するために、学校種別にかかわらず、各教科の目標・内容を一本化する可能性について検討するよう求められているところである。

（福本　徹）

引用・参考文献
第Ⅲ章4
Gardner, H.（2001）MI: 個性を生かす多重知能の理論（松村暢隆，訳）新曜社 .［Gardner, H.（1999）Intelligence reframed. New York: Basic Books.］
田村学・黒上晴夫（2013）教育技術 MOOK 考えるってこういうことか！「思考ツール」の授業. 小学館 .

第Ⅲ章6
教育出版（2015）小学音楽　音楽のおくりもの6 .
教育出版（2015）小学音楽　音楽のおくりもの6　教師用指導書 .
文部科学省（2017）小学校学習指導要領 .
文部科学省（2017）小学校学習指導要領解説　総則編 .
文部科学省（2017）小学校学習指導要領解説　音楽編 .

第Ⅲ章7-2）
国立特別支援教育総合研究所（2008）「交流及び共同学習」の推進に関する実際的研究　プロジェクト研究報告書 .
松村暢隆（研究代表者・編）（2014）認知的個性を活かす特別支援の基礎・実践的研究−2E 教育の理念で生徒の得意・興味を活かして苦手を補う−, 2011-13 年度科学研究費補助金基盤研究（C）研究成果報告書 .
札幌市発寒西小学校　よくわかる札幌市発寒西小学校平成 29 年度版 .
　http://www16.sapporo-c.ed.jp/hassamunishi-e/attach/get2/255/0　p35（アクセス日 2018 年 1 月 8 日）

Ⅳ 研究 3-1 フィンランドにおける知的障害のある子どものインクルーシブ教育の実際

1 教育制度の概要

　本節では、フィンランドの教育全般のうち、特に、①学校教育体系、②教育課程、③教育財政の3点について基本情報を整理しつつ、制度的側面からその特徴を描き出すことを試みる。

1）学校教育体系
　フィンランドの学校教育は、次の図Ⅳ-1-1の通り、1年間の就学前教育、9年間の基礎教育（初等・前期中等教育）、3年程度の後期中等教育から構成される。以下、各学校段階別に、特徴を整理していく。

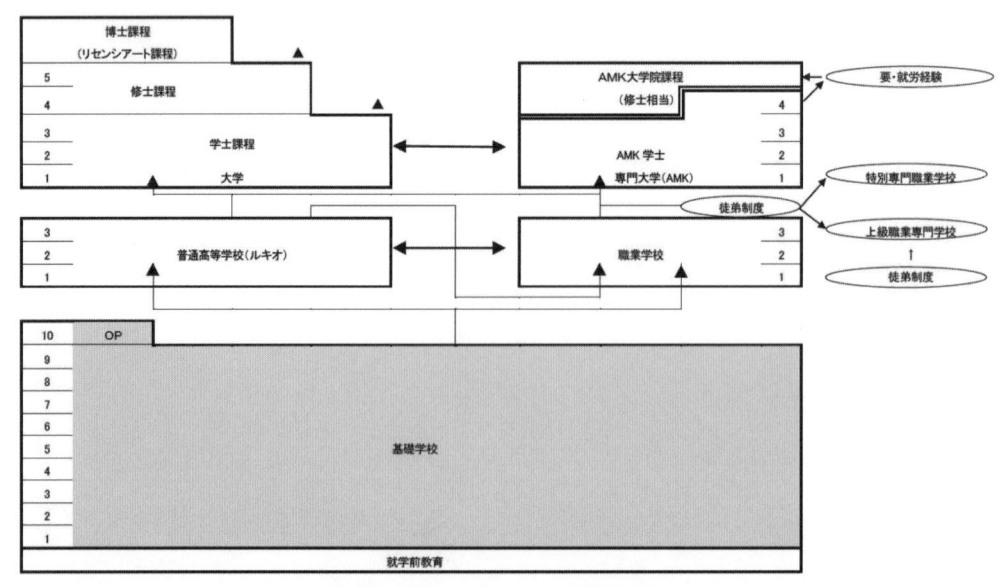

図Ⅳ-1-1　フィンランドの学校体系

（1）就学前教育

　フィンランドでは、就学前の1年間、就学前教育（Esikoulu：エシコウル）が提供されている。その歴史は比較的浅く、2000年に制度化され、2001年度より正式に実施されている。制度化当初より、無償で提供されていたが、義務化については、就学前教育の提供主体である基礎自治体に対し、全ての児童を受け入れる体制の整備を義務付けるのみであった。当初60%程度であった就学前教育の利用者が98%程度まで増加したこともあり、2015年度より義務化されている。これは、保護者に対し、就学前教育を受けさせることを義務付けるものである。フィンランドは、幼児教育・保育の利用率が高い北欧諸国にあって、例外的なほどに利用率が低かったが、就学前教育の制度化・義務化により、普及が進みつつある（渡邊，2015b）。

　就学前教育は、デイケア（Päiväkoti：パイヴァコティ）や幼稚園（Lastentarha：ラステンタルハ）などの乳幼児保育施設若しくは基礎学校（Peruskoulu：ペルスコウル）において提供されている。就学前教育を担当するのは、幼稚園教諭若しくは初等教育教諭の資格をもつ者であり、保育士はこれに含まれない。

　就学前教育を所管しているのは教育文化省（Opetus- ja Kulttuuriministeriö）である。かつては、保育は社会保健省（Sosiaali- ja terveysministeriö）、就学前教育は教育文化省という形で所管が異なっていたが、2013年より教育文化省に一元化されている。

　なお、就学前教育では、特別支援教育が提供されており、入学前の診断により特別な支援が必要と判断された子どもは、1年若しくは2年間の就学前教育を受ける。

（2）初等・前期中等教育段階（義務教育）

　フィンランドの義務教育は、初等教育段階及び前期中等教育段階の9年間である。義務教育を提供するのは、基礎学校である。かつては、法的にも、学校の設置においても、初等教育段階（6年間）と前期中等教育段階（3年間）とに分けられていた。学校の名称としても、下級学校（alakoulu）と上級学校（yläkoulu）と呼び分けられていたが、1998年の基礎学校法制定（1999年施行）に伴い、制度上9年一貫制へと改められている。学校の設置においては、初等教育段階と前期中等教育段階に分かれたものと、いわゆる一貫校とが並存している状況である。どのような学校を設置するかは学校設置者である自治体に任されているが、近年の学校統廃合により、学校の大規模化が進む中で、9年制の学校が増えている。

　フィンランドは、フィンランド語とスウェーデン語の2言語を公用語とするバイリンガル国家であり（その他に、先住民族であるサーミ人のサーミ語、手話が準公用語とされている）、母語別に学校体系が構築されている。そのため、フィンランド語を教授言語とする学校、スウェーデン語を教授言語とする学校それぞれが、就学前段階から高等教育段階まで整備されている。また、英語を主たる教授言語とする公立学校

も設置されている。

　基礎学校には、第 10 学年クラス（Kymppiluokka）、若しくは付加教育（Lisäopetus）と呼ばれる任意登録の学級が設けられている。これは、基礎学校修了後に希望する進路に進むことができなかった生徒や、進路を決めあぐねている生徒などの受け皿となる学級であり、評定平均値を上げたり、進路について考える時間をもったりする場として活用されている。これも、義務教育の範囲に含まれている。

　特別な支援を必要とする児童・生徒もまた、義務教育を延長することができる。就学前の診断において、重度の障害あるいは病気のために 9 年間で義務教育の目標を達成することが難しいと判断された児童は、義務教育を 11 年間まで延長することができる（基礎教育法 25 条）。これを一般に「拡大義務教育」（Pidennetty oppivelvollisuus：ピデンネッテュ・オッピヴェルヴォリスース）と呼ぶ。なお、拡大義務教育のもとで学ぶ児童・生徒は、5 歳から就学前教育を受けることが認められている。

（3）後期中等教育段階

　義務教育段階においては、だれもが同じ学校で学ぶ総合制が採られているが、後期中等教育段階では、普通教育と職業教育に分岐する。普通教育を提供するのは、ルキオ（Lukio）と呼ばれる普通高等学校である。無学年単位制が採られているため、修学年限は弾力的であり 2 〜 4 年程度である。ルキオの生徒は、課程（コースワーク）の修了と、大学入学資格試験（Ylioppilastutukinto）の合格を目指して学修する。ルキオの入学者選抜は、基礎学校の学業成績等をもとに行われるが、一般に、学術系科目の評定平均値が 7 （4 – 10 の 7 段階評価）以上必要とされている。入学に求められる成績要件は、学校により異なっている。

　一方、職業教育を提供するのは、職業学校（Ammattikoulu）である。職業学校という名称は総称的なものであり、実際の機関の名称は様々である。多くの機関は、後期中等教育段階相当の「基礎職業資格」（「初期職業資格」）（Perustutkinnot）を取得するためのコースのほか、後期中等後教育相当の「専門職業資格」（Ammatti- ja erikoisammattitutukinnot）などより上位の資格を提供するコースも有している。近年は、職業学校の中にも、「基礎職業資格」の取得と大学入学資格試験の合格を目指す「ダブルディグリーコース」（Kaksoistutkinto）、更にこれに高校卒業資格も加えた 3 つの資格取得を目指す「トリプルディグリーコース」（Kolmoistutkinto）を提供するところも出てきている。

　なお、ルキオに相当する特別支援学校はないが、職業学校については特別な支援を必要とする生徒のための学校やプログラムがあり、職業資格取得のための訓練を提供している。2015 年度には、24,345 名の生徒が職業学校で特別支援教育を受けてお

り、これは、職業学校で学ぶ生徒の 8.6% に相当する。10 年前の 2005 年は、生徒数が 13,945 名、職業学校で学ぶ生徒の 5.7% であったことから、生徒の数・割合共に増大していることが分かる。一方、学習の場別にみてみると、職業特別支援教育機関（Ammatillisen erityisoppilaitos：アンマッティリセン・エリテュイスオッピライトス）で学んでいる生徒や、一般の職業教育機関の通常学級（Yleisopetuksen ryhmä：ウレイスオペトゥクセン・リュフマ）で学んでいる生徒が増えている一方、一般の職業教育機関の特別支援学級（Erityisopetusryhmä：エリテュイスリュフマ）で学んでいる生徒の数は、多少の増減はあるものの、全体的には減少傾向にある（表IV-1-1 参照）。本データはいずれも興味深いものであるが、この増加が、特別な支援を必要とする生徒の増加によるものであるのか、特別な支援を必要とする生徒の職業教育へのアクセス機会の拡大によるものであるのか、ということについては、精査する必要がある。

表IV-1-1　特別支援を受けた児童・生徒の数：学習環境（場所）別（2016）

学習の場	2005	2006	2007	2008	2009	2010	2011	2012	2013	2014	2015
職業特別支援教育機関	2464	2461	2461	2397	2536	2497	2579	2678	2873	2776	3196
職業教育機関：特別支援学級	1863	1693	1718	1605	1659	1872	1805	1720	1487	1258	1049
職業教育機関：通常学級	9618	10762	11279	12460	14066	14944	15679	16778	17414	19612	20100
合計	13945	14916	15458	16462	18261	19313	20063	21176	21774	23646	24345
生徒数比率（職業学校全体）	5.7	5.8	5.8	6.0	6.5	6.9	7.2	7.7	7.9	8.4	8.6

出典：フィンランド統計局ホームページより筆者作成 [最終閲覧日 2018 年 2 月 1 日]
(http://www.stat.fi/til/erop/2016/erop_2016_2017-06-13_tau_009_fi.html)

（4）高等教育段階

　高等教育段階には、学術志向の大学（Yliopisto：ウリオピスト）と職業志向の専門大学（AMK）（Ammattikorkeakouu：アンマッティコルケアコウル）とが置かれている。こうした二元型の高等教育制度を有していた国の多くは、一元化若しくはそれに近い状況に移行しつつある状況にあって、フィンランドは、今なお、これを維持している。

　大学は、基礎学位が修士課程とされてきたこともあり、かつてはほとんどの分野において「学士」は存在しなかったが、学位制度を互換可能なものとすることを目的として欧州で進められたボローニャ・プロセスの一貫として行われた改革により、2005 年より 3 年間の学士課程と 2 年間の修士課程からなる制度へと改められている。近年、大学の再編統合（20 大学→ 14 大学）や法人化・財団化（2010 年）を含む大規模な改革が実行されたことにより、大学を取り巻く環境は一変している。

　一方、専門大学（AMK）は、1990 年代、後期中等後教育機関の一部を再編し、高等教育へと格上げすることにより誕生した職業系の高等教育機関である。1991 年に試行実施された後、1996 年より制度化されている。3 年間（分野により多少異なる）の学士課程と 2 年間の修士課程から構成される。修士課程進学には、その分野におけ

る３年間の就労経験が求められるなど、学位プログラムも職業志向ならではの制度設計となっている。

２）学校教育制度を巡る変化と特別支援教育（Erityisopetus：エリテュイスオペトゥス）
（１）学校統廃合と特別支援学校（Erityiskoulu：エリテュイス・コウル）

　学校をめぐる近年の変化のひとつに、学校の統廃合がある。少子化や都市化、更には、財政状況の悪化に伴い、学校運営における合理化・効率化への要請が高まる中、21 世紀に入って以降、学校の統廃合が急速に進められている。実際、この 10 年の間に基礎学校は 1000 校近く減少している（表Ⅳ -1-2 参照）。それに伴い拡大しているのが、学校規模（１校当たりの児童生徒数）である（表Ⅳ -1-3・表Ⅳ -1-4 参照）。フィンランド統計局は、基礎学校の学校規模が、2016 年度、過去最大を記録したことを伝えている（Tilastokeskus, 2017）。

表Ⅳ -1-2　学校種別学校数の変遷（2004 － 2016 年）

教育機関	2004	2005	2006	2007	2008	2009	2010	2011	2012	2013	2014	2015	2016
基礎学校	3476	3347	3180	3067	2988	2889	2785	2719	2644	2576	2498	2397	2339
特別支援学校	207	195	176	159	148	138	129	118	110	105	99	85	75
ルキオ（普通高校）	436	428	418	406	406	398	395	388	381	374	366	350	342
基礎学校・ルキオ併設	37	37	37	37	38	38	38	39	41	41	42	41	41
職業教育機関（後期中等）	187	182	173	161	152	137	132	129	124	120	105	102	99
職業特別支援教育機関	13	13	13	12	12	6	6	6	6	6	6	6	6
専門職業機関	42	40	38	37	37	35	34	34	34	34	33	29	27

出典：フィンランド統計局ホームページより筆者作成 [最終閲覧日 2017 年 8 月 26 日]
（http://pxnet2.stat.fi/PXWeb/pxweb/fi/StatFin/StatFin__kou__kjarj/statfin_kjarj_pxt_001_
fi.px/?rxid=c8373c0f-06ad-4d99-9d55-2056703e1844）

表Ⅳ -1-3　教育機関の学校規模別学校数（学校種別）（2006）

教育機関の種類	20 名未満	20～49 名	50～99 名	100～299 名	300～499 名	500～999 名	1000 名以上
基礎学校（1－6年）	82	797	571	746	265	32	0
基礎学校（7－9年）	0	1	23	193	182	48	0
基礎学校（1－9年）	5	9	9	73	76	67	1
ルキオ（普通高校）	2	10	70	184	86	54	12
基礎学校・普通高校	0	0	0	6	3	25	3
職業学校		3	6	47	30	42	41

出典：フィンランド統計局ホームページより筆者作成 [最終閲覧日 2017 年 8 月 26 日]
（http://pxnet2.stat.fi/PXWeb/pxweb/fi/StatFin/StatFin__kou__kjarj/statfin_kjarj_pxt_002_fi.px/table/
tableViewLayout1/?rxid=546fc839-3d67-4d8a-bcbe-958cfcfbcc88）

表Ⅳ-1-4　教育機関の学校規模別学校数（学校種別）（2016）

教育機関の種類	20名未満	20〜49名	50〜99名	100〜299名	300〜499名	500〜999名	1000名以上
基礎学校（1−6年）	30	334	368	614	251	53	1
基礎学校（7−9年）	0	1	15	109	118	37	0
基礎学校（1−9年）	8	10	23	124	100	135	7
ルキオ（普通高校）	3	25	61	119	56	59	19
基礎学校・普通高校	0	0	0	7	5	24	5
職業学校	0	1	1	23	14	17	42

出典：フィンランド統計局ホームページより筆者作成 [最終閲覧日 2017 年 8 月 26 日]
（http://pxnet2.stat.fi/PXWeb/pxweb/fi/StatFin/StatFin__kou__kjarj/statfin_kjarj_pxt_002_fi.px/table/
tableViewLayout1/?rxid=546fc839-3d67-4d8a-bcbe-958cfcfbcc88）

表Ⅳ-1-5　特別支援を受けた児童・生徒の数：学習環境（場所）別（2016）

場所	就学前	1−6年	7−9年	10年	合計 人	合計 %
全て通常学級で学習	262	5,087	2,729	7	8,085	19.7
授業の 51-99%は通常学級で学習	61	3,583	4,184	3	7,831	19.1
授業の 21-50%は通常学級で学習	6	2,268	1,900	1	4,175	10.2
授業の 1-20%は通常学級で学習	87	3,244	2,052	1	5,384	13.1
全て特別支援学級で学習（除：特別支援学校）	435	7,608	3,404	32	11,623	28.3
全て特別支援学校の特別支援学級で学習	158	2,339	1,829	68	3,939	9.6
合計	958	23,948	16,027	104	41,037	100

出典：フィンランド統計局ホームページより筆者作成 [最終閲覧日 2017 年 8 月 26 日]
（http://www.stat.fi/til/erop/2016/erop_2016_2017-06-13_tau_005_en.html）

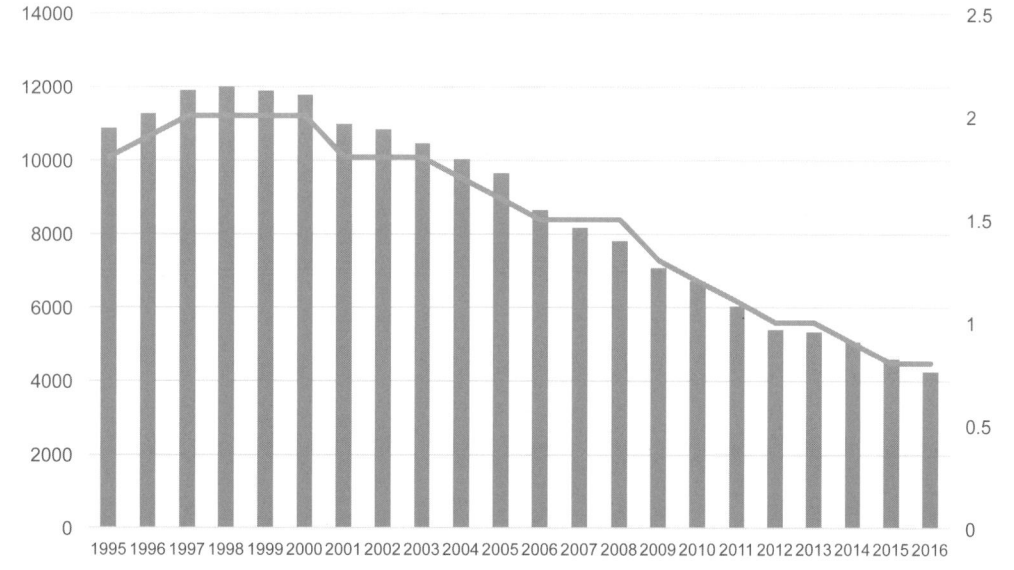

図Ⅳ-1-2　特別支援学校に通う児童生徒数及びその全児童生徒数比
出典：フィンランド統計局ホームページより筆者作成 [最終閲覧日 2017 年 8 月 26 日]
（http://www.stat.fi/til/erop/2016/erop_2016_2017-06-13_tau_007_en.html）

その傾向がより顕著であるのが、特別支援学校である。2004年に207校あった基礎学校レベルの特別支援学校の数は、2016年には75校まで減少している。このことについては、インクルーシブ教育（Inklusiivinen kasvatus）の理念の普及や2010年に導入された新たな特別支援教育制度により通常学級への移行が進んでいることの影響もあるが、学校統廃合の進展もその理由の一つである。実際、初等教育段階（第1－第6学年）の基礎学校と前期中等教育段階（第7－第9学年）の基礎学校の統合による9年一貫制の基礎学校への統合に、特別支援学校も組み込まれ、小・中・特支を併設するタイプの学校も増えている。これらの中には、理念的統合（何らかの目的のもとでの小中一貫化やインクルーシブ教育の理念の実現を志向するもの）というよりは、物理的な統合（合理化のための併設）を志向するものもある。

なお、学校数の減少に伴い、特別支援学校に通う児童・生徒数（図Ⅳ-1-2）や「全て特別支援学校の特別支援学級で学習」している児童・生徒の割合（表Ⅳ-1-5）も減少している。

（2）学級編成の在り方と特別支援教育

この10年ほどの間、教育政策において継続的な議論がなされているトピックの一つに、学級編制がある。学級編制は、1999年に国レベルの基準が廃止されて以降、自治体や学校に裁量が委ねられてきた。その後、財政状況が悪化し、経費抑制が求められるようになったことから、合理的・効率的手段として学級規模の拡大を選択した学校や自治体が出てきたのである。このことが、「学級編制基準の撤廃が教育環境・学習環境の悪化を招く一因となっているのではないか」という教育関係者の懸念を生んだ。その結果、国レベルの基準を再導入することも含めて議論がなされているのである。義務教育の提供については、その基盤整備において国が一定の責任を担うべきとする立場から、基準の再導入を望む声が多く聞かれたが、国の規制強化による弊害の方が大きいとの判断から見送られている。ただし、これに代わって、学級規模の縮小のための特定補助金を学校に交付するなどの取組を2010年以降行っている。特定補助金は、学級数や授業数の増加など学級規模縮小に繋がる取組、ティームティーチングや複数担任制など子どもたちに目が届く学習環境の整備などが使途とされ、学級規模が25人以上の学校に優先的に配分されている。その後の調査では、特に規模の大きい学級が減少していることが明らかになり、一定の成果が確認されている（表Ⅳ-1-6、表Ⅳ-1-7参照）（渡邊，2015a）。

表Ⅳ -1-6　第１－第６学年の学級規模の平均

学級規模の平均	2008 年	2010 年	2013 年	2008-13 年の変化
第１－６年の平均	19.57	19.21	18.84	-0.73
プレスクール	13.87	14.12	14.70	0.83
第1学年	18.80	18.46	18.55	-0.25
第2学年	19.35	19.07	18.84	-0.51
第3学年	20.62	20.34	19.96	-0.66
第4学年	21.41	20.90	19.84	-1.57
第5学年	21.88	21.31	20.39	-1.49
第6学年	22.47	21.72	20.66	-1.81
複式学級など	16.42	16.27	15.82	-0.60

出典 Opetus- ja Kulttuuriministeriö（2013）. *Perusopetuksen opetusryhmäkoko 2013*. p.7. をもとに筆者作成

表Ⅳ -1-7　第７－第９学年の学級規模の平均

学級規模の平均	2008 年	2010 年	2013 年	2008-10 年の変化	2010-13 年の変化
第７－９年の平均	17.30	17.14	16.46	-0.12	-0.57
第7学年	17.41	17.29	16.72	0.14	-0.82
第8学年	17.29	17.15	16.33	-0.20	-0.65
第9学年	17.18	16.98	16.33	-0.16	-0.68

出典 Opetus- ja Kulttuuriministeriö（2013）. *Perusopetuksen opetusryhmäkoko 2013*. p.8. をもとに筆者作成

　特別支援学校・学級（Erityiskoulu：エリテュイスコウル、Erityisopetusryhmä：エリテュイスオペトゥスリュフマ）は、学級編制基準の廃止において、唯一の例外とされた。そのため、原則として、１学級 10 名以下とされた 1999 年以前の学級編成基準（表Ⅳ -1-8 参照）が、今なお適用されている。

表Ⅳ -1-8　1999 年以前の学級編成基準

	第１－２学年	第３－６学年	第７－９学年	特別支援
学級編成基準	25 人以下	32人以下	32人以下	10 人以下

出典：Opetusministeriö（2008）. *Peruskoulun opetusryhmät 2008*. Helsinki: Opetusministeriö.（Opetusministeriön Politiikka-analyysejä 2008:5）をもとに筆者作成

　加えて、近年の特別支援教育改革や授業スタイルの変化を踏まえ、2016 年に学級編制に関する法律が改正されている。新たに加わったのは、1）（2）において触れた「拡大義務教育」に関するものである。改正された基礎学校法施行規則（*Perusopetusasetus*）では、拡大義務教育の形で学修を進めている児童生徒が学級に含まれる場合、学級編制基準は８名以下となること、重度の知的障害児の学級の場合、基準は６名以下となることが書き加えられている（第２条第３項）。これらは、いず

れも、より個別化した支援を提供することを企図するものであった。

　なお、学級編制などの意で用いる際の「学級」に相当する語としては、「学習グルー
プ」を意味する「オペトゥスリュフマ」（Opetusryhmä）という言葉を用いることが
一般的である。フィンランドでは、学級という概念はあるものの（特に、初等教育段
階）、教科の特性に合わせて、「学習グループ」の編制を変えたり、同一教科であって
も、教育内容に合わせて、異学年編制による授業や「協働教授」（Co-Teaching）な
ど多様な授業形態を用いたりすることから、固定的な形ではなく、柔軟な「学習グルー
プ」編制が行われている。

（3）学童保育と特別支援教育

　フィンランドでは、①学校と家庭の教育活動と、子どもの情緒的発達を支援する
こと、②子どもの福祉及び社会の平等性を促進し、社会的疎外を排除し、社会的包
摂を促進すること、③子どもたちに、職務に相応しい人材に見守られながら、多様
な活動・余暇活動に参加したり、落ち着いた環境の下でくつろいだりすることを可
能にすること、を目的として、学童保育（正式には始業前・放課後事業：Aamu-
ja iltapäivätoiminta）サービスが提供されている（基礎教育法第48条）。1950年代よ
り実施されてきた学童保育は、教育の福祉的機能を強化する動きが2000年以降顕著
になる中で、学校の機能の拡大・多様化に対するニーズの高まりとも相まって、拡充
される傾向にある（渡邊, 2009）。その主たる対象は、基礎学校の1－2年生の児童
であるが、障害などにより特別な支援を必要とする児童・生徒については、義務教育
段階の児童生徒全て（9年生まで）が含まれている（基礎教育法第48条b）。障害児
など、特別な支援を必要とする子どもに対するサービスを充実させている背景には、
フィンランドにおいて学童保育が、趣味や余暇活動へのアクセスの機会を均等にする
こと、子どもたちの社会的疎外を防ぐことを主たる目的としていることとも関連して
いる（渡邊, 2009）。

　なお、学童保育では、①創造的な活動、②体験型活動、③スポーツや芸術・工作、
言語学習や音楽を通じた自己表現、家事的な活動など目的をもった趣味や活動、④宿
題などを行っているが、その中には、特別支援を必要とする子どもたちに特化した活
動を行っているものもある。

2 ｜ 教育課程

1）教育課程基準の種類

　フィンランドにおいて、国レベルの教育課程の基準は、『全国教育課程基
準』（*Opetus-suunnitelman perusteet*）と呼ばれ、学校段階別・学校種別で編成

される。それらは、それぞれ、『全国就学前教育教育課程基準』(*Esiopetuksen opetussuunnitelman perusteet*)、『全国基礎教育教育課程基準』(*Perusopetuksen opetussuunnitelman perusteet*)、『全国ルキオ教育課程基準』(*Lukiokoulutuksen opetussuunnitelman perusteet*)、『全国職業初期教育基準』(*Ammatillisten perustutkintojen perusteet*) と呼ばれている。なお、『全国教育課程基準』は、日本の学習指導要領に相当するものである。

　特別支援教育の教育課程基準については、1980 年代まで、基礎学校のものとは別に、学校種別（盲学校、聾学校など：いずれも当時の名称）に編成されていたが、1994 年版以降、ひとつの教育課程基準として統合されている。知的障害児の教育のうち、重度の知的障害児に対する教育は、長らく「特別ケア」として例外的に社会福祉行政の中で行われてきたが、1997 年以降、基礎教育の一環としての位置付けに改められている。

2）教育課程における役割分担

　教育課程については、国 – 地方（基礎自治体）– 学校が、役割分担をしつつ、その編成・実施を担っている（図Ⅳ -2-1）。

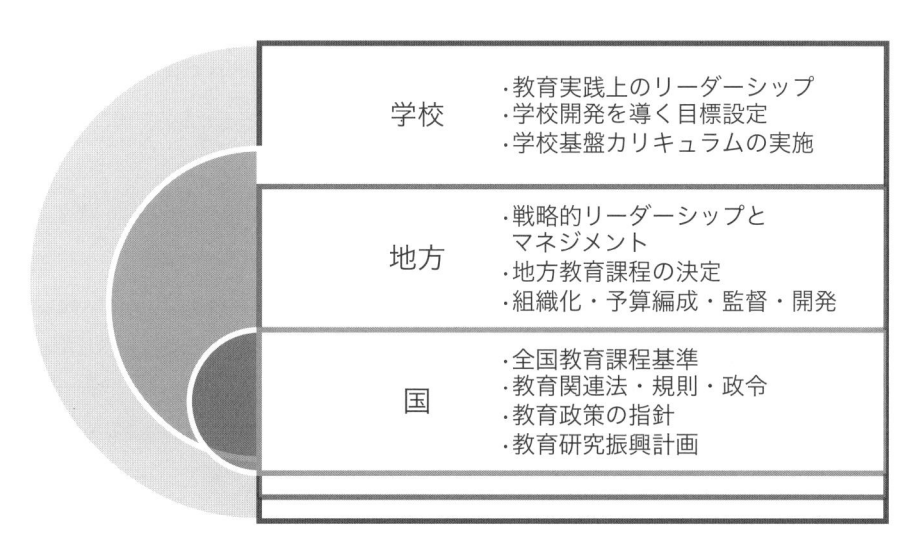

図Ⅳ -2-1　フィンランドにおける教育課程の役割分担
出典：Opetushallitus.（2014）*"Curriculum in Finland."*

　国は、法律や政策など、教育課程に関わる基盤整備を担っているほか、前述の通り、国レベルの『教育課程基準』を編成している。一方、学校設置者でもあるクンタ（Kunta）と呼ばれる基礎自治体（市町村レベル）は、国が示した教育課程基準に基づき、地方教育課程基準（Paikallisen opetussuunnitelma）を編成する。そのプロセスには、地

方教育行政関係者のほか、学校の教員も数多く関わっている。学校レベルでは、指導計画を策定するが、ヘルシンキなど、大規模な自治体では、全国教育課程基準及び地方教育課程基準を踏まえながら、学校レベルで独自のカリキュラムを編成しているところもある。自治体は、それぞれの状況・特性に応じた運用を行っている。

　フィンランドにおいて、最初の統一的な教育課程基準が定められたのは1970年である。その後、1985年、1994年、2004年（2006年実施）、2014年（2016年実施）と、おおむね10年周期で改訂が行われている。これまでの教育課程基準は、それぞれ、フィンランド全土で均質な教育を提供すべく、教育課程の内容を詳細に記した1970年代版、教える内容を規定した知識伝授型モデルを採りつつも地方の裁量を一定程度認めた1985年版、大胆な大綱化を行うと同時に、コンピテンスを基盤とする教育課程へと大きく舵を切った1994年版、コンピテンスを関係法令との関連付けにより構造的に示すと同時に、到達目標を新たに導入してカリキュラムレベルで質保証のしくみの構築を試みた2004年版、と特徴付けることができる（渡邊，2013）。

　OPS2016と呼ばれる新たな教育課程基準は、就学前から後期中等教育段階までの同時改訂を行うなど、継ぎ目のない一貫した教育課程基準の編成が意識されている。また、1990年代よりコンピテンス・ベースのカリキュラムへと転換を図ってきた流れを踏まえつつ、教科を基盤とする知識とコンピテンスのバランスを構造化して提示するなど、新たな試みを行っている。また、2004年度版より拡充が図られてきた「総則」に相当する部分が、今回の改訂では更に充実しており、その結果、ボリュームも大幅に増加している。

3）教育課程基準の編成体制

　国レベルの教育課程基準の策定に当たっては、国家教育委員会（Opetushallitus、現国家教育庁）が中心的な役割を担っている。かつては、編成作業そのものを担っていたが、現在は、コーディネーター的役割が中心となっている。

　2016年版の『全国教育課程基準』の編成の際には、国家教育委員会のもとに置かれた運営委員会（Ohjausryhmä）が中心となり、全体的な構成に関わる部分を担う「構造と目的」班、「学習コンセプト」班、「学習指導・学習支援」班、「汎用的言語文化」班という4つのワーキンググループ（Työryhmä）、各教科・テーマなど、内容に関わる部分を担当する29のサブグループ〔各教科のほか、「進路指導」（Oppilaanohjaus）、「移民の母語教育」（Maahanmuuttajien oma äidinkieli）、「外国語教育とイマージョン指導」（Vieraskielinen opetus ja kielikylpyopetus）、「小規模校と複式学級」（Pienkoulu-ja yhdysluokka-opetus）など〕が設置され、作業に当たった。これら委員会、ワーキンググループ、サブグループには、現職教員、中央及び地方の教育行政関係者、研究

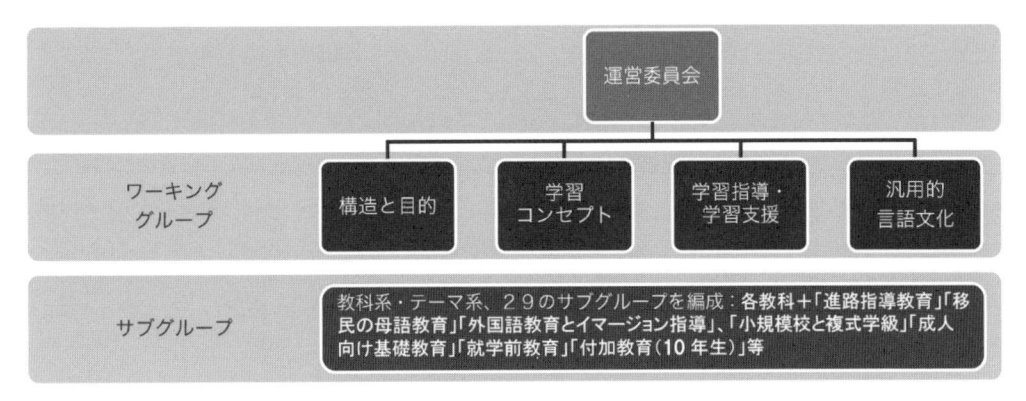

図Ⅳ -2-2　2016 年版全国教育課程基準の編成体制

出典：OPS2016 ホームページより筆者作成〔最終閲覧日 2018 年 12 月 15 日〕（http://www.oph.fi/ops2016/）

者など、多様な教育関係者が参加している（図Ⅳ -2-2）。

4）全国教育課程基準におけるコンピテンス（資質・能力）観

　教育課程基準の基盤をなすコンピテンスは、『基礎教育法』第 2 条に提示されている「人として、社会の一員としての成長」（Kasvu ihmisyyteen ja yhteiskunnan jäsenyyteen）、「生きるために必要な知識と技能」（Tarpeelliset tiedot ja taidot）、「教育の機会均等の推進と生涯学習の基盤づくり」（Sivistyksen, tasa-arvoisuuden ja elinikäisen oppimisen edistäminen）という基礎教育に関する 3 つの国家目標に基づいている。

　さらに、この 3 つの枠組に基づいて具体的なコンピテンスが示される。『基礎教育法』第 14 条は、国が基礎教育の国家目標と授業時数を定めることについて明記しているが、これを規定する『基礎教育における国家目標と授業時数配分に関する政令』（*Valtioneuvoston asetus perusopetuslaissa tarkoitetun opetuksen valtakunnallisista tavoitteista ja perusopetuksen tuntijaosta*）こそが、「国家目標」（Valtakunnallisen tavoitteet：ヴァルタクンナッリセン・タヴォイッテート）としてコンピテンスを規定している。この政令は、『教育課程基準』改訂時に、これに先立って定められる法令である（図Ⅳ -2-3 参照）。

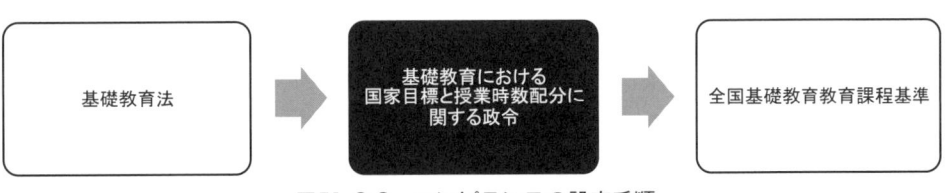

図Ⅳ -2-3　コンピテンスの設定手順

出典：渡邊（2013）

現行の『全国教育課程基準』の基盤となるものとして、2012 年に公布された政令は、現行の教育課程基準の教育目標を表Ⅴ -2-1 のように定めている。

表Ⅳ -2-1 　『基礎教育における国家目標と授業時数配分に関する政令』（2012）に記された教育目標

【第2条】人として、社会の一員としての成長

　教育の目標は、子どもを、人として、道徳的で責任感のある社会の一員として成長するよう支援することである。教育は、キリスト教や伝統など、道徳・世界観・宗教に根差した文化・伝統や、西洋における教養主義的伝統を認識し、理解するよう促す。教育は、生命・人間の尊厳・人権・自然・人権・他者を尊重するよう促し、児童・生徒がバランスが取れ健全な自尊心を備えた人間となるよう支援する。児童・生徒が望ましい状態で学習に臨めるよう、健康と福祉を促進することを目標とする。

　教育は、児童・生徒が、多様な集団・人・信条・宗教・文化間の尊敬と信頼を促すよう、互いに尊重しあったり、集団において責任を果たしたり、ともに作業したり、行動したりすることを支援する。教育は、児童・生徒を積極的に行動する社会の一員に育て、民主的で平等な社会において活動するための基盤をつくり、持続可能な開発に貢献するよう支援する。

【第3条】生きるために必要な知識と技能

　教育の目的は、児童・生徒が幅広い教養を身につけ、世界観を広げ、深めることにある。これは、経済や科学技術だけでなく、人間の欲求や感情、文化、芸術、文学、環境と自然、歴史と社会の基礎、宗教、人生観に関する知識を必要とする。教育は、様々な文化・芸術分野の美的経験と認識をもたらす。

　教育は、児童・生徒の思考力や「学び方を学ぶ」力、他者とコミュニケーションをとったり、協力したりする技能と意欲を強化する。教育は、児童・生徒の健康、福祉、安全及び生活管理を促進し、これらに関連する技能を開発する。

　目標は、児童・生徒が様々な形で話したり、書いたりすることができるよう母語を習得すること、及び、第二公用語やその他の言語でコミュニケーションできるようになることにある。目標は、児童・生徒が数的・科学的思考力や、消費者リテラシー・金融リテラシーの基礎と活用力を身に付けることにある。教育は、芸術、ものづくり（手工）、体育に関する技能と創造性の発達を支援するものではなくてはならない。

　教育の目標は、参加的市民性を促進し、社会について考え、貢献する機会を児童・生徒にもたらし、持続可能な開発を推進することにある。加えて、教育は、児童・生徒の道徳的思考と実践、市民性と職業生活で求められるスキルと起業家精神を強化することができる。

　母語以外の言語で教育を受けている児童・生徒は、母語とその文化について、基礎的な知識・技能を学ぶ。

　特殊な教育理念や教育方法に基づく教育を提供するために認可を受けた学校において、児童・生徒は、そうした世界観に基づく価値・知識・技能・レディネスの強化を基調とする教育を受ける。特殊な教育理念に基づく教育は、実施もまたそれに基づいている。実際の活動・指導・授業では、基礎教育全般の目標や学習目標に沿いつつも、特殊な教育理念・価値・教育哲学の視点に基づく教育を実施する。

【第4条】教育の機会均等の推進と生涯学習の基盤づくり

　教育、授業、指導、及びその他学校の全ての活動において、教育の平等と公正を積極的に推進する。教育と授業は、発達段階やニーズに合った指導やガイダンスや支援を行い、児童・生徒の健全な成長と発達を促すよう、家庭や保護者と協力して組織される。児童・生徒の成長と発達における性差も考慮する必要がある。児童・生徒のケアは、身体的・精神的・社会的健康とウェルビーイングに繋がり、ひいては好ましい成長と学習と修学に必要な要件を保証する。

　学校の組織文化と学習環境は、安全かつ健全であり、児童・生徒ひとりひとりのニーズを考慮するものであり、彼らの個人として、集団の一員としての成長・学習・コミュニケーションを支援するものである。活動は、良好な活動環境と安全な学習環境を促進するものである。学習困難や学習障害を早期に発見すること、時宜を得て早期に介入すること、社会的疎外を予防することに特別な注意を払う。児童・生徒は、自立的かつ批判的に情報を収集し、情報通信技術を適切に活用するよう導かれる。

　教育において、学習スキルの習得、継続的な学習の展望、生涯学習に対する意欲を強化する。児童・生徒が、学習したことを整理して、活用できるよう支援する。

　ここで示されたコンピテンスは、基本的に 2004 年版教育課程基準を踏まえたものであるが、学習困難や学習障害への対応、児童・生徒のウェルビーング、外国人子弟など国際的な背景をもつ児童・生徒への母語教育保障などについて、より踏み込んだ記載がなされている。なお、難民や移民など国際的な背景をもつ児童・生徒の急増を受け、2017 年、制度を実情に合わせたものとすることを目的として、政令の一部改正が行われている。

　さらに、2016 年度より実施されている現行の教育課程基準では、はぐくむべき資質・能力として新たに「汎用的コンピテンス」(Laaja-alainen osaaminen) を定めている。国家教育委員会は、この汎用的コンピテンスについて、①知識・技能・価値・態度・能力・関心の総体であり、②子どものアイデンティティ形成を支援し、持続可能な生活を導く力を構築するものであり、③その開発には教科横断的な連携と、子どもたちの疑問に根差すことが必要であること、更に、④その定義は政令に基づくものであり、環境の変化を踏まえながら定義されたもの、と説明している (Hallinen, 2014)。これらから、「汎用的コンピテンス」が包括的な学力観・資質能力観であり、可変性のあるもの、動的なものであると考えられていることが分かる。

　「汎用的コンピテンス」は、次のようなコンピテンスから構成されている (表Ⅳ -2-2)。

表Ⅳ -2-2　７つの汎用的コンピテンス (Laaja-alainen osaaminen)

> L1) 思考力、「学ぶことを学ぶ」力 (Oppimaan oppiminen)
> L2) 文化的コンピテンス、相互作用、表現力
> L3) 自立心、生きるための技能／自己管理・日常活動の管理・安全性
> L4) マルチリテラシー (多元的読解力) (Monilukutaito)
> L5) ICT コンピテンス
> L6) 職業において求められるスキルと起業家精神
> L7) 参加・影響・持続可能な未来の構築

　なお、これら７つの汎用的コンピテンスは、基礎教育法に掲げられた「人として、社会の一員としての成長」「生きるための知識と技能」「教育の機会均等の推進と生涯学習の基盤づくり」という３つの目標のうち、主に「生きるための知識と技能」に対応している。

　これらは、教科横断的なコンピテンスとして、学校教育全体を通じて習得するものとされている。そのため、『全国教育課程基準』には、学年区分ごとに目標とする基準が提示されているほか、各教科の記述にも、教科固有の知識と関連付ける形で目標や内容が記されている (次の項で詳述)。

5）全国教育課程基準の構成

　2014 年度に改訂され、2016 年度より実施されている現行の教育課程基準は、前回の改訂から大幅に拡充され、分量も大幅に増大している。その背景として、所謂「総則」に当たる部分の記述を充実させたこと、汎用的スキルと教科固有の知識の目標・内容・学年区分別にそれぞれ定めたことなどがある。基本的な構成は、次の表Ⅳ -2-3 の通りである。

　拡充された「総則」に相当する部分には、地方の教育課程との役割分担（表Ⅳ -2-3 の１）、『全国教育課程基準』の理念・目的・基本方針（表Ⅳ -2-3 の２、３、４、５）、評価のあり方（表Ⅳ -2-3 の６）、児童生徒に対する支援（表Ⅳ -2-3 の７、８）、多様な教育ニーズへの対応（表Ⅳ -2-3 の９、10、11、12）などが規定されている。このうち、学習・修学支援の項（表Ⅳ -2-3 の７）には、指導や相談の在り方や、家庭との連携など、児童・生徒に対する支援に関する原理原則とともに、特別支援の枠組に基づく３つの支援、すなわち、一般支援（Yleinen tuki：ウレイネン・トゥキ）、強化支援（Tehostettu tuki：テホステットゥ・トゥキ）、特別支援（Erityinen tuki：エリテュイネン・トゥキ）の具体が述べられている。

　次に、教育内容に関する各学年区分別の記述のうち、「各教科の記述」の書き振り（表Ⅳ -2-3【参考】参照）について見てみたい。まず、【教科の活動】では、教科の特性とともに、教科全般に関わる内容、目標、学習活動、指導の方針が述べられている。続く「指導上の目標」では、学年区分別・教科別に、教員の視点に立った指導上の目標が記されている。

　表Ⅳ -2-4 は、第７学年 − 第９学年の物理の「指導上の目標」の記述である。

　ここでは、①意義・価値・態度、②探求スキル、③物理の知識とその活用という３つの観点に基づいて目標を提示している。この観点は、教科や学年区分によって異なっている。さらに、ここで示された「指導上の目標」は、それぞれ、目標ごとに、「教科の内容」や「汎用的コンピテンス」との対応関係が示されている。このうち、「教科の内容」は、次項である「教科の目標に関連する主な内容」を指す。例えば、第７−第９学年の物理については、「教科の目標に関連する主な内容」として、表Ⅳ -2-5 に示した内容が定められている。

表Ⅳ -2-3　『全国基礎教育教育課程基準（OPS2016)』（2014）の構成

1．地方教育課程の意義と編成	14．第 3 －第 6 学年
2．教養の基盤としての基礎教育	① 第 2 学年から第 3 学年への移行と第 3 －
3．基礎教育の使命と目的	第 6 学年のタスク
4．一貫型基礎教育の組織文化	② 第 3 －第 6 学年の汎用的コンピテンス
5．学校活動における学習と福祉の推進	③ 地方の裁量
6．学習評価	④ 第 3 －第 6 学年の教科
7．学習・修学支援	－母語と母語文学
8．児童・生徒の福祉	－第二公用語
9．言語的・文化的マイノリティの指導	－外国語
10．バイリンガル教育	－算数
11．特殊な理念や教育方法に基づく基礎教育	－環境
12．基礎教育における選択科目	－宗教
13．第 1 －第 2 学年	－倫理
① 就学前教育から基礎教育への移行と第 1	－歴史
－第 2 学年のタスク	－社会
② 第 1 －第 2 学年の汎用的コンピテンス	－音楽
③ 地方の裁量	－図画
④ 第 1 －第 2 学年の教科	－手工
－母語と母語文学	－体育

　【参考】各教科の記述
　・教科の活動
　・指導上の目標：
　　－目標に関連する教科内容
　　－汎用的コンピテンス
　・教科の目標に関連する主な内容
　・到達目標：
　　－指導上の目標
　　－教科内容
　　－評価の観点
　　－評価規準：
　　　評点 8 相当の知識と技能

	－ガイダンス・カウンセリング
	15．第 7 －第 9 学年
－第二公用語	① 第 6 学年から第 7 学年への移行と第 7 －
－外国語	第 9 学年のタスク
－算数	② 第 7 －第 9 学年の汎用的コンピテンス
－環境	③ 地方の裁量
－宗教	④ 第 7 －第 9 学年の教科
－倫理	－母語と母語文学
－音楽	－第二公用語
－図画	－外国語
－手工	－算数
－体育	－生物
－ガイダンス・カウンセリング	－地理
	－物理
	－化学
	－保健
	－宗教
	－倫理
	－歴史
	－社会
	－音楽
	－図画
	－手工
	－体育
	－家庭科
	－ガイダンス・カウンセリング

表Ⅳ-2-4　各教科の指導上の目標（例：第７－第９学年の物理）

番号	指導上の目標	教科の内容	汎用的コンピテンス
指導上の目標は：			
意義・価値・態度			
T1	物理を学修するよう生徒を励まし、刺激すること。	S1–S6	L1
T2	生徒が自らの物理のコンピテンスを把握し、それに基づき学習の目標を立て、学習に持続的に取り組むよう、指導し、励ますこと。	S1–S6	L1, L6
T3	日常生活や生活環境、社会における物理のコンピテンスの意義を理解するよう、生徒を指導すること	S1–S6	L6, L7
T4	物理のコンピテンスを持続可能な未来の構築に用いたり、エネルギー資源の持続可能な活用の観点から自らの選択を判断したりするよう、生徒を指導すること。	S1–S6	L3, L7

出典：Opetushallitus.（2014）Perusopetuksen petussuunnitelman perusteet 2014, Helsinki: Next Print oy, p.389.

表Ⅳ-2-5　教科の目標に関連する主な内容（例：第７－第９学年の物理）

７－９年：物理
【S1】自然科学の探究、【S2】日常生活や生活環境の中の物理、【S3】社会の中の物理、
【S4】物理的世界観の構築、【S5】相互作用と動き、【S6】電気

注：本表では、事項の項目のみを表示。『全国教育課程基準』では各項目についての説明がなされている。

　各事項には【S1】から【S6】までの番号が振られており、表には、それらとの「指導上の目標」の対応関係が示されている。一方、「汎用的コンピテンス」は、表Ⅳ-2-2において示した７つの項目である。これらも、教科の内容と同様に、「指導上の目標」との対応関係が示されている。

　「指導上の目標」に続いて、「教科の目標に関連する主な内容」（表Ⅳ-2-5参照）、「学習環境や学習活動に関する目標」（表Ⅳ-2-6参照）、「学習指導と支援」（表Ⅳ-2-7参照）、「学習の評価」（表Ⅳ-2-8参照）が述べられ、最終的に各学年区分の修了時（ただし、第７－第９学年の学年区分については、基礎教育修了時）におけるコンピテンスの規準が示されている（表Ⅳ-2-8参照）。この規準は、「期待される規準」として示されているものであり、フィンランドの学校における評価の尺度である４～10までの７段階評価の評点８相当に設定されている。その内容は、生徒の視点に立ったものであり、生徒が主語となっている。

表Ⅳ -2-6　学習環境や学習活動に関する目標（第７－第９学年の物理より一部抜粋）

多様な活動方法や学習環境が、物理の目標達成を支援する。探究的アプローチは概念構築や探究スキルの学習を支援する。（中略）

学習環境において、ＩＣＴを自然な形で用いる。物理や科学技術の多様な応用について理解するために、学校のリソースのみならず、企業や専門家との連携など、学外とも連携する。

表Ⅳ -2-7　学習指導と支援（第７－第９学年の物理より一部抜粋）

物理の目標を達成する鍵は、生徒が自律的かつ持続的に学習し、自らに合った学習方法を見出すよう指導することにある。生徒は、物理的世界観を構築するために、その概念を理解するための支援を受ける。生徒は、実験において、安全で円滑な活動となるよう指導を受ける。探究課題の際には、個別指導の手法が用いられる。これにより、生徒は、様々な役割を担ったり、理解度に応じて進めたりすることができる。（後略）

表Ⅳ -2-8　期待される知識・技能に関する最終評価規準

指導の目標	教科内容	教科における評価項目	評点８相当の知識・技能
意義・価値・態度			
物理を学修するよう生徒を励まし、刺激すること。	S1–S6		成績評価には用いない。 生徒は、自己評価の一部として自身の経験を省察するよう指導を受ける。 生徒は様々な場面において物理のコンピテンスの意義を理解しており、それを説明する。
生徒が自らの物理のコンピテンスを把握し、それに基づき学習の目標を立て、学習に持続的に取り組むよう、指導し、励ますこと。	S1–S6	目標志向の活動と「学び方を学ぶ」力	生徒は、単元などスモール・ユニット単位で目標を設定して、取り組み、それらを実現することができる。 生徒は、教員や同級生からのフィードバックや自己評価に基づき、自らのコンピテンスについて説明することができる。
日常生活や生活環境、社会における物理のコンピテンスの意義を理解するよう、生徒を指導すること	S1–S6	物理の意義の評価	生徒は、物理のコンピテンスが様々な状況においていかに必要であるか、例を用いながら説明することができる。 生徒は、仕事や今後の学習における物理コンピテンスの意義を説明することができる。
物理のコンピテンスを持続可能な未来の構築に用いたり、エネルギー資源の持続可能な活用の観点から自らの選択を判断したりするよう、生徒を指導すること。	S1–S6	物理の観点に立った持続可能な開発のための知識・技能	生徒は、物理のコンピテンスが持続可能な未来の構築のためにいかに必要であるかを、例を用いながら説明することができる。 生徒は、エネルギー資源の持続可能な活用のための代替案を説明することができる。

出典：Opetushallitus.（2014）*Perusopetuksen petussuunnitelman perusteet 2014,* Helsinki: Next Print oy, p.389.

3 │ 教育財政制度

1）国から地方への財政移転

フィンランドでは、1990 年代以降、教育財政改革が断続的に実行されてきた。義務教育費については、国と地方が分担して負担するという全体的な枠組に変化はないものの、財政改革（1993 年、2010 年）、地方行政改革（1996 年）、「地方基礎サービス費国庫負担法」の制定（2009 年、2015 年）などにより、義務教育費に関わる自治体の責任と役割、更に、使途に関する裁量が拡大している。

フィンランドの義務教育費に関わる教育財政制度は、2000 年頃まで、日本における義務教育費国庫負担制度と類似するものであった。国と地方が義務教育費を分担して負担していることや、その分担比率（及びその変化）など、その基本モデルにおける共通性に加え、義務教育費を費目別に配分するしくみから、総額裁量制へと転換を図るプロセスやそのタイミングなどは、その一例である。しかしながら、この 10 年ほどの間に、フィンランドの義務教育費に関わる財政制度は、日本のものとは異なる方向へと進んでいる。

とりわけ、大きな変化であったのが、2009 年の「地方基礎サービス費国庫負担法」（*Laki kunnan peruspalvelujen valtionosuudesta*）（1704/2009）の制定を契機として進められた国庫補助金制度の改革である。それまで、義務教育費は、児童・生徒 1 人当たりにかかる費用（ユニット・コスト）や児童・生徒数に応じて算出し、国があらかじめ決められた割合に基づく負担分を、地方に対して国庫負担金として、ひも付きで配分するという形がとられていた。それが、2009 年、2015 年と段階的に進められた改革により、義務教育費が、「基礎サービス費」（Peruspalvelujen valtionosuus）として、一般補助金化されることとなったのである。これは、すなわち、自治体が担う主要事業である教育事業、社会福祉事業、医療事業、社会基盤整備事業にかかる国庫補助金の国から地方への財政移転が、包括的な形で行われる形に改められたことを意味する（渡邊, 2015a）。日本でも、同時期、「義務教育費国庫負担制度」の見直しが議論されたが、最終的には見送られている。フィンランドの改革は、日本が選ばなかった選択肢を採用するものであった。

国からの補助金をどの事業にどれだけ振り分けるかを自治体が決められるようになった結果、自治体は、義務教育費の予算規模（額）についても一定の裁量をもつこととなった。このことは、自治体にとっては裁量の拡大であるが、地方教育当局からみると予算の確保において、これまで以上に自治体内での調整が必要となること、場合によっては必要な義務教育費が担保されない可能性があることを意味する。そのため、教育関係者の間には、教育の地域間格差の拡大、更にはそれによる教育の機会均

等の懸念が広がっている（渡邊，2015a）。

　財政移転の在り方が変わった一方、義務教育費を算出するしくみは維持されている。基礎サービス費の算出に際して、その一部を構成するものとされたのである。しかし、その算出モデルも、①ユニット・コストと児童・生徒数を基盤とするモデルから、ユニット・コストと自治体の該当年齢人口（6 歳 – 15 歳）を基盤とするモデルへの転換、②地域の実情に合わせることを目的として行われていた重み付けの指標の見直しなど、その在り方を大きく変える改革が行われている（表Ⅳ -3-1）。

表Ⅳ -3-1　改革前後の義務教育費の算出モデル

改革前
　【基準単価】：児童・生徒 1 人当たりの義務教育費をもとに設定
　【基本額】：基準単価× 0.77
　【義務教育費】：基本額×児童・生徒数×各種重み付け
改革後
　【基準単価】：自治体の該当年齢（6-15 歳）人口 1 人当たりの義務教育費を含む、社会
　　　　　　　基礎サービス費をもとに設定
　【基本額】：基準単価× 0.77
　【社会基礎サービス費】：基本額×該当年齢人口×各種重み付け

　このように、義務教育にかかる費用を算出する取組は、教育財政の仕組みにおいて引き続き行われている。しかしながら、これらは、あくまでも理論値的なものである。自治体は、ここで算出された額を参照するものの、それがその裁量を限定するわけではない。

2）教育財政改革と特別支援教育

　教育財政改革は、特別支援教育関係者の間にも波紋を呼んだ。それは、前項において触れた、重み付け指標の見直しと関係する。地方の実情を反映させることを目的として設定された重み付けの指標は、改革前、次の表Ⅳ -3-2 のような形で設定されていた。

　重み付け指標には、自治体が置かれている状況によって規定される行政的指標（二

表Ⅳ -3-2　改革前の義務教育費の重み付け指標

人口密度：40 人／km² 以下の場合	0．1
学校網：人口密度 4 人／km² 以下あるいは島嶼部の自治体に所在する小規模校 （初等教育段階の場合 80 名以下、前期中等教育段階の場合 180 名以下）	0．003
前期中等教育段階の生徒	0．3
高度の障害のある児童・生徒	4．0
その他の障害のある児童・生徒	2．5
特別支援を必要とする児童・生徒	0．5
スウェーデン語を母語とする児童・生徒	0．12
外国語を母語とする児童・生徒	0．2
島嶼部（アーキペラゴ）の住民	0．06
人口の半数以上が本土に居住していない自治体の島嶼部（アーキペラゴ）の住民	0．25
二言語自治体：（フィンランド語、スウェーデン語双方の話者が一定数以上の自治体）	0．04

出典：Kuntaliitto, *Perusopetuksen yksikköhinta vuonna 2008, 8.10.2007.*

言語自治体であるか、島嶼部に所在する自治体であるか、僻地の自治体であるか、など）に加え、児童・生徒個人の状況によって規定される指標（母語、特別な支援を必要とするかどうか）が設定されている。

　一方、「しくみをシンプルにする」という目的のもと進められた指標の見直しの結果は、次の表Ⅳ-3-3の通りである。

表Ⅳ-3-3　改革後の義務教育費の重み付け指標

人口密度：40人／km² 以下の場合	0.1
人口密度4人／km² 以下の場合	0.017
13－15歳の生徒	0.3
スウェーデン語を母語とする児童・生徒	0.12
外国語を母語とする児童・生徒	0.2
島嶼部（アーキペラゴ）の住民	0.06
人口の半数以上が本土に居住していない自治体の島嶼部（アーキペラゴ）の住民	0.25
二言語自治体：（フィンランド語、スウェーデン語双方の話者が一定数以上の自治体）	0.04

出典：Laki kunnan peruspalvelujen valtionosuudesta.（1704/2009）

　改革の結果外された指標は、「高度の障害のある児童・生徒の数」「その他の障害のある児童・生徒の数」「特別ニーズのある（学習支援などを含む広義の特別支援教育を受けた）児童・生徒の数」の3点、いずれも、特別支援教育に関わる指標であった。廃止された理由については、「特別支援教育を必要とする児童・生徒の比率に地域間格差はあまりないため、設定する必要がない」とするものなど、様々な説明がなされている。

　この改革については、2つの捉え方ができる。ひとつは、特別支援教育の普遍化とみる捉え方である。特別支援教育を各地方公共団体・各学校が当然取り組むべきものとして認識し、日常的な取組の中に埋め込んでいく。新たな制度はそう認識することも可能である。もうひとつは、「特別支援教育」の重要性の相対的低下とみる捉え方である。配分された教育費はもともと使途を限定するものではないため、特別支援教育に関連する指標が重み付けから外れることが即、特別支援教育の予算の減少を意味するわけではない。しかしながら、指標として設定されることで、特別支援教育に財政的な面でも実践的な面でも配慮する必要があることが意識されてきたことも事実である（渡邊, 2016）。そうしたことから、特別支援教育関係者を中心に懸念する声が上がっている。

　特別支援教育に関する重み付け指標が外された時期は、特別支援教育にとっては、変革の時期でもあった。例えば、2010年、新たな特別支援教育のしくみとして、一般支援（Yleinen tuki：ウレイネン・トゥキ）、強化支援（Tehostettu tuki：テホステットゥ・トゥキ）、特別支援（Erityinen tuki：エリテュイネン・トゥキ）という、3段階から構成される制度が導入されている。そのため、改革実施に伴い、プロジェクト

予算として、特別支援教育振興のための予算が教育文化省によって措置されている。これは、今なお、継続しており、現在は、「基礎教育における平等を促進するための措置：特別支援教育の質の向上と教職員の採用の促進・学級規模の縮小」（2017年度1700万ユーロ）という特定補助金が申請ベースで付与されている。潤沢な予算が組まれているとはいえ、関連する事項が含まれているものが、経常的な予算から臨時的予算（政策的予算）へと変化したことは、今後影響を与えることも考えられる（渡邊, 2016）。

（渡邊あや）

4 | フィンランドにおける特別な支援の必要な子どもへの教育　－通常教育の一環として行われる特別支援－

1）はじめに

　OECD（2005）は特別支援教育分野の国際比較のための分類として、障害（disabilities: 感覚的、運動的、神経的な欠陥などの生体に関する病理に関連する障害や損傷）、困難（difficulties: 児童生徒と教育的な状況との相互作用の中で生じる問題が主となる原因である行動面や情緒面における困難や、学習面における特定の困難）、社会的不利（disadvantages: 社会-経済的、文化的、かつ／または言語的な要因によって主として生じるもの）の3つを挙げているが、フィンランドでは、その全ての分類に該当する対象児を特別な支援の対象にしている。そして、後述の三層から成る段階的な支援システムを整備し、できるだけ早期のうちに、それらの教育的なニーズのある児童生徒への支援を開始し、手厚い支援の結果、後期中等教育段階ではそれらの対象児童生徒が少なくなっていくようにすることをねらっている（後述の国家教育委員会インタビューより）。現在フィンランドでは、全ての児童生徒に教育的支援を受ける権利があり、特別支援教育は通常教育の中で行われるべきものと考えられており、特別支援は通常教育の一環として行われる（教育文化省・国家教育委員会・CIMO, 2013）。そのため、通常教育と特別支援教育の区別をつけることが時として難しくなる。

　さて、本項では主に「全国基礎教育課程基準」（Finish National Board of Education, 2014）と国家教育委員会でのインタビューをもとにフィンランドにおける特別な支援の必要な子どもへの教育についてまとめることとする。

2）特別支援の必要な子どもや障害のある子どもの教育の場

　6歳の未就学児を対象にした一年間の就学前教育は、これまでは任意であったが、

2015年8月にすべての子どもに権利が付与された（Eurydice, 2017）。フィンランドの初等・中等教育は基礎教育と呼ばれ、子どもが7歳になってからの9年間となっている（必要があれば10年生まで就学延長できる）。現在、義務教育は就学前教育と基礎教育を合わせた10年間となっている。フィンランドでは小中一貫教育の方針をとり、基礎学校［総合学校（Comprehensive School）と呼ばれることもある］において教育を行っている[1]。また、ホームスクーリングも義務教育として認められているほか、病院においても義務教育を提供しなければならず、市（municipality）が教育施設の設置義務を負っている。聴覚障害、視覚障害または運動障害のある人々の学校、ヘルシンキのフランス学校、フィンランド‐ロシア学校は、州（state）によって維持管理されており、また聴覚障害者のための学校は、通常の後期中等教育も提供している（Eurydice, 2017）。16歳以上の教育は任意となり、高等学校で3～4年、もしくは職業学校で2～5年学ぶことができ、その後の高等教育は、大学や応用科学大学（ポリテクニック）で受けることができ、いずれも授業料は無償で、基礎教育においては教材や給食も無料である（フィンランド大使館, 2014）。また、義務教育の対象でなくなった人は、成人学校、民衆高等学校（folk high schools）、成人教育センターといった通常教育を行う後期中等学校から基礎教育を受けることもできる（Eurydice, 2017）。

3）ニーズが生じると迅速に提供される特別な支援の段階的支援システム

　フィンランドはPISA調査における優れた結果により世界的な注目を浴びており、2012年の結果においてもOECD諸国の中で首位を示した。OECDに加盟するヨーロッパ諸国の中では、得点の低い子どもが少なく（Finnish National Agency for Education , 2017）、学校間格差が少ないことが指摘されており、質の高い教育が全国的に万遍なく実施されているといえる。小曽・是永（2016）は、このような特徴はインクルージョンを原則とした特別支援教育に裏打ちされたものであると指摘している。フィンランドでは多様な教育的ニーズに対応するため、2010年に基礎学校法を改正し、ニーズによる困難が表出する前に、早期から学習に介入できる段階的支援システムにより、特別な支援を行っている。

　階層的支援システムは、教育の場ではなく、支援の度合いと頻度によって分けられており、「一般支援」、「強化支援」、「特別支援」の3つがある（図Ⅳ-4-1参照）。なお、「特別支援」対象者には通常の学級で学ぶ子どもも含まれている。

　「一般支援」では、子どもに学習等のニーズが生じると、特別な評価や決定手続きなしに、シラバスの個別化や補充指導、パートタイムの特別支援教育〔学級担任を持たないフリーの特別支援教育教員が必要に応じて要支援児のいるクラスに入り、協働

教授（Co-Teaching）や、通常学級担任へのコンサルテーションなどを行うもの〕等が迅速に開始される。

因みに、川崎市でもパートタイムの特別支援教育と類似した取組が行われている。従来行われてきた特別支援教育コーディネーターの機能に児童指導や教育相談等の機能を加えて拡充することにより、すべての児童を対象とした多様な教育的ニーズへの対応が可能となる児童支援活動の中核を担う児童支援コーディネーターを指名し、その専任化を 2013（平成 25）

図Ⅳ-4-1　フィンランドの階層的支援　—できるだけ早く支援を行うことに焦点を当てる—

注：「特別支援」は 2015/2016 年度では全就学児の 7.3％を占め、通常の学級で学ぶ子どもも含まれている。教育の場ではなく、支援の強さと支援期間の長さによって、三層が分類されている。
出　典：Finnish National Agency for Education（2017）Education in Finland

年度から進め、要支援児のいるクラスの授業に入っての指導・支援等が行われている。

さて、一般支援では十分でないと判断された場合は、教育的なアセスメントに基づいて次層の強化支援が提供される。一般支援がほんの一時的な支援であるのに比べ、この段階ではより強化された持続的な支援が提供され、当該の子どもの個別の学習指導計画を立て、成長と支援の記録を綴っていく（Finish National Board of Education, 2016）。

最上層の「特別支援」では、他の支援策を講じても成長や発達、学習に関する目標に到達できない子どもが対象になる。「特別支援」を受けている子どもは 2013 年度のデータでは全就学児の 7.3％を占め、通常の学級で学ぶ子どもも含まれている。特別支援は、特別支援教育と基礎教育法によって提供されるその他の支援から成る（Finish National Board of Education, 2016）。この対象者となるためには教育的な判定書が必要となる。また個別教育計画が必須で、それには子どもが受ける／受けた指導や支援の全てが記載される。

4）フィンランドの特別な支援を必要とする子どもへの教育における対象分類カテゴリーとその定義—特に知的障害の範疇について—

2011 年の制度改革以降、フィンランドでは、政府の統計は障害種別や診断名ではなく、教育的なニーズによる分類（コミュニケーションの困難、集中力の困難、行動上の困難など）によって把握されているため、障害種別の児童生徒の実態については

不明とのことであった。

5）教育課程（障害のある児童生徒、特に知的障害児）

　教育課程は、国家教育委員会発行の「全国基礎教育課程基準」（2014 年に公表、2016 年度より実施）は、教育の目的と授業時間数を規定している基礎教育法と政令と政府規則にしたがって作成されており[2]、基本的な国家の教育方針や方策が示されている（Finish National Board of Education, 2014）。それに基づき、地方自治体は、「全国基礎教育課程基準」に各地方自治体が重要と考える目標や課題を加味して、実際の教育を実施していく（Finish National Board of Education, 2014）。

　「全国基礎教育課程基準」（Finish National Board of Education, 2014）には、特別な支援が必要な児童生徒のシラバスや修学年限について、次のような内容が記載されている。

（ａ）教育は児童生徒の能力に応じて与えられるので、「特別支援」の認定を受けた児童生徒の場合、教科によっては、必要に応じて通常とは異なるねらいのシラバスに基づいて行われる

（ｂ）このようなある教科の通常の指導を免除し、どの教科でどのようなシラバスの個別化を行うかについて、当該児童生徒の個別教育計画（IEP）に書かれるので、個別教育計画（IEP）はとても重要な書類となる

（ｃ）障害や病気のために 9 年間では基礎教育の目標に到達できない場合は、1 年早く義務教育を開始できることができ、義務教育開始後、最長で 11 年間まで延長できる

　できる限り基礎教育において生徒の能力を高めようという目的により、このような制度が設けられている。

　また、「全国基礎教育課程基準」（Finish National Board of Education, 2014）によれば、最も重度の発達上の障害を有する生徒の指導[3]や、他の障害や重い病気のある児童生徒の教育を活動領域（運動スキル、言語とコミュニケーション、社会的スキル、日常生活スキル、認知スキル）によって編成することは正当なものとして認められており[4]、教科ではなく活動領域による指導の編成は「特別支援」の決定の中に規定されていて[5]、各教科のシラバスの個別化に従っても勉強することができないと見出されたときにのみ、指導は活動領域によって編成されることになる。活動領域別の指導の目的は、可能な限り自立した生活を送るための知識とスキルを生徒に提供することである（Finish National Board of Education, 2014）。

6）知的障害のある子どもが学ぶインクルーシブ学級、特別学級・グループの編成、教員配置

　後述する視察調査において見られるように、フィンランドではクラス編成は学校の

裁量によって決まり、「特別支援」の判定を受けた子どもたちについて障害種別のクラス構成をしなければならないと決まっている訳ではない。大抵、似たような教育的ニーズと同じくらいの認知発達のレベルの子どもたちがまとまったクラスで授業が行われていたが、ある学校では、おそらく知的発達の遅れを伴うと思われる弱視の児童と、知的発達の遅れが中程度のダウン症の児童が同じクラスで学んでいた。

　教授支援員（Teaching Assistant）は障害やケア、保育について専門的に学んだ者となっていて、資格制度がある。この他、医療的ケアなど、ある特化した専門性を持つ教育支援員もいる。

（涌井　恵）

5 　知的障害のある子どものインクルーシブ教育場面における指導内容・方法に関する平成 28 年度視察報告

1）問題の所在と目的

　フィンランドでは全児童生徒対象の「一般支援」、特別な支援ニーズのある一部の児童生徒への集中的な「強化支援」、ごく一部の永続的な特別支援が必要な児童生徒への「特別支援」の三層から成る早期からの階層的な特別支援を行うことで、教育の充実を図っている。この三層の階層的支援システムに関して、日本で言ういわゆる発達障害（LD、ADHD、高機能自閉症等）に関する研究報告はいくつかあるが（牟田, 2009; 棟方ら, 2010）、知的障害のある児童生徒に関する教育の実態については情報が少ない。

　そこで、フィンランドの初等中等段階における知的障害のある児童生徒のインクルージョンに関する実態について、視察調査を行った。

2）方法
（1）視察期間
　2016 年 11 月 24 日〜 2016 年 12 月 8 日
（2）視察先
　フィンランド国家教育委員会、Mankaan koulu（マンカーン基礎学校；前期中等教育段階のみ）、Kilopuiston koulu（キロプイスト基礎学校；小中一貫校）、Kuoppanummen koulukeskus（クオッパヌンミ学校センター：小中一貫校）、Solakallion koulu〔ソラカリオ（特別支援）学校〕、Huhtasuon yhtenäiskoulu（フフタソン総合学校）、Repokankaan koulu（レポカンカーン基礎学校；初等教育段階のみ）、Varia 職業学校（ヴァリア職業学校）、Kehityvammaisten tukiliitto Ry〔(Eng.)

INCLUSION FINLAND KYTL　障害者支援協会〕、特別支援教育関係の研究者 3 名〔JarkkoHautamäki 教授、Helena Thuneberg 講師（いずれもフィンランド　ヘルシンキ大学）、Raija Pirttimaa 教授、Hannu Savolainen 教授（いずれもフィンランド Jyväskylä 大学）〕

　本稿では、フィンランド国家教育委員会と学校視察の結果について報告した。なお、学校の視察では、特別学級に在籍する知的障害のある児童生徒のインクルージョンの実態を中心にインタビューを行った。

3）結果
（1）国家教育委員会における情報収集

　フィンランドでは障害の有無にかかわらず、全ての児童生徒に特別な教育的な支援を受ける権利があり、進路カウンセリングは全児童生徒に行われ、特別支援教育は通常教育の一環として位置付いている。政府の統計は、障害種別や診断名ではなく、教育的なニーズによる分類（コミュニケーションの困難、集中力の困難、行動上の困難など）によって把握されているため、障害種別の児童生徒の実態については不明とのことであった。

　国連の障害者の権利条約については、他国は批准していても、目標止まりだったりするが、フィンランドは 100％完璧にできてから、批准するという文化性があるとのことであった。インクルージョンについては国の独自の方針があり、インクルージョンとは、全ての子どもへの平等の教育の機会ということだけでなく、全ての子どもの学習の成功を保障する方略と構造がなければならないとしている。

　また、幼児児童生徒（後期中等教育を卒業後も含む）福祉サービス法があり、ソーシャルワーカーや心理士のサービスについて、緊急の場合は、当日もしくは翌日に合わなくてはならないと法律に規定されている。また、緊急でない場合は 1 週間以内となっている。

　2013 年の特別支援（Special Supprot）を受けている子ども（IEP を持っている子どもで、全子どもの 7.3％を占める。2016 年も同様の値）のインクルージョンの実態の内訳は、下記のようになっている。

＊メインストリーミングクラスで全時間過ごす子ども	21%
＊ 51-99％の時間メインストリーミングクラスで過ごす	18%
＊ 21-50％の時間メインストリーミングクラスで過ごす	9%
＊ 1-20％の時間メインストリーミングクラスで過ごす	11%
＊全時間特別学級の分離された場で過ごす（但し、給食などでは交流している）	28%
＊全時間特別学校の分離された場で過ごす	13%

　2016 年現在の特別学校数は 100 校（その内、病院併設の特別支援学校が半分以上で、伝統的な特別支援学校は実際は 50 校以下）で、該当児童生徒人数は 4,000 人以下とのことであった。

　また、2011 年から国は強化支援児の統計調査を開始した。特別支援該当児（7.3%）の割合は国の予算額で制限されている面もあるが、地方自治体で独自に予算を組み、サポートを厚くしているので、強化支援は増えている。

（2）Mankaan koulu（マンカーン基礎学校；前期中等教育段階のみ）

　フィンランドのエスポー市にある 1992 年に設立された前期中等教育段階のみ設置された学校である。この学校の学区は、2 つの初等教育段階の学校の学区を合わせたもので、すぐ隣にその 1 つの学校がある。7 ～ 9 学年生（年齢 13 ～ 16 歳）の生徒 320 名が在籍している。その内、「特別支援」を受けているのは 12 名である。通例は 6 名で 1 つのクラスだが、この学校では 4 人毎で 1 クラスの自閉症特別学級を編成している。教職員数は教員 31 名、教育支援員 9 名である（「特別学級」について、教員たちは Small Class（少人数の学級、小規模学級）という英訳で説明していた。障害種別ではなく、学校裁量で学級編成を行うことができるなど日本との相違もあるので、特別支援学級という日本の行政用語をそのまま当てはめるのではなく、「特別学級」と以降では訳出することとする）。

　3 つの特別学級のほかに、数学の gifted のクラス（エスポー市中から生徒が集まる）もある。去年は gifted クラスに 2 名の自閉症児が入り、特別支援なしで優秀な成績を修めた。

　特別学級在籍児童生徒はみな自閉症だが、カナータイプからアスペルガータイプまで幅広い。国語、算数、理科など通常のコアカリキュラムで学べる子どもは、通常学級での教科の授業に参加することもある。他の児童も、プロジェクトワーク、行事には部分的に参加することもある。

　エスポー市では、5 つの学区に障害別に特別学級を設置し、その専門の特別支援教育教師を配置している。ただし、子どもと親には近くの学校に通う権利があるので、学区を移動したくない場合は、近隣の学校の通常学級に在籍し、取り出し指導を受ける。保育園児の頃から地域のつながりの中で巡回相談を受けながら教育を受けてくるので、このようなケースもよ

図Ⅳ -5-1　通常学級の手工芸の授業に参加した自閉症児の作品

くあるとのことである。もちろん先述した学区以外の他地区からこの学校の特別学級へ通う生徒もいる。

　なお、特別支援教育教師は全ての障害に対応できる専門性を持つ。小中の基礎免許の上に特別支援教育についての資格を取得するので、マンカーン基礎学校の特別支援教育教師は、自分の専門の教科も教えられるし、特別支援教育もできる人材となっている。

　「インクルージョンで一番のキーポイントは何か？」と、校長に尋ねたところ、障害のある子どもが安全な心でいられることが大切で、通常の学級の受容とオープンマインドの環境、障害のある子どもへの十分なサポート（名誉が守られ、褒められる・認められる場となっているか）があることが重要であり、又一方、インクルージョンを通じて、特に低学力の子どもは恩恵を受けるなど、一般の子どもにとっても学びのチャンスとなるだろうとの回答であった。

（3）Kilopuiston koulu（キロプイスト基礎学校：小中一貫校）

　フィンランドのエスポー市にある小中一貫校である。特別学級は7学級あり、在籍児童生徒47名のうち、30名は放課後の学童保育に参加している。教師は8名おり、教育支援員は31名いる。特別学級1学級につき、教師は1名、教育支援員は平均4〜5名である。特別学級の学級編成は子どものニーズによって分け、障害種別にではなく、授業がスムーズに行える編成にする。いわゆる行動問題のある児童生徒のクラス、コミュニケーションにニーズのあるクラス、障害が重度のクラス（知的障害を伴う自閉症のクラス）の3種類があった。通常の学級では異年齢のグループ授業もあるので、障害のある子どもたちは、子どもによって許す限り、行事等での交流や授業に参加するとのことであった。

（4）Kuoppanummen koulukeskus（クオッパヌンミ学校センター：小中一貫校）

　2004年にビヒティ市に設立された、保育園（社会福祉管轄）、初等教育段階と前期中等教育段階、特別学級からなる学校センターであり、600名在籍している。いわゆる小6と中1ギャップはなく、小中学校の9年間、学区の入れ替えはなく、皆同じメンバーで学年を上がっていき、皆互いに知っているので、いじめも少ない。特別学級の子どもは、近隣から通う子どももいれば、15キロ離れた場所から通学する子どももいる。特別学級は全14学級あり、「特別支援」対象児の特別学級は6学級（自閉症児6名の学級、重度障害児6名の学級と他の4学級は8名で1学級で、担当教員は19名いる。この他、障害はないが、支援ニーズ（言語の困難、集中力の困難、行動上の困難）のある子どものための学級（1学級最大10名）が8学級あった。障害のある子どもも、近隣の通常の学校に通うのが一般的で、この流れの背景には国の経済的理由もある。

　校長１名の他、副校長２名がおり、１名は特別支援教育の代表で級外の（フリーの）特別支援教育担当教員であり、もう１名は通常教育を担当している。この特別支援教育を担当する副校長は、宿題やテスト勉強はどのように行えばよいのかメタ認知や自己調整に関連する「学び方を学ぶ授業」も担当していた。

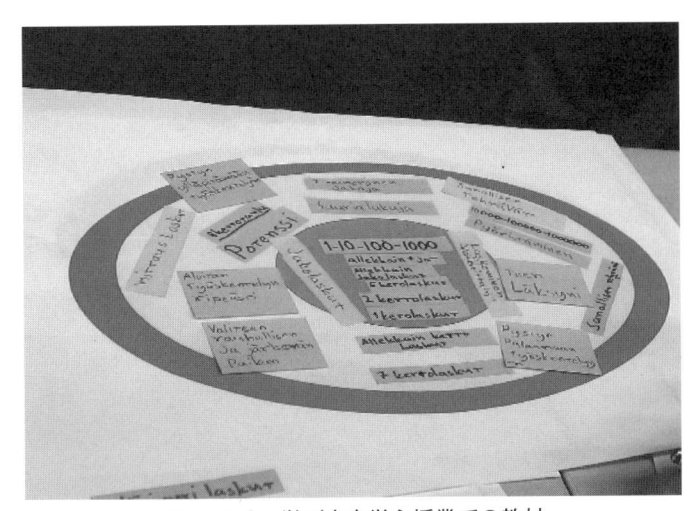

図Ⅳ-5-2　学び方を学ぶ授業での教材
自分の得意な / 苦手な学習内容や方法について内省する。円の外周に行くほど、苦手なことを配置

　この「学び方を学ぶ授業」には、「特別支援」判定の生徒６名と、強化支援対象の生徒２名が参加していた。この授業の学習集団は、固定的なものではなく、生徒のニーズに応じて編成された流動的な学習集団とのことであった。

　この他、低学年の読解力向上のための小グループ（４〜５名）の取り出し指導が教師と教育支援員（有資格）により行われていた。

　通常の学級では、教師２名による協働教授（Co-Teaching）あるいは、教育支援員が配置され、複数の大人が授業スタッフとして参加している形態の授業が多々みられた。

　インクルージョンについての教員に意見を尋ねたところ、読解力が充分でないと、通常学級の授業への参加は学習目標を低くしたとしても難しく、幼少時から共に過ごしていないと特に前期中等教育段階では厳しいとのことであった。安心した環境の中で、自立を目指しており、例えば、知的発達の遅れがあり認知やコミュニケーションにニーズのある９年生の事例では、学習活動の中で自信を持って活動させたいので通常学級の授業に参加することは想定しにくいが、行事や給食のときは近くに座ったり、場の共有などがあり、インクルージョンの取組をしているとのことであった。

　校長のインタビューでは、通常の学級への参加・統合は、機械的にするものではなく、子ども中心の視点にたち、子どもに準備ができているかを見極め、また子どもの

声（思い、望み）を聞くことが重要であるとのことであった。

（5）Solakallion koulu（ソラカリオ（特別支援）学校）

　ヘルシンキ市内にある特別学校である。ホームページの英語版には学校概要について次のようなことが記載されている。要点について箇条書きにまとめた。

- ・この学校は自閉症児や知的障害児（mentally disabled children）のための特別学校で、5-18歳の年齢層の教育を提供している。
- ・就学前教育学校と11年間の義務教育のための包括的な学校（comprehensive school）で、様々な障害を持つ6名の児童生徒からなる9つのクラスがあり、どのクラスにも、特別支援教育教員1名と3名の特別支援アシスタントがいる。
- ・学校のビジョンと価値観は、誰もが学び、教育を受ける権利があることを強調している。
- ・すべての生徒に詳細な個別教育計画（IEP）を立てる。

　この学校では、基礎学校（小中一貫校）との交流を行っていて、学校外の社会の中（地域のセンターなど）で交流を行うのがポイントであるとのことであった。その理由はどちらの子どもにとっても安全な環境を確保するためである。特別学校は特別学校在籍児童生徒にとってはなじみがあり安全な場所であるが、基礎学校の児童生徒にとっては不慣れな場所である。そこで、両者にとって心の安心や安全を確保できる両者が知っている地域のセンターなどで活動を行うとのことであった。交流の成功のためにはコミュニケーション機器が必要であることも指摘していた。フィンランドには、"ティコティキ（Tikkotiki）"と呼ばれるコミュニケーションや支援機器についての支援センター（FAIDDという当事者支援団体が運営）があり、必要な機器のアセスメントやカスタマイズ、購入アドバイスなどを行っている。

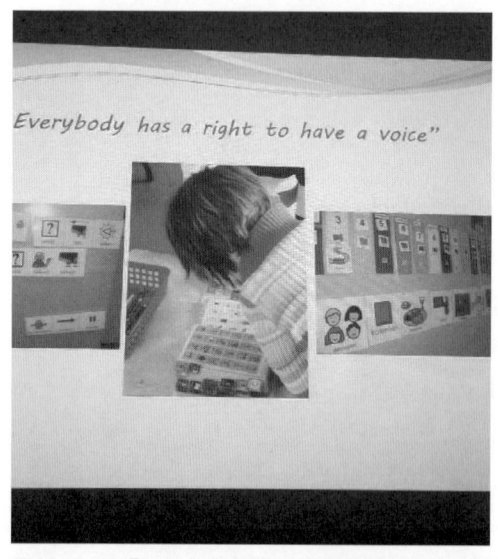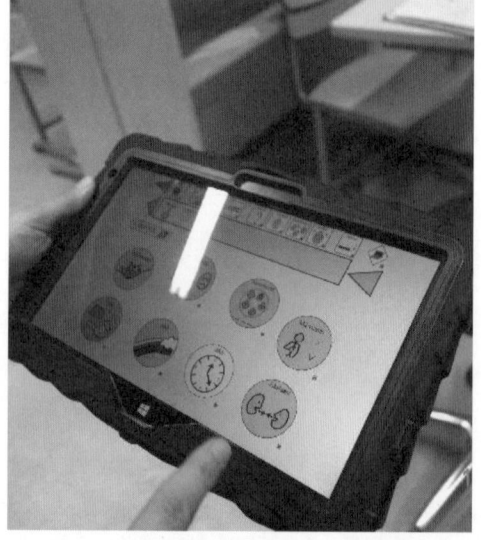

図Ⅳ-5-3 「みんな声を発する権利を持っている」コミュニケーションの手段をどの子どもにも確保するための教材等（左：学校案内PPTから、右：Go talkというコミュニケーションアプリ）

（6）Huhtasuon yhtenäiskoulu（フフタソン総合学校）

　幼稚園、基礎学校（小中一貫校）と、2つの特別支援学校が統合されて、1つの学校として開設された学校である。ただし、対応してくれた特別支援教育教員は、頻繁に英語で「（通常教育の）大きな学校（基礎学校のことを指している）」では、「うちの"学校"（2つの特別支援学校のことを指している）では」と話しており、また校舎についても特別支援教育ゾーンと通常教育ゾーンは玄関、ランチルームは別個にあり、日常的な交流はほとんどない様子であった。2つの教育部門の住所も異なって記されていた。なお、「大きな学校」の児童生徒が、通常カリキュラムを適用している適用の特別学級に"統合integrate"されることもあるとのことであった。

（7）Repokankaan koulu（レポカンカーン初等学校）

　バルカウス（Varkaus）にある初等教育段階の学校である。ただし、7-8年生（中1-2）の特別学級もある。この学校は特別学校と初等教育段階の学校が統合してできた学校で、以前あった特別学級がそのまま残ったものである。弱視の生徒や車いすに乗っている生徒も在籍していた。一般のクラスは、1クラス30名ほどの統合教育クラスによる学級編成をしている。特別支援教育担当の教員と学級担任など複数の教員での協働教授（Co-Teaching）が基本の教授スタイルとなっていた。また、必要に応じて教育支援員が配置されていた。ある低学年のクラスでは、大部分の子どもが算数の授業を受け、同時に隣の教室で7、8名の児童に対し、はさみやのりを使った図工の授業が行われていた。この授業では教育支援員が児童2、3名に対し1名程度の割合でつき、丁寧な指導が行われていた。中には特別な支援を要する児童もおり、きめ細やかな支援を受けることができていた。順に7、8名ずつ取り出していき、全ての児童が小グループで図工の授業を受けるとのことであった。はさみを使った作業など、大人がついてじっくり支援する必要がある学習内容では、このような指導体制をとるとのことであった。

　また、この学校はユバスキュラ大学のサボライネン教授の指導の下、全校で実施している ProKoulu と呼ばれるノルウェー式 の学校規模のポジティブ行動支援プログラム（SWPBS）を取り入れている。なお、この ProKoulu は、応用行動分析と生態心理学とインクルージョンの観点から構築されたプログラムである。

4）各学校におけるインクルージョンの状況のまとめ

　日本の「交流及び共同学習」と同様、特別支援学校の児童生徒が通常の学級の児童生徒と行事交流をしたり、小規模学級（日本でいう特別支援学級のイメージに近い）在籍の児童生徒が学習内容によっては、手工芸、技術、美術、体育、理科、社会等の通常学級での教科学習を受けることもあるとのことだった。交流教科の決定は、第一

にその児童生徒が安心して授業に参加可能かということと、仲間関係の構築よりも学業的な達成度が重視されて決定されることがどの視察校でもうかがわれた。あいにく視察校では合科的な授業は見られなかった。

　通常の学級での授業では、障害や子どもの発達に関する専門的な免許を持つ教育支援員が特別な支援が必要な子どもに付き添い、支援している様子が見られた。また、特別支援教育の専門教師と通常の学級担任とによる協働教授（Co-Teaching）の指導体制が組まれていた。

　フィンランドでは、近年、特別支援学校を廃止し、小中学校と統合して学校センターや総合学校として開校する学校が増えている。この場合、特別支援学校は小規模学級としてその学校に位置づく。従って、形態としては小中学校と同じ校舎の一角にある特別支援学級のようなイメージなのだが、在籍する児童生徒の障害の程度は重度から軽度までと様々である。また学級の設置は障害種別ではなく、その学校の状況に応じて学校が独自に編成を決定してよいとのことであった。Huhtasuon yhtenäiskoulu（フフタソン総合学校）では、情緒面や行動面の困難があり、下学年相当であっても教科書を使用しての学習が可能な児童生徒を集めた特別学級も設置されていた。ここには脳性麻痺のある生徒も在籍していた。

5）考察

　日本の「交流及び共同学習」のような取組は、フィンランドの特別学級在籍の児童においても行われていた。また知的発達の程度がより軽度だったり境界域にある児童生徒は通常の学級に在籍して特別な支援を受けていることが視察より推察されたが、教員の障害種別や医学的な診断名での分類に対する意識は薄く、「知的障害があって通常の学級で学んでいる児童生徒」という尋ね方では明確な回答を得ることができなかった。

　視察校では、通常の学級の授業への参加は、障害のある子どもの心の安全や学習面での到達度を重視して決められており、知的発達の遅れの程度が重度の児童生徒が教科学習において交流することはないようであった。合科的な授業を参観することはできなかったため、教育課程が合科的な授業を推進していることとインクルージョンの進み具合に関係性があるかどうか現段階では判断できない。

　今後は、通常の学級に在籍している知的障害の児童生徒の状況の把握や、専門性のある教職員が協働教授（Co-Teaching）をどのような役割分担を行いながら進め、特別な支援の必要な子どもたちへの指導支援を充実させているのか、さらなる情報収集とより詳細な分析が今後必要である。

（涌井　恵）

6 ┃ 知的障害のある子どものインクルーシブ教育場面における指導内容・方法に関する平成 29 年度視察報告

1）はじめに

　平成 28 年度の視察から、フィンランドにおける知的障害のある児童生徒のインクルージョンに関する状況等についての情報を得ることができた。平成 29 年度の調査では、フィンランドにおける知的障害のある児童生徒の 1 日の学校生活の視察と、教育行政の関係者からの聞き取りから、フィンランドにおける知的障害のある児童生徒のインクルージョンに関する情報を深めることとした。

2）方法
（1）視察期間
　2017 年 8 月 28 日～ 9 月 1 日
（2）視察先

　Kuoppanummen koulukeskus（クオッパヌンミ基礎学校；小中一貫校）、Vihti（ビヒトー）市学校教育課、Kuitinmäen koulu（クイティマキ）基礎学校（小中一貫校）、Espoo（エスポー）市学校教育課、Postipuun koulu（プープイスト）基礎学校（小中一貫校）

3）結果
（1）Kuoppanummen koulukeskus（クオッパヌンミ基礎学校：小中一貫校）の授業視察

図Ⅳ -6-1 クオッパヌンミ基礎学校（小中一貫校）

図Ⅳ -6-2　特別学級の様子

　クオッパヌンミ基礎学校（小中一貫校）に設置されている特別学級（特別な教育的ニーズのある児童生徒が参加する学級。特別な教育的ニーズは障害を背景とするもの

に限らない）での授業を2日間参観した。また、軽度特別学級を担任する Ms. Mari Kujansuu-Väri（マリ　クヤンスー・バリ）特別支援教諭から1日目の放課後に1時間程度、学校の状況について聞き取りをした。①は聴き取り内容からまとめた。

① クオッパヌンミ基礎学校（小中一貫校）における特別教育

　クオッパヌンミ基礎学校（小中一貫校）において、特別なニーズのある子どもは例えば、会話の苦手さからの自己主張の困難、言語理解の困難、自らの感情コントロールの困難、自立してできる行動の少なさ、といった課題を有していた。特別教育で育成を目指す力は、フィンランド国家が示している「全国基礎教育課程基準」について、市が示した、「全国基礎教育課程基準」を具体化した枠組みに基づき、学校で指導目標や内容を計画していた。特別なニーズのある子どもに対して育てたい力は、日常生活スキル、ソーシャルスキル、情動、相互作用、コミュニケーション、言語としていた。

　特別なニーズのある子どもの学級は、教科横断型の授業を中心とした Koko（ココ）と呼ばれる学級（以下、ココ学級とする）と、教育目標を下げた学級の2種類があった。教科横断型のカリキュラムは、フィンランドでは2016年に示された新カリキュラムで提示された。教科横断型のカリキュラムを取り入れた学級は、クオッパヌンミ基礎学校以外の全ての学校に設置されてはいないが、従前から教科横断型のように授業を組み立てていた特別教育学級は少なくないとのことであった。

　ココ学級の授業構成は、例えば、読み書きに関する授業時間では国語に固有の力のほかに、他の子どもと協力する力を伸ばすことや、算数の時間に計算することを、日常生活に即した活動設定の中で教えるなどを行っていた。それに対して、教育目標を下げた学級では、通常の学級とほぼ同様の教科書を用いて、通常の学級と同じ内容を学んでいた。通常の学級と異なる点は、内容は同じでも扱う課題の量や難易度が異なり、例えば、教書では練習問題の数が少なくなっている、問題がより簡単になっているといった違いがあった。

図Ⅳ-6-3　通常の学級の教科書と目標を下げた学級の教科書

　教員の指導力向上に関しては、近年はソーシャルネットワークを利用して、ヨーロッパの教員間で指導方法等についての情報交換を適宜行っている。また、校内の教員で希望者が、互いの授業を見て、見た授業について意見交換する場を設けている。それ以外では、市が主催する、年に最低3回は参加することが義務付けられている研修がある。

　校内の特別教育の体制については、生徒福祉サービスと呼ばれる専門家チームを設置していた。チームの参加者は、特別教育の担当教員、スクールサイコロジスト、スクールソーシャルワーカー、ST、PT であった。特別なニーズのある子どもの指導目標は、特別教育の担当教員と専門家チームが協働して決めていた。

② 授業の視察

　まず、1年生〜5年生の子ども8名が参加する学級での、朝の会を参観した。朝の会の内容は、挨拶、歌、出席チェック、各児童の名前呼び（音の数に合わせて手を叩きながら呼ぶ）、各児童が今日の自分の気分をイラストから選択、係の児童による日付のチェック、教員から各児童への「週末に何をしたのか」の質問、が行われた。

　次に、6年生〜9年生の子ども9名が参加する学級での、体育の授業を参観した。体育では走高跳と走幅跳が行われ、徐々に跳ぶ高さや距離を伸ばしつつ、それぞれの高さや距離に挑戦するかどうかを、子どもが選択していた。跳ぶことに挑戦しない場合は、他の子どもが挑戦する様子を見学していた。

　その後は、4年生〜7年生の子ども7人が参加する軽度障害を対象とした、ココ学級を参観した。この学級の参観は、特別な教育的ニーズのある子どもの学校生活の様子を知るために、2日間とも参観した。

　1日目は読み書きの授業と、ソーシャルスキルを学ぶ授業が行われていた。読み書きの授業では植物の名前を読み上げたり、ノートに書いたりすることを、集団活動を通して行っていた。2名の子どもは別室で教育支援員と共に読み書きを学習していた。ソーシャルスキルを学ぶ授業は7名全員が参加したが、1名の子どもは直前の休み時間に通常の学級の同級生と口論になったことから、その子どもと教員で話し合い、教室の隅にある落ち着くためのスペースにいることとなった。授業内容は、集団でのフラフープくぐりなどを行いながら、子ども同士で協力すること等について学んだ。

　2日目は、技術、読み書き、自分の歴史に関する授業を見学した。技術の授業は7名全員が参加し、玩具となるものを木工作業や色塗りを通しながら作成した。授業の途中で1名が生徒会活動に教育支援員と共に参加した。読み書きの授業では、2名の子どもは別室で補助教員と共に授業を受け、その2名の授業を参観した。内容は身近なものの名称を書くことを学んでおり、軽度特別学級で5名の子どもが受けている読み書きの内容を、より簡単にしたものであった。自分の歴史に関する授業は、他の特

別学級の子どもと共に受けており、個々の子どもが自分のこれまでの生い立ちを、写真などを使ってまとめることを行っていた。

（2）Vihti 市学校教育課　Ms. Marjo Ojajärvi（マリヨ　オヤヤルビ）学校教育課 代表との面談

　本面談は 30 分程度で、Vihti 市の特別教育について聞き取りを行った。フィンランドでは 2010 年から、全ての学校に特別なニーズのある子どもが在籍する学級を設置するようになった。また、市内には hope 学級という病気の子どもが通う学級や、mopo という学校恐怖症の子ども等が通う学級が設置された学校もある。以下はマリヨ　オヤヤルビ氏からの話をまとめたものを記述する。

　「市内における特別なニーズのある子どもの数は、増加傾向にある。そのため、特別学級を担当する教員の養成が課題となっている。特別な支援が必要な子どもには、学習への集中が困難な子ども、行動面や情緒面で問題がある子ども、家庭内に緊急な出来事があり（両親との死別など）、学習への集中が難しい子ども等が含まれている。

　特別学級を担当する教員は、通常の学級を担当しつつ、大学に通いながら特別な教員免許を取る例が多い。また、市では年 1 回、全ての教員を対象にした、特別教育のセミナーや、特別支援の教員向けのセミナーを行っている。そのほかに、各学校が校内で研修日を設定したり、校長判断で各教員が自主研修に参加したりしている。

　また、学校教育課は、各学校が特別なニーズのある子どもに十分な教育を提供できるよう、各学校に教育支援員を十分な数、雇うよう働き掛けている。しかし現状では、教育支援員の数は不足しており、学校教育課は校長に更に働き掛けている。」

　その他、階層的支援についても話を聞いた。第 2 層（強化支援）は生徒の保護者と共に個別の学習計画を作成する、第 3 層（特別支援）では個別の教育計画に加えて、少人数の学級などを利用するようにしている。階層的支援の考えが広がったことで、各学校で個々の児童に対して、段階的に支援を行うようになったと思われる。

（3）Kuitinmäen koulu（クイティマキ）基礎学校（小中一貫校）の授業視察

　クイティマキ基礎学校（小中一貫校）では、7 ～ 10 年生の特別学級においての、生態系を扱った授業と、6、7 年生の特別学級においての、数学を扱った授業を参観した。いずれも 6 人の子どもが参加しており、1 人の教員と 2 人の教育支援員が担当していた。生態系を扱った授業では、フィンランドの植物や動物について、カードゲームを行いつつ学んでいた。数学を扱った授業では、タブレット端末のゲームアプリで、繰り上がりの足し算について学んでいた。

（4）Espoo（エスポー）市学校教育課訪問

　エスポー市の学校教育課には約 2 時間訪問し、特別教育プランナーからエスポー市内の特別なニーズのある子どもに対する教育の現状について、中学校の特別教育の担

当教員から自らの実践について、それぞれ説明と質疑応答を行った。特別教育プランナーは市内の特別教育についての計画のほか、要請のあった学校と、特別教育について協働で計画している。以下は説明の内容をまとめたものを報告する。

図Ⅳ -6-4　クイティマキ基礎学校（小中一貫校）概観

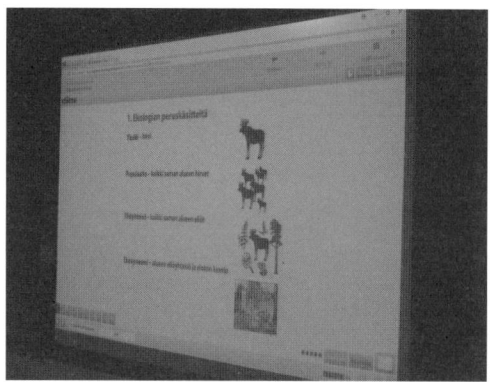

図Ⅳ -6-5　授業で使用された教材

① エスポー市内の特別教育の現状

　市内の現状について、市内には初等教育段階の基礎学校44校、前期中等教育段階の基礎学校14校、基礎学校（小中一貫校）15校、特別学校3校、病院内の1学級がある。エスポー市で特別なニーズのある子どもへの教育は、教科を中心とした通常学級での学び、市内4つの区にそれぞれ設置されている特別教育を専門とした学級での学び、市が運営する地域の学校における特別学級がある。また、自閉症に特化した学級が4つある。

　2017年8月1日で、市内の児童生徒数は27,801人であり、その内の2,200人が階層的支援の第3層（特別支援）に当たる支援を受けている。さらに、その中の252人は通常の学級で授業を受けている。エスポー市においても、特別なニーズのある子どもの数は増加傾向にあり、その理由は、早期発見の技術が進んだことなどが考えられている。

　特別なニーズのある子どもの早期発見は、生後数か月、2歳、4歳、5歳の段階で、保健師や医師といった専門家により、スクリーニングしている。また、年に2回、市内の全ての児童生徒に対して、国語、算数のテストを行っており、その結果から学習困難のある児童生徒をスクリーニングしている。

　エスポー市では階層的支援を、担任と保護者で個別の学習計画を作成する児童生徒を第2層（強化支援）に、専門家と個別の教育計画を作成し、少人数学級での指導を検討する児童生徒を第3層（特別支援）に位置付けている。目標を下げた学級に在籍する児童生徒は、第2層（強化支援）に当たる。階層的支援の導入により、大きく教育の仕組みが変わったわけではない。しかし教員が、早期から特別なニーズのある子

どもに、ユニバーサルな教育支援で対応するなどの意識は広まったと考えられている。

② **エスポー市中学校特別教育担当教員からの報告**

エスポー市中学校の特別教育担当教員は、軽度特別学級で4人のダウン症児と2人の軽度の特別なニーズのある子どもを、1人の担任と、2人の教育支援員で担当していた。国語、英語、数学、物理、化学などといった教科を、少人数の軽度特別学級で学ぶようにしていた。少人数の個々の子どもに対して、個別の教育計画を作成し、各教科で目標を設定していた。学習面に関しては、子ども同士が協力しながら学ぶことを中心としており、日常生活面に関しては、子どもが自らでできることを増やすよう指導していた。また、子どもがすぐに自らで行うことが難しいスキルについては、そのスキルに対してどのような援助があれば子どもができるかを評価していた。さらに、小学校のときから子ども本人が意思決定する機会を作るようにしており、自分が得意な学び方や、自分ができることの自己理解を促していた。保護者との情報共有については、ビルマというインターネットを介してやり取りできる連絡帳のようなものを使用していた。

（5）Postipuun koulu（プープイスト）基礎学校（小中一貫校）の訪問

プープイスト基礎学校（小中一貫校）では、校長先生より約1時間程度、校内の現状について聞き取りを行った。プープイスト基礎学校（小中一貫校）は、2015年に特別学校と合併した。その背景には、フィンランドにおける通常教育と特別教育の合併の傾向があり、このような傾向は、保護者のインクルージョンへの要望の高まりから起こったとのことであった。校内の特別教育については、軽度の特別学級、重度の特別学級、目標を下げた学級のほか、多動がある子どもの学級があった。多動がある子どもの学級では、早期から落ち着いた学習の練習をして、なるべく早く通常学級に参加することを目指していた。校内では月1回の事例研究を行っており、そこで特別教育の担当教員や教育支援員の専門性の向上を目指していた。また、専門家チームにも参加している学校心理士に、適宜、特別教育について相談するようにしていた。

なお、フィンランドは特別なニーズのある子どもが通常学級で学ぶことを進めていた時期があったが、現在では、特別なニーズのある子どもは少人数の学級で、落ち着いて力を身に付けることが目指されていた。本人に教育効果が望める場合、通常学級の授業に参加することはあるとの情報が得られた。

4）まとめ

本視察では、フィンランドにおける知的障害のある児童生徒の1日の学校生活の視察と、教育行政の関係者からの聞き取りを行った。視察からは、フィンランドにおける知的障害のある児童生徒には、障害のある児童生徒の中で学ぶ時間も、障害のない

児童生徒と共に学ぶ時間のいずれも設定されていたことが分かった。その背景には、特別なニーズのある児童生徒に対する教育効果を優先して考え、その上で可能な限り障害のない児童生徒と共に学ぶ時間を設定しているためであることが、聞き取りから推察された。これは日本のインクルーシブ教育システムにおける、同じ場で共に学ぶことを追求するとともに、個別の教育的ニーズのある幼児児童生徒に対して、自立と社会参加を見据えて、その時点で教育的ニーズに最も的確に応える指導を提供できる、多様で柔軟な仕組みを整備すること、と共通する考えであると捉えられる。

　そのため、障害のある児童生徒個々の教育的ニーズの十分な実態把握に基づき、何の教科をどこの学級で学ぶのか判断することが重要となる。これには、実態把握とそれに基づく教育計画の作成などに関して、教師や外部専門家に高い専門性が求められると考えられる。学校教育課や学校の聞き取りから、各学校における授業研究やソーシャルネットワークを活用した教育に関する情報収集を通して、教師が特別なニーズのある児童生徒の指導に関する専門性向上に向けて尽力していることが分かった。個々の児童生徒の教育的ニーズに応じた指導のためには、このような教師の専門性向上のための様々な取組を検討することが重要と考えられる。

（神山　努）

7 ｜ 研究 3-1 のまとめと課題

　フィンランドでは、特別な支援の必要な子どもへの教育は通常教育の一環として行うものとして位置づけられている。教育の場ではなく、支援の度合いと頻度によって分けられた、「一般支援」、「強化支援」、「特別支援」の三つの段階からなる階層的支援システムが採られており、障害があると判定される前から柔軟に必要な指導や支援を提供できるシステムがある。障害のある子どもの支援について専門的に学んだ支援員が必要に応じて通常学級や特別支援クラスの授業において支援を行ったり、学級担任をもたないフリーの特別支援教育の専門性をもった教員が各小・中学校には配置されていて通常学級で協働教授（Co-Teaching）を行ったり、少人数指導を行ったりすることができる人的配置がなされている。

　このような柔軟性のある三層の支援システムにより、日本でいう知的発達の程度が軽度から境界域にある層の子どもは、学力向上の恩恵を受けているのではないかと推察される。

　通常学級の授業に参加するかどうかは、まず第一に子どもの心の安全を考え、また通常学級における教科学習の内容・単元がちょうどその子どもの学習ニーズに合致し、そこで学んだ方が成長が見込まれれば、通常学級での学習に参加するということ

であった（学年ではなく、学習内容を軸に考えるので、上・下学年のクラスに入ることもある）。このような方針から、認知に教育的ニーズのある子ども（日本でいうと知的発達の程度が中度から重度の子どもに該当すると推察）は技能教科の交流もある場合もあるが、日常的な交流が中心であった。

なお、本稿では通常学級という用語を用いているが、厳密にいえばフィンランドでは通常学級における学級編制は、1999年に国レベルの基準が廃止されて以降、自治体や学校に裁量が委ねられてきた。ただし、特別支援学校・学級（Erityiskoulu：エリテュイスコウル、Erityisopetusryhmä：エリテュイスオペトゥスリュフマ）は、学級編制基準の廃止において、唯一の例外とされ、原則として、1学級10名以下とされた1999年以前の学級編成基準（表IV-1-8参照）が、今なお適用されている。

そして、学級編制などの意で用いる際の「学級」に相当する語としては、「学習グループ」を意味する「オペトゥスリュフマ」（Opetusryhmä）という言葉を用いることが一般的である。フィンランドでは、学級という概念はあるものの（特に、初等教育段階）、教科の特性に合わせて、「学習グループ」の編制を変えたり、同一教科であっても、教育内容に合わせて、異学年編制による授業や協働教授（Co-Teaching）など多様な授業形態を用いたりすることから、固定的な形ではなく、柔軟な「学習グループ」編制が行われており、日本のような固定的な学級集団の中でいわゆる通常学級の子ども達が生活しているわけではないことを指摘できる。

そのため、通常学級の子ども達と知的障害のある子どもの人間関係の深まりについては、今回の視察調査のみから判断することはできないが、今後は所属する学習グループのメンバーについても加味した分析が必要であろう。

（涌井　恵）

註
1）2017年の視察調査では、小学校と中学校が別々の場所にある場合もあった。
2）Basic Education Act（628/1998），Basic Education Decree（852/1998），Government Decrees on the national goals of education and distribution of lesson hours in basic education（422/2012）and（378/2014），and Government Decree amending the Basic Education Decree（423/2012）．
3）Section 9（3）of Government Decree（422/2012）．
4）Section 18（1）of the Basic Education Act．
5）Section 17（2）of the Basic Education Act（642/2010）．

引用・参考文献
第IV章3
＜法令関係＞
Kuntalaki（365/1995）．
Laki kunnan peruspalvelujen valtionosuudesta（1704/2009）．
Opetus- ja kulttuuriministeriön asetus yliopistojen perusrahoituksen laskentakriteereistä（182/2012）．

Perusopetuslaki（628/1998）.

Perusopetusasetus（852/1998）.

Valtioneuvoston asetus perusopetuslaissa tarkoitetun opetuksen valta- kunnallisista tavoitteista japerusopetuksen tuntijaosta（422/2012）.

Valtioneuvoston asetus perusopetuslaissa tarkoitetun opetuksen valtakunnallisista tavoitteista ja perusopetuksen tuntijaosta annetun valtioneuvoston asetuksen 5 ja 7 §:n muuttamisesta（153/2017）.

＜書籍・学術論文など＞

Kuntaliitto（2007）*Perusopetuksen yks:kköhinta vunna 2008,8,10,2007.*（Kuntaliitto 氏提供）

Opetushallitus（2015）*Lukion opetussuunnitelman perusteet.* Helsinki: Next Print oy.

Opetushallitus（2014）*Curriculum in Finland.*（Irmeki Hallinen 氏提供）

Opetushallitus（2014）*Esiopetuksen opetussuunnitelman perusteet.* Tampere: Juvenes Print Suomen Yliopistopaino oy.

Opetushallitus（2014）*Perusopetuksen opetussuunnitelman perusteet.* Helsinki: Next Print oy.

Opetusministeriö（2008）*Peruskoulun opetusryhmät.* Helsinki: Opetusministeriö.

Tilastokeskus（2017）*Oppilaitosten määrä laski edelleen, peruskoulut aiempaa suurempia.* in Tilastokeskus HP.

　http://www.stat.fi/til/kjarj/2016/kjarj_2016_2017-02-14_tie_001_fi.html（アクセス日 2018 年 1 月 25 日）

渡邊あや（2016）フィンランドにおけるインクルーシブ教育システム構築の現状．国立教育政策研究所編，インクルーシブ教育システム構築に向けた学校施設に関する基礎的調査研究（報告書）．40-49，国立教育政策研究所．

渡邊あや（2015a）フィンランド．国立教育政策研究所編，諸外国の教員数の算定方式に関する調査報告書．79-85，国立教育政策研究所．

渡邊あや（2015b）フィンランド－「全ての子供に質の高い就学前教育を」という目標を掲げ義務化．国立教育政策研究所編，諸外国における就学前教育の無償化制度に関する調査研究．95-110，国立教育政策研究所．

渡邊あや（2013）先行事例からの示唆：フィンランド．国立教育政策研究所編，資質能力の包括的育成に向けた教育課程の基準の原理，102-116．国立教育政策研究所．

渡邊あや（2009）フィンランド－社会的包摂の一翼を担う学童保育．池本美香編著，子どもの放課後を考える－諸外国との比較でみる学童保育問題－．73-89．勁草書房．

第Ⅳ章４

Eurydice（2017）Finland: Early Childhood Education and Care（last modified on 3 January 2017, at 16:00.）.

　https://webgate.ec.europa.eu/fpfis/mwikis/eurydice/index.php/Finland:Early_Childhood_Education_and_Care

Eurydice（2017）Organisational Variations and Alternative Structures in Single Structure Education（last modified on 3 January 2017, at 16:06.）.

　https://webgate.ec.europa.eu/fpfis/mwikis/eurydice/index.php/Finland:Organisational_Variations_and_Alternative_Structures_in_Single_Structure_Education

Finnish National Agency for Education（2017）Education in Finland.

　http://www.oph.fi/download/175015_education_in_Finland.pdf

Finish National Board of Education（2016）National Core Curriculum for Basic Education 2014. Finish National Board of Education.

Finnish National Board of Education（2014）National Core Curriculum for Basic Education. Finnish National Board of Education.

フィンランド大使館（2014）フィンランドで学ぶ（2014 年 5 月 5 日更新）

http://www.finland.or.jp/public/default.aspx?nodeid=46063&contentlan=23&culture=ja-JP

フィンランド大使館（2016）フィンランドの学校がこう変わる！ Q&A10 選（2016 年 8 月 31 日配信）

http://www.finland.or.jp/public/default.aspx?contentid=350772

小曽湧司・是永かな子（2016）フィンランドにおける段階的支援としてのプロコウルプロジェクト . K 高
　知大学学術研究報告 . 第 65 巻, 43-53.

教育文化省・国家教育委員会・CIMO（2013）フィンランド教育概要 . 教育文化省・国家教育委員会・
　CIMO 発行 .

　http://www.oph.fi/download/151277_education_in_finland_japanese_2013.pdf

OECD（2005）. Students with Disabilities, Learning Difficulties and Disadvantages: STATISTICS AND
　INDICATORS.
第Ⅳ章5

棟方哲弥・海津亜希子・玉木宗久・齊藤由美子（2010）諸外国における発達障害等の早期発見・早期支援
　の取り組み：米国，英国，フィンランドを中心に . 国立特別支援教育総合研究所研究紀要 , 37,17-45.

牟田悦子（2009）フィンランドにおける特別ニーズ教育 − PISA での成功の一要因としての観点からの検
　討 − . LD 研究 , 18(2),174-188.
152

V 研究 3-2 スウェーデンにおける知的障害のある子どものインクルーシブ教育の実際

　本節では、スウェーデンにおける知的障害がある子どもと知的障害のない子どもの交流及び共同学習について考察する。そのためにまず、スウェーデンの通常教育及び障害のある子どもの教育全体の法的な枠組みや、教育課程、予算面の情報について整理する。次に、スウェーデンにおける知的障害教育について、公表されているデータと知的障害特別学校長に対する聞き取り調査の結果等をふまえて概説する。最後に、知的障害のある子どものインクルーシブ教育場面における指導内容や指導方法について、公表されているデータと知的障害特別支援学校における聞き取り調査から得られた事例をもとに、概説する。

1 通常教育全体の法的な枠組み、教育課程、予算等

1）学校系統図とその説明、就学年齢、小中高のシステム、就学猶予、他民族への対応など

　まず、次頁にスウェーデンの学校系統図について示す（図 V -1-1）。

　子どもが生まれたとき、両親を対象に 450 日の産後有給休暇が保障されるため、0 歳児保育はほとんどない。また幼・保一元化されているため、1 歳以降は統合的な「就学前教育」を受ける。

　学校就学は 7 歳であるが、6 歳児は「就学前学級（Förskoleklass, 0 学年）」として学校に就学することが可能である。例えば 2011 年度には基礎学校の 96％の子どもが 6 歳時に就学前学級入学として学校に就学した（Government Offices of Sweden Ministry of Education & Research, 2011）。

　通常教育は 9 年間の義務教育学校としての基礎学校（Grundskolan）、3 年間の高等学校（Gymnasieskolan）、大学等によって構成されるが、国民高等学校（Folkhögskola）や基礎自治体立成人教育学校等（Komvux）、社会教育としての成人教育機関も充実

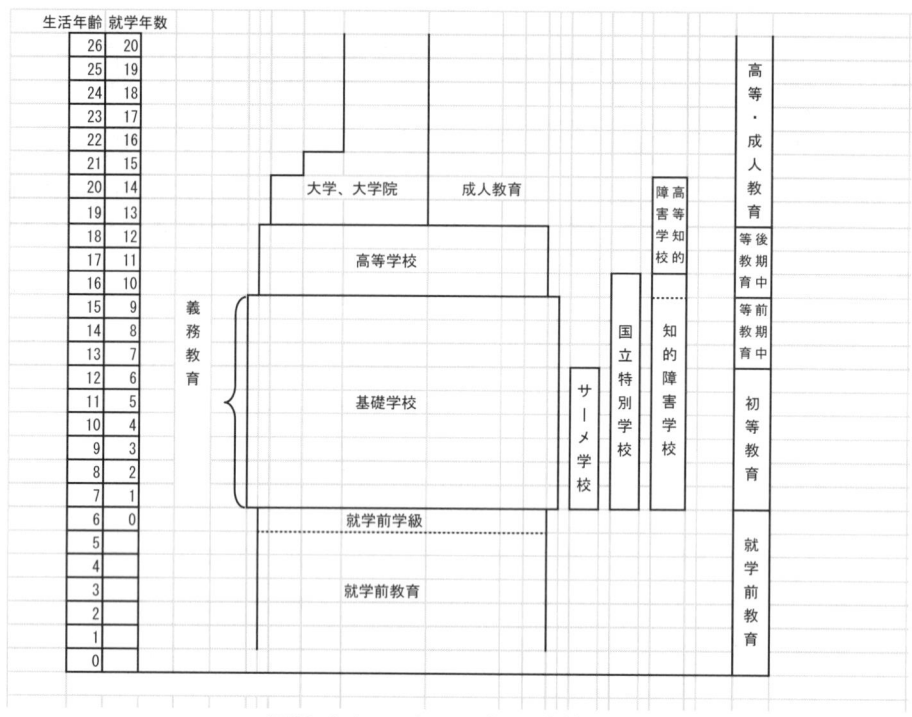

図Ⅴ-1-1　スウェーデンの学校系統図

している。就学猶予に関しては、就学年齢を7歳ではなく6歳や8歳に個別に変更申請をすることも可能である。

　学校教育は大学院も含めて授業料は非徴収、学校進学は入学試験ではなくそれまでの成績評価による判断が前提であるため、いつでも学び直すことができるリカレント教育（義務教育や基礎教育を終えて労働に従事する職業人になってからも、個人が必要とすれば教育機関に戻って学ぶことができる教育システム）が保障されている。

　特別教育も学校就学は7歳である。特別学校としては、国立聴覚障害・重複障害学校（Specialskolan）が10年間、基礎自治体立知的障害特別学校（Grundsärskolan）が9年間（10年間に延長可）、知的障害高等学校（Gymnasiesärskolan）が4年間、別体系で保障されている。

　国民高等学校や基礎自治体立成人教育学校等の成人教育機関でも、障害のある人を対象とした特別コースや特別学校が設置されている。知的障害のある子どもの学校制度に関しては、本章の『2「障害のある子どもの教育」とくに知的障害教育の概要』の所でも再度言及する。

　他民族への対応については、少数民族サーメ人のための国立サーメ学校が6年間保障されている（2016/17年度には5校設置され、152人が就学）。

　他民族への対応として、移民/難民の教育保障について以下に示す（是永・田村，

2017)。スウェーデンでは歴史的に移民・難民受入れに寛容な政策をとっていたが（林，2016）、急変する世界情勢に、度重なる制度変更が求められている。さて、ここでスウェーデン移民庁（Migrationsverket）やスウェーデンの法律に基づいて「移民（Invandrare）」と「難民（Flykting）」の定義を確認しておく。「移民」とは、母国若しくは居住国から離れ、スウェーデンに移住してきた人のことである。よってスウェーデン国籍、若しくはスウェーデン国籍を含む複数の外国籍を保持している人を指す[1]。また近年は「ニューカマーとしての移民（Nyanlända invandrare）」という表現も用いる[2]。全て移民はスウェーデン政府が管轄する組織に登録されている。移住する主な理由は、多種多様ではあるが、おもに就労、就学、親族、結婚、同棲制度（Sambo）[3]があると考えられる。一方「難民」とは、国際連合が定める難民条約、スウェーデンの移民に関する法律やEU（欧州連合）法によると、「人種、国籍、宗教、若しくは特定の社会的集団の構成員であること、または政治的見解を理由に迫害を受けるおそれがあるという十分な危険性を有するために、国籍国外にいるものであって、その国籍国の保護を受けることができない者またはそのような恐怖を有するためにその国籍国の保護を受けることを望まない者」と定義されている[4]。

　またスウェーデンは成人の難民のみならず、同伴者のいない18歳未満の「単身未成年難民（Ensamkommande barn）」[5]の問題も抱えている。国連の児童の権利に関する条約（Barnkonvention）によると、18歳未満は全て子どもと定義する。よって単身未成年難民とは18歳未満で保護者や法的な後見人（Godman）としての同伴者のいない難民を意味する（Göteborgs Stad, 2014）。施設の単身未成年難民は、一部の例外をのぞいて、子どもの年齢に応じて公立の学校に就学する。難民申請期間も単身未成年難民には学校に通う権利があり、スウェーデンで生まれた子どもと同様に教育権が保障されている[6]。

　スウェーデンに来て間もなく、かつスウェーデン語が母語でない子どもは、通常学級に直接就学するのではなく、まずスウェーデン語に特化したコースに通う。それらのコースは一般的に言語導入コース（Språkintroduktion）と呼ばれる。学校によってコースの教科内容や教科時間は異なるが、スウェーデンの学校教育法に基づいて、各学校が設置している。言語導入コースを修了すると、通常の中学校若しくは高校で勉強する権利が得られる[7]。

　例えば単身未成年難民施設職員を対象に行った聞き取り調査では、単身未成年難民（17歳のアフガニスタン人男性）が通う高校での会議で、学校の教職員は以下のように高校での修学コースを説明していたとのことであった。

　「高校の通常コースは三段階に分かれる。第一段階はスウェーデン語、母語、数学、体育に集中した時間割が作成される。次の段階に進むためには、子どもはテストを受

けて合格しなければならない。第二段階では、第一段階での教科に加え、社会系科目が加わる。次の段階に進むためには、各教科のテストで合格しなければならない。最後の第三段階では、既存の教科に加え、理系科目が加わる。この段階になると各教科に成績がつく。子どもによって学習進度は異なるが、全ての段階を修了するのに2学期から4学期（1年から2年）かかると学校側は予測している」と。

学級では「担任（Mentor）」が決まっており、学校と単身未成年難民施設は校長も含めた「学校ケアチーム（Elevvårdteam）」を中心に連携をはかる。言語理解の課題もあるため、学校でも重要な議題のときには、本人と共に通訳を交えて会議を行う。スウェーデンでは外国人の背景のある子どもは「母語教育」を受ける権利がある。しかし「母語教員」を見つけることが難しい状況もある。

難民はスウェーデン語が話せない、母国での就学経験がない等の学習保障上の課題も抱えていることも指摘され（本所，2016）、難民の多くはストックホルム、イェーテボリ、マルメ等の大都市を中心に移住している[8]。

このように、増え続ける移民／難民への教育的支援は、母語教育の保障や準備学級（スウェーデン語が十分に理解できない子どもの通常学級への移行支援グループ編成）がある。2017年8月に基礎学校教員を対象に行った聞き取り調査では、近年の傾向として、特別な集団での準備教育を経て通常学級に就学するよりも、直接通常学級に就学して、必要に応じて母語教員の支援を受ける基礎自治体の方針転換を行う事例が増えているそうである[9]。

上記のような、移民／難民やADHD、知的障害のない自閉症などの子どもは通常学校において特別な支援（Särskilt stöd）の対象となる。特別な支援は、後述する対応プログラム（Åtgärdsprogram）の作成［2013/14年度は12.2％の基礎学校の子どもに作成していたが、2014年の学校法の改定により、対応プログラム作成の前段階として「追加調整（Extra anpassningar）」という支援形式を導入したため、その対象割合は低下し、2016/17年は基礎学校の5％の子どもを対象に対応プログラムを作成している[10]］、個別指導（Enskild undervisning）の保障（2016/17年は基礎学校の1％の子どもを対象に実施）、特別な教育集団（Elever i särskild undervisningsgrupp）の編成（2016/17年は基礎学校の1.2％の子どもを対象に実施）、補償教育（Anpassad studiegång）（2016/17年は基礎学校の0.9％の子どもを対象に実施）などを意味している。具体的には、特別な時間割の編成、特別な学習の場の保障、加力支援、課題着手のための支援、文書理解支援、カスタムソフトウェアを搭載したデジタル機器や追加教材の提供、追加のスキル練習の保障、個別の特別教育の取組などがなされている。移民／難民の場合には母語による修学指導（Studiehandledning på modersmål）も行われる（2016/17年は基礎学校の2.9％の子どもを対象に実施）。

2）通常教育と特別教育の教育課程

　カリキュラムの基準（ナショナルカリキュラム、教科書等）について、直近のナショナルカリキュラムは、1998 年制定の就学前学校学習指導要領（2016 年一部改訂）（Skolverket, 1998）、2011 年制定の就学前学級、基礎学校、学童保育学習指導要領（2017 年一部改訂）（Skolverket, 2011）、2011 年制定の知的障害基礎学校学習指導要領（2016 年一部改訂）（Skolverket, 2011）、2011 年制定の特別学校、就学前学級、学童保育（2016 年一部改訂）（Skolverket, 2011）、2011 年制定のサーメ学校、就学前学級、学童保育学習指導要領（2016 年一部改訂）（Skolverket, 2011）、2011 年制定の高等学校学習指導要領（Skolverket, 2011）、2013 年制定の知的障害高等学校学習指導要領（Skolverket, 2013）がある。

　2011 年に改訂された学習指導要領（Läroplan）からは「評価（Bedömning）」の重要性が強調されており、子どもの到達度把握と対応策検討のために、通常学校はもちろん、知的障害特別学校でも評価が実施されることとなった。通常学校は 6 年と 9 年で成績評価が行われ 2011 年秋から A、B、C、D、E、F の評価が導入され、F は不可、A が最高評価である（Skolverket, 2011）。知的障害特別学校には 2 つのカリキュラムがあり、比較的軽度の子どもを対象とする知的障害基礎学校は 6 年と 9 年で、比較的重度の子どもを対象とする訓練学校は 9 年で、評価が行われる。評価は A、B、C、D、E で示され、E は可、不可はなく、A が最高評価である（Skolverket, 2014a）。

　2006/07 年度からは義務教育及び後期中等教育段階において、障害のある子どもも含めて全ての子どもに「個別発達計画（Individuella utvecklingsplan）」を作成している（加瀬, 2009）。また 2010 年の学校法改正においては、子どもと保護者は子どもの発達に関してより情報提供されること、その後の 2011 年学習指導要領の改訂の過程においても、個別発達計画と発達面談（Utvecklingssamtal）の実施によって、教員が子どもの学習面と社会面の発達を促進することが指摘されている [11]。そしてより支援が必要な子どもには「対策プログラム（Åtgärdsprogram）」を作成する。対策プログラムの原則は可能な限り分離せず、常に統合を志向しつつ教育を行うことである [12]。

3）通常学級のサイズと教員配置

　スウェーデンでは、通常学級のサイズに関する統計的資料は明示されていない。それは 1980 年の基礎学校学習指導要領導入以降、通常「学級」枠を廃止し、活動に応じて集団を編成する「活動単位（Arbetenhet）」制を導入して、必要に応じて学習集団を編成することを基本にしているからである。よって特別学級も設置されていない。通常学級での学習が困難な子どもには、それぞれの学校が割り振られた予算内で柔軟

な形態での補習や加力等を行うこと、読字・会話支援教員（Talpedagog）や特別教育家／特別教員等の専門家による支援を行うことによって対応している。

　ちなみに基礎学校の教員1人につき、子どもの数は12.0人、高等学校の教員1人につき、子どもの数は、11.9人であるとされている（Skolverket, 2017）。

　2017年8月に行った2校の基礎学校の教員への聞き取り[13]では、だいたい1人の教員が25-28人程度の子どもを受け持つとのことであった。集団編成は柔軟であり、4人の教員が100人の子どもを教える場合、学習活動によって均等に集団を編成したり、少人数と大人数の集団を編成したり、1つの集団にのみTT体制を実施したり、算数専科教員として全てのクラスを教える指導体制を取る等、学習集団のサイズと教員配置は状況に応じて組み合わせるとのことであった。

　通常「学級」集団が柔軟であるため、スウェーデンでは原則、障害に応じた特別学級は設置せず、必要に応じて特別な支援としての個別抽出や柔軟な特別指導のための集団が編成されることはあるが、基本的には通常学校に入学している子どもは通常学級の一員として学習を行う。通常学校のみでの指導が困難な場合には、後述する事例のように、知的障害特別学校との場の統合・敷地的統合[14]等を活用して、特別学校の資源を利用することもある。また特別な支援のための教員が特定の学級に配置されることは少なく、特別教員／特別教育家（Specialpedagog/Speciallärare）[15]は必要な学級に必要なときのみ支援に入ったり、個々の子どもの発達計画作成を支援したり、資源の分配について調整したりするなどの学校組織全体を意識した活動を行う。

　2017年8月に行った2校の基礎学校の教員への聞き取り[16]では、移民／難民への特別な支援に対しても、スウェーデン語取得が十分ではない場合「母語教員」が通常学級における教育活動で要所は支援に入るが、通常学級において常に支援してくれることはないとのことであった。

4）インクルーシブ教育に関わる予算措置、法制度（合理的配慮、教員加配など）

　表Ⅴ-1-1にスウェーデン学校庁発表の2015年の予算額について示す。

表Ⅴ-1-1　2015年の予算額（2017年8月現在1スウェーデンクローナ＝13.7円）

総額
・就学前教育 68.2 億クローナ
・学童保育 16 億クローナ
・基礎学校 97.1 億クローナ
・知的障害特別学校 4.2 億クローナ
・高等学校 37.2 億クローナ
・知的障害高等特別学校 2.9 億クローナ
・基礎自治体立成人教育機関 4.4 億クローナ

- 移民のためのスウェーデン語教育（sfi）2.6 億クローナ

子ども 1 人当たりの費用

- 就学前教育 139,200 クローナ
- 学童保育 35,500 クローナ
- 基礎学校 100,100 クローナ
- 知的障害特別学校 487,800 クローナ
- 高等学校 114,900 クローナ
- 知的障害高等特別学校 422,500 クローナ
- 基礎自治体立成人教育機関のフルタイム学生 46,600 クローナ
- 移民のためのスウェーデン語教育（sfi）37,500 クローナ

出典：Skolverket（2017）Snabbfakta, https://www.skolverket.se/statistik-och-utvardering/statistik-i-tabeller/snabbfakta-1.120821（アクセス日 2017 年 8 月 26 日）

　さて、合理的配慮に関しては、スウェーデンの障害者権利条約の経過は以下の通りであり、現在は「平等」という観点で議論がなされている（是永，2011）。

　スウェーデン政府は 2007 年 3 月 30 日に障害者権利条約に署名し、2008 年 12 月 15 日には条約と選択議定書を共に批准した。そして条約は 2009 年 1 月 14 日から適用されることになった（Utrikesdepartment, 2008）。

　まず、1990 年以降のスウェーデンにおける障害者の権利保障に関する動向を示す。

表Ⅴ -1-2　スウェーデンにおける障害者の権利保障に関する動向

1993 年	国連の国内機構の地位に関する原則「パリ原則」
1994 年	障害オンブズマン制度設置
2000 年	障害者施策に関する国のアクションプラン
2006 年	人権に関する国の指針 2006 年 -2009 年
2007 年	障害者権利条約署名
2008 年	人権保障の追加方針
	障害者権利条約批准
	差別禁止オンブズマン設置
	障害者施策総合局設置
	「学校における差別予防・平等促進ガイドブック」公刊
2009 年	障害オンブズマンを差別禁止オンブズマンに統合
	障害者権利条約適用
	障害者権利条約に関する政府公式報告書
	「差別と侮蔑予防、平等促進」改訂版学校ガイドブック公刊

　スウェーデンでは 1993 年の国連の人権に関する「パリ原則」（Parisprinciperna：United Nations, 1993）を基礎に、1994 年に障害オンブズマン制度を設置し、障害者に対する権利保障活動を推進していた。2000 年には 2010 年までを見越した「障害者施策に関する国のアクションプラン」を示し[17]、2006 年 5 月 9 日には「人権に関す

る国の指針 2006 年 -2009 年」を公表している [18]。国の指針においては、性別、民族、宗教や信念、性的志向、障害などによる差別があってはならないとし、「人権」として障害者の権利が議論されていた。

　2007 年 3 月 30 日の障害者権利条約署名をふまえて、政府は 2008 年 7 月 3 日に人権保障の追加方針を示した [19]。他にも 2008 年には、平等オンブズマン、民族オンブズマン、障害オンブズマン、性差別オンブズマンが学校庁（Skolverket）と合同で、「学校における差別予防・平等促進ガイドブック」（JamO,DO, HO, HomO, & BEO , 2008）を公刊している。2008 年 7 月には差別禁止オンブズマンと障害者施策総合局（Handisam）を新たに設置し、他の関係当局と共に「差別禁止」という視点から障害者権利条約の使命を遂行することとした。その結果、障害オンブズマンも 2009 年 1 月 1 日には、平等オンブズマン、民族オンブズマン、性差別オンブズマンと共に「差別禁止オンブズマン」として活動することになった [20]。差別禁止オンブズマンは関係局と共に「差別と侮蔑予防、平等促進」の学校ガイドブック改訂版を出した（DO, BEO, & Skolinspektionen, 2009）。2008 年版ガイドブックでは各学校は宗教や性的志向、民族、障害、性別などの差別に対応するため「平等計画（likabehandling）」を作成しなければならないとされていた（JamO,DO, HO, HomO, & BEO , 2008）。2009 年版ガイドブックでは平等のための活動に着手することや平等計画のみならず「侮蔑行動予防計画」をも作成するべきこととされた（DO, BEO, & Skolinspektionen, 2009）。

　そして障害者権利条約第 33 条の国内でのモニタリング活動を行うために、2009 年に政府は公式報告書「促進、保護、スーパーバイズ－国連障害者権利条約」を示した [21]。この政府公式報告書においては、新しい権利を障害者に付加するのではなく、障害者が自己の権利を行使する上での困難を取り除く「環境」に焦点が置かれている。そのための基本的な原則が差別禁止、可能性の平等、自己決定、参加とインクルージョンであるとされる [21]。ただしこの政府公式報告書（SOU 2009：36）では障害児学校についての具体的言及はない。

　以上のように 1993 年のパリ原則や 2000 年の障害者施策 10 年計画アクションプランを基調としつつ、2006 年の人権に関する国の指針をふまえた上で、条約の署名、批准によって指針の追加がなされた。人権としての障害者の権利保障の観点で差別を禁止し、学校においても具体的な計画作成を求めている。そして権利行使の際の困難を取り除くという環境整備を具体化していく。

　では、知的障害特別学校ではどのような議論が行われているのであろうか。ガイドブックのみでは知的障害特別学校の動向が読みとれなかったため、個別事例にはなるが知的障害特別学校長に聞き取りを行った [22]。聞き取り項目は第一に、知的障害特

別学校教職員間で障害者権利条約がいかに議論されているのか、第二に、障害者権利条約の批准が知的障害特別学校の在り方に影響を及ぼしているのかについてである。その結果、第一は「スウェーデンの知的障害特別学校においても障害者権利条約は全ての活動の基礎になっている」こと、第二は「知的障害特別学校において『平等』をいかに実現していくかが求められている」こと、「移民の問題も含めて通常学校と同様の問題を抱える知的障害特別学校においても、宗教的考えや価値観の違いなど『平等』をいかに保障するかの問題を有している」とのことであった。スウェーデンの知的障害特別学校において障害者権利条約は「人権」に着目しつつ、「障害」や差異などに起因する差別に対峙する「平等」の保障として具体化しつつあるといえよう。

2 ｜「障害のある子どもの教育」 とくに知的障害教育の概要

1）障害のある子どもの教育の場、就学年齢、小中高のシステム、就学猶予、他民族への対応など

　近年、基礎学校やサーミ学校への「個の統合」も推奨されており、相互交流と友人関係（Ömsesidiga relationer och kamratskap）の可能性を増大させるためにも、「個の統合」を実施すると指摘されている。「個の統合」に関しては保護者の希望に基づいて校長が判断する場合と、学校の教職員が「個の統合」を希望して保護者の承諾を得て実施される場合がある（Skolverket, 2014）。

　「個の統合」の方法は多様であり、基礎学校の授業を受けつつ知的障害特別学校のカリキュラムを履修する個別統合、複数の障害児が通常学級で学ぶグループ統合、可能な範囲で共に学ぶ交流学習、交流集団を固定化した共同学習等がある。よって「個の統合」の際には、通常学級において基礎学校のカリキュラムを履修する「通常学級」の子どもと、通常学級で知的障害特別学校のカリキュラムを履修する「統合された」子どもが存在することになる。教員は必要に応じて配置される教員アシスタントや子どもアシスタント（Elevassistenter）、特別教員と協働しつつ、1つの学習集団における2つのカリキュラムや評価を念頭に教示することが求められる（Skolverket, 2015）。個や集団の状態に応じてインクルージョンの形態は柔軟に変化する。また学習時間のみならず、余暇時間や給食等、施設の共同利用によってもインクルージョンは推進される。

　2017年8月に実施した知的障害特別学校校長に対する聞き取り調査結果を表Ⅴ -2-1に示した[23]。

表Ⅴ-2-1　知的障害のある子どものインクルージョンの現状と課題

○ **実施している統合教育**：例えば体育や学校行事などを通常学校と知的障害特別学校が合同で行うことはある。小集団で一緒の場で活動を行うのである。

○ **統合教育推進の課題**：通常学校と知的障害特別学校の教員同士が連携を取っていることが重要である。お互いの教育に関する意見交換が必要である。インクルージョンを推進するにしたがって軽度の知的障害のある子どもはますます通常学級に統合されている[24]。知的障害のない自閉症児や軽度の知的障害のある子どもは知的障害特別学校には就学できなくなっている。よって現在知的障害特別学校に就学する子どもは交流が困難な場合が多いため、「個の統合」は多くはない。結果として、通常学級は軽度の知的障害のある子ども、学業不振児から能力の高い子どもまで対応しなければならないため、指導が困難になっている。

○ **通常学級内の個人差**：通常学級は子ども全員に責任をもつ。低学力の子どもに焦点が当たることが多いため、能力が高い子どもへの支援が具体化しづらい。しかし個々に応じていろいろな学習内容を保障する必要がある。例えば、自分自身の子どもは算数が得意であり、5年生のときに8年生の算数を勉強していた等の支援事例もある。

○ **統合教育における特別教員の役割**：通常学校に雇用される特別教員もおり、通常学校における「個の統合」を促進するような役割を担っている場合もある。また現在は通常学校組織全体の特別な支援の調整を図る特別教員が通常学校に2人雇用されている。今後は特別教育の専門家は直接子どもを支援することのみならず、通常学校組織を支持することもいっそう求められるであろう。

○ **インクルージョンと知的障害特別学校をめぐる議論**：知的障害特別学校解消の議論は2000年代初頭に頓挫して以降[25]、現在はなく、知的障害特別学校と通常学校をいかに近づけるかという議論がある。その際には、子どもが学習を受けている「場」の問題ではなく、どの学習指導要領を修めているかという「カリキュラム」の問題になる（事例参照）。例えばそれらは過疎地の学校では、知的障害特別学校としての特別の場は保障できなくても学習内容として知的障害特別学校のカリキュラムの保障が必要になる場合が生じるからである[26]。

○ **子ども数と教職員数及び学習集団編成**：本校の2017年秋学期の子どもは44人の予定であるが、まだ就学が確定していない子どもがいるため45人くらいになるであろう。教職員数は48人である。教職員の種類には、教員（Lärare）、特別教員、特別教育家（Speciallärare/Specialpedagog）、就学前教員（Förskollärare）、学童保育教員（Fritidspedagog）、教員アシスタント（Assistant lärare）、子どもアシスタント（Elevassistant）、言語教員（Talpedagog）がいる。今年度からの取組で、学習集団に入って子どもを支援する言語教員が1人増えた。他の1人の言語教員は従来のように組織全体を支援することになっている。集団編成としては7つの学習集団で

編成されているが、1対1の個別対応が必要な行動問題のある子どもも2人いる。

○ **教員配置**：学習集団によって教員配置は異なり、6人教員が4人の子どもを担当する場合もある。ただしその場合には、勤務時間が80％のみの教員もいるし、ある教員は17時間の授業担当で他の時間は授業計画作成にあてるなどの勤務形態もある。また始業前の学童保育[27]を希望する子どもや放課後の学童保育を希望する子どもなどもおり、子どもの滞在時間と共に教職員が勤務すべき時間も長くなっているため、交替勤務を行う。よって常に6人の教員が教室にいるわけではない。重度障害の子どもの場合は、5人の教員で5人の子どもを担当する場合もある。校長の役割の一つは予算分配（教員配置）でもある。校長は全ての教員と面接して担当希望を聞くが、最終的には校長が教員配置を決める。学習集団編成は教職員と会議をして決める。学期途中であっても主担当の子どもが所属集団を異動する場合は、教員も一緒に所属集団を変わるなどの対応は随時行う。子どもの教育的ニーズに応じて対応方法を具体化するが、関わる教職員が増えるといろいろな意見が出てくる。全体の打合せは1週間に1時間のみであって多様な意見が出てくる場合には時間が足りない。その学習集団における教育に責任をもつ教員はいるが「リーダー」ではないため、多様な意見の調整は容易ではない。

○ **予算確保**：基本的には基礎自治体から配分される予算を活用する。他には様々な基金に応募したり、プロジェクトに申し込んだりするなどして付加的な予算を獲得することがある。

○ **小中高の引継ぎシステム**：引継ぎは書類と会議における口頭伝達両方で行われる。子どもは高校を選択する際には「インターンシップ」として3校程度、異なる学校に試行的に通学して進学先を決める。この地域では訓練学校のカリキュラムを履修した子どもの進学先は決まっているが（訓練学校のカリキュラムを保障できる学校はこの地域には多くはない）、インターンシップは知的障害基礎学校においても実施可能である。進学先が決まったら担当の教員はそれまでの教育内容を書いた書類を作成し、進学先に送る[28]。2月くらいから書類の完成を目指し作業を進め、5月か6月には進学先に書類を送る。その後、進学先の学校で会議を行う。

○ **就学猶予**[29]：ほとんどいないが、これまでの経験で1人就学を遅らせている子どももいた。

○ **知的障害があって移民の背景がある子どもへの支援**：この地域は移民が少ない方であるが、各学習集団に1人程度いる。移民の背景であることで追加される支援は、母語教育、母語による修学指導（Studiehandledning på modersmål）である。実質的に支援対象となるのは訓練学校カリキュラムの子どもではなく、知的障害基礎学校のカリキュラムの子どもである。

以上のように、障害のある子どもの教育の場は通常学校と知的障害特別学校の双方が想定されている。教育の場は柔軟な集団編成を前提に対応することが基本である。

重要なのはどのカリキュラムを履修しているかであり、通常学校カリキュラムか知的障害特別学校の中の2つのカリキュラムの内比較的軽度の子どもを対象とする知的障害基礎学校カリキュラムか、比較的重度の子どもを対象とする訓練学校のカリキュラムかで異なってくる。就学年齢は通常教育と同様に7歳であるが、就学時期を早くすることも遅くすることもできる。小中高のシステムに関して、引継ぎは文書と会議による口頭の両方で行われる。他民族、移民等への対応なども通常学校と同様、母語教育、母語による修学指導が保障されるが、訓練学校のカリキュラムを履修する重度知的障害の子どもは母語教育以前にスウェーデン語などの発話によるコミュニケーションも困難であるため、とくに利用することはないとのことであった。

　次に知的障害のある子どもの学校制度について記述する（是永，2012）。図Ⅴ-2-1に知的障害のある子どもの学校制度について示した。

　いったん知的障害特別学校に就学しても保護者が知的障害特別学校における学習継続を拒否した場合は、基礎自治体は通常学校への就学先の変更を検討しなければならない。また、知的障害特別学校教員が指導している子どもを、通常学校就学と判断し

就学前教育機関
特別な就学前学校は開設されていないため通常の就学前教育機関に就学

就学前学級（0学年）
特別な就学前学級は開設されていないため通常の就学前学級に就学

義務教育
・知的障害基礎学校 1-9 年(比較的軽度の知的障害)　非義務制の 10 年
・訓練学校 1-9 年(比較的重度の知的障害)　非義務制の 10 年
・通常学校における個別統合若しくは知的障害学習グループにおける学習

知的障害高等学校	**知的障害成人学校**
・国定プログラム	・基礎教育知的障害成人学校
・個別プログラム	・高等学校教育知的障害成人学校
・特別設定プログラム	

労働生活
・デイセンターや統合的環境での日中活動保障　・通常労働市場における就労(多くは公的給与補助活用)

図Ⅴ-2-1　知的障害のある子どもの学校制度
出典：Skolverket（2009）Särskolan-en skolform för mitt barn.

たときにも検討会が開催される。しかし、通常学校就学へ移行した場合であっても「通常学校カリキュラムを履修することが困難」という評価が以前示されたことは考慮しておかなければならないとされる。

知的障害特別学校就学の際には、基礎自治体は保護者に知的障害特別学校就学のデメリットについても伝えなければならないとされる。例えば、それらは知的障害高等学校のカリキュラムでは大学には進学できないこと、就労先が一定制限されてしまうこと等である。ただし前者に対する補完的制度としては基礎自治体立知的障害成人学校が設置されている。後者に対しては、障害者を雇用する企業に対して障害者の給与補完のための手当てが支給されている。就修学制度は学校法によって運用されるが、1995 年には就修学における保護者の権限を強化させることが法的にも規定された[30]。

2）特別支援教育対象の障害カテゴリーとその定義 － 特に知的障害の範疇について－

特別な支援を受ける対象となる子どもの分類は、機能障害（Funktionsnedsättning）と言われる。国立特別教育学校当局 SPSM によるとその内容は、聾若しくは難聴（Döv eller nedsatt hörsel）、聾若しくは付加的な障害との組み合わせの聴覚障害（Döv eller nedsatt hörsel i kombination med ytterligare funktionsnedsättningar）、読字書字困難 / ディスレキシア（Läs- och skrivsvårigheter/dyslexi）、精神神経疾患（Neuropsykiatriska funktionsnedsättningar,NPF）、算数困難（Matematik-svårigheter）、医学的障害（Medicinska funktionsnedsättningar）、肢体不自由（Rörelsehinder）、言語障害（Språkstörning）、視覚障害と聴覚障害若しくは盲聾（Syn- och hörselnedsättning eller dövblindhet）、弱視（Synnedsättning）、知的障害（Utvecklingsstörning）である（SPSM，2016）。

知的障害特別学校就学の際には、教育的、心理的、医学的、社会的の 4 領域の評価が行われる。4 領域の評価の結果、軽度、中度、重度の区分が使用される。軽度の子どもは知的障害基礎学校カリキュラムを履修し、中度・重度の子どもは訓練学校のカリキュラムを履修する。

3）知的障害のある子どもの教育課程

現在の知的障害特別学校の学習指導要領は 2011 年に制定されており、2016 年に一部改訂されている。しかし、追加の内容は随時公示される。2017 年 8 月に実施した聞き取りでは[31]、直近ではデジタル教育の内容の追加が公示され、いかに訓練学校や知的障害基礎学校の教科にそれらの内容を融合させるかを考える予定であるとのことであった。

義務教育段階の知的障害特別学校の教育課程には知的障害基礎学校（Grundsärskola）のみならず訓練学校（Inriktningen träningsskola）が維持されている。相対的に軽度の知的障害のある子どもが就学する知的障害基礎学校では基礎学校と同じ教科で、個々の子どもに応じた教育を行う。知的障害基礎学校と基礎学校の教科と年間時間数の比較について表Ⅴ -2-2 に示した。

　基礎学校と比較すると知的障害基礎学校の特徴は家庭科や体育、音楽、手工などの技能科目が比較的時間時数が多く、英語の時間数は少ないこと、また第二外国語の時間は設定されていないこと、個人の選択科目は少ないが学校設定科目が多いため、生活に関連する学習活動や校外学習などにも活用しやすいなど柔軟性が担保されていることが指摘できる。

　また相対的に重度の知的障害のある子どもが就学する訓練学校の「領域」と授業時間数を表Ⅴ -2-3 に示した。芸術活動（Estetisk verksamhet）は音楽、美術や手工等の領域を意味する。コミュニケーション（Kommunikation）はスウェーデン語と母語等の領域を意味する。運動（Motorik）はスポーツと健康等の領域を意味する。日常活動（Vardagsaktiviteter）は日常の家庭生活や消費の生活、社会科等の領域を意味する。現実理解（Verklighetsuppfattning）は理科、技術、算数・数学等の領域を意味する（Skolverket, 2014b）。このように教科を統合した領域として、個々のニーズに応じて学習活動が構成できるような内容になっている。

表Ⅴ -2-2　知的障害基礎学校と基礎学校の教科と年間授業時間数の比較（単価：時間）

教科	知的障害基礎学校	基礎学校
美術	225	230
家庭科	525	118
保健体育	750	500
音楽	395	230
手工	730	330
スウェーデン語	1300	1490
英語	180	480
算数	1005	1020
社会科	695	885
理科	785	800
第二外国語	―	320
選択科目	195	382
合計	6785	6785
学校設置科目	1800	600

出典：Skolverket（2014）Grundsärskolan är till för ditt barn,s.8.

表Ⅴ -2-3　訓練学校の「領域」と授業時間数

領域	授業時間数
芸術活動	995
コミュニケーション	995
運動	995
日常活動	995
現実理解	995
選択科目	150
分配可能な教授時間	1500
合計	6665

出典：Skolverket（2014）Grundsärskolan är till för ditt barn.s.11.

4）知的障害のある子どもが学ぶインクルーシブ学級、特別学級・グループの編成、教員配置

　知的障害の子どもの学習集団編成、教員配置について考えるために、以下に知的障害特別学校での就修学指導の流れを示す[32]。

　まず知的障害特別学校の就学は「権利」であることが強調される。就修学支援にはその権利を有するかがまず判断される。

　就学に関しては指導ではなく「検討会」として、事前の情報提供のもと就学先の提案を行うために専門家が関わる。検討会には子どもに関わる者が参加する。保護者の要望があれば専門家以外も調整役「コンタクトパーソン」として検討会に参加できる。検討会で示されるのは学習面に関する評価、能力評価、医学的な知見等教育、医療、心理、社会面の4領域の情報である。必要に応じて家族に関する情報も提供される。就学時のみならず「教育支援」としての修学相談は随時行われる。

　検討会には本人や保護者は可能な限り参加し、参加が困難な場合は代弁者としてのコンタクトパーソンを通じて意見表明したり、コンタクトパーソンから情報を提供されたりする。コンタクトパーソンは、検討会に参加する4領域の専門家〔教育（保育士、教員等）、心理（心理士、作業療法士、理学療法士等）、社会（学校ソーシャルワーカーやリハビリテーリングのソーシャルワーカー等）、医学（医師等）〕の内1名若しくは保護者に近しい代弁者が担当する。教育的評価は、特別教育の専門知識をもつスタッフによって行われるべきとされており、その目的は、基礎学校の全ての科目における子どもの到達段階、学習の前提条件を明示するためとされている（Skolverket, 2014c）。検討会によって就学先が具体化され、提案が示される。必要に応じて母語通訳や手話通訳も保障され、母語教師も子どもの言語能力の評価のために検討会に招聘される場合もある。

　就学検討会の開催、保護者への情報提供、就学先の決定や保護者が私立学校や他基礎自治体の学校就学を希望したとき等の調整等は、基礎自治体に義務が課せられてい

る。

　就修学の際の検討会によって意見が一致しない場合は、選択肢が示され、保護者が就学先を選択することとなる。

　選択肢としては知的障害特別学校就学のみならず、通常学校における知的障害カリキュラムの適応、通常学校への援助付の就学としての通常学校での対応プログラムの作成、知的障害学習集団（知的障害学級のような形態であるが柔軟性が高く、「学級」ではない）の設置等が示される。通常学級に就学した場合も全ての子どもに対して個別発達計画が作成されていること、「発達会議」としての個別面談が学期に1回行われていること、国レベルの到達評価テストが随時行われていることを通じて、子どもの修学状況が把握される。

3 　知的障害のある子どものインクルーシブ教育場面における指導内容・方法について　－平成 28 年度及び平成 29 年度の視察と文献から－

　是永・石田・眞城（2016）を基に、新たな聞き取り調査内容[33]を加えて、①学習の場、②指導内容、③指導法の視点から日本の状況と比較しつつ再整理する。まず、スウェーデンにおける知的障害のある子どものインクルーシブ教育指導内容・指導方法を考える枠組みを表Ⅴ-3-1に示す。

表Ⅴ-3-1　スウェーデンにおける知的障害のある子どものインクルーシブ教育指導内容・方法を考える枠組み

①学習の場	通常学級	フレックスグループ（特別学級のないスウェーデンにおける「柔軟な集団」編成＝通級のような機能）	特別学校
② 指導内容　カリキュラム / 評価（教科単位で選択）	基礎（通常）学校カリキュラム	知的障害基礎学校（比較的軽度の知的障害のある子どもが就学）カリキュラム	訓練学校（比較的重度の知的障害のある子どもが就学）カリキュラム
③ 指導方法　教材の工夫、視覚支援、構造化、教員アシスタント等	通常	追加調整（Extra anpassningar）（全体・少人数を対象）	個に応じた方法

　学習の場には通常学級と特別学校のほかに、通常学校内の柔軟な学習集団編成の可能性がある。指導内容としては、基礎学校カリキュラム、知的障害基礎学校カリキュラム、訓練学校カリキュラムがある。指導方法として、追加支援と対応プログラム対象の個に応じた方法がある。

1）事例1　音楽における2年生の「集団統合」

- 事例の実態：音楽における2年生の「集団統合」として、17人の通常学級の子どもと3人の支援が必要な子ども（軽度知的障害）のいる2年A組、17人の通常学級の子どもと3人の支援が必要な子どものいる2年B組。
- 学習の場：通常学級
- 指導内容：知的障害基礎学校カリキュラム履修、最も能力の高い子どもは基礎学校の学習にも挑戦。
- 指導方法：絵カードや写真などの視覚支援、提示方法の構造化（分かる環境の準備）、楽器など表現方法の変更、練習回数の保障、感覚過敏の子どもへの環境的配慮、教員アシスタント。

この実践を枠組みとして示すと以下の表Ⅵ-3-2の網掛けの部分に該当する。

表Ⅴ-3-2　音楽における2年生の「集団統合」

①学習の場	通常学級	フレックスグループ	特別学校
②指導内容	基礎（通常）学校カリキュラム	知的障害基礎学校カリキュラム	訓練学校カリキュラム
③指導方法	通常	追加調整 （視覚支援、構造化、教員アシスタント） （全体・少人数を対象）	個に応じた方法

表Ⅵ-3-3に具体的な聞き取り内容を記述した。

表Ⅴ-3-3　統合教育を行っている音楽教員に対する聞き取り結果

○ **調査日時**：2016年9月12日、8時から9時
○ **聞き取り対象**：統合形態での音楽を担当する音楽教員
○ **基礎学校における「個の統合」に関する内容**
　17人の通常学級の子どもと3人の支援が必要な子どものいる2年A組と、17人の通常学級の子どもと3人の支援が必要な子どものいる2年B組を対象に統合音楽を行っている。教授内容は通常学級で授業を行う場合とほとんど変わらない。
○ **基礎学校における「個の統合」に関する方法**
　意識していることは視覚支援を用いること（写真1・2・3・4）、構造化を図ることである。分かる環境を準備すること、また表現方法が異なっていたり、教授内容は同じだけれども練習の回数を多く保障したりすることを考慮する。知的障害のある子どもを指導している場合、集団の人数が少なかったり、大人の支援が増えたりするという配慮がある。教育的統合の環境であれば、周りから誘われる機会も保障できる、一定の集団が保障できればダ

ンスなども可能である。障害のある子どもの指導では、個別適応が必要なことが異なる。最も能力の高い子どもは基礎学校の学習などにも挑戦ができる。統合教育環境の際に難しいことは自由練習のときにうるさくなることであり、感覚過敏の子どもには配慮しなければならない。子どもによっては人が歩き回るのも嫌な場合があるので、ピアノやギターの練習のときなどに配慮が必要である。通常学級と特別学校の違いとして、特別学校の方が資源がある、教員アシスタントがいるなどがあるが、通常学級には資源がない。通常学級で学ぶ子どももたくさんの差があるし、子どもへの資源があった方が良いと考えるが、全体的に学校への資源は減らされている。

○ 基礎学校における「個の統合」に関する評価

　評価は学習指導要領に書いている基準に従う。学習指導要領には評価基準が示されている、目標なども示されている、目標の到達内容も示されている。2011 年の以前の学習指導要領には努力目標と到達目標があったが 2011 年の学習指導要領で「中央目標」として統一された。評価基準は E、C、A が示されており、その間や一部の達成であれば、間の D や B の評価になる。特別学校の成績には不可はないので、自分の状態が評価できる。6 年生以降では成績が出るが、必要ない場合は受け取らなくても良い。成績評価は自分の到達段階を考える良い機会になる。他にも評価としては低学年の段階では年に 4、5 回「発達会議（utvecklingssamtal）」をもつこともある。

写真1　絵カードの視覚支援

写真2　絵カードと写真の視覚支援

写真3　作曲家や歌手の写真

写真4　活動の見通しとなる 1 日のスケジュール

○ 基礎学校における「個の統合」に関する個別の計画の記載内容

　個別の計画の記載は、基本は学級担任としての責任をもつ教員（Klassföreståndare）が書くが、音楽に関する内容については追記することがある。 年に 1 回新しい目標を立

てることになっている。通常は年に２回、学期に１回保護者と担任、可能であれば本人も参加して「発達会議」を開催する。個別の計画の記載内容については多くの個別支援を担う教員資格のない教員アシスタントと話をすることもある。子どもに関わる教職員は毎週会議をもって共通認識をはかる。

○ その他

　音楽教員としては、２年生の統合教育の授業のほかに、特別学校９年生５人の授業、特別学校の異年齢の５人と通常学級の２人の自閉症児を統合した授業を行うこともある（逆統合）。他にも特別学校の異年齢の６人と通常学級の１人の統合授業もある。通常学校 7-9 年の授業は２校、５歳児の集団の授業も担当する。自分は 1997 年から音楽の指導を行っており、音楽療法についても学んできた。しかし特別教員の資格はもってはいない。勤務時間は 19 時間授業、16 時間教材準備、10 時間の自宅作業で週 45 時間である。

　以上のように、教授内容は変わらないが障害のある子ども複数人と通常学級の子ども複数人を統合して授業を行っている。集団において障害児の方が数が多い逆統合も行っている。教授方法としては絵カードや写真などを用いる視覚支援、提示方法の構造化、練習の回数や場面の配慮などが挙げられる。評価は学習指導要領に基づいて行われ、実態評価や到達点の把握として活用される、個別の計画については学級担当教員、教科教員、教員アシスタント等関係者が関わって実施するようである。

２）事例２　７年生の個の統合

- 事例の実態：７年生の個の統合として、言語障害と軽度知的障害がある７年生１人の教育
- 学習の場：通常学級
- 指導内容：通常学級で知的障害特別学校のカリキュラムを履修（１つの教室内で２つのカリキュラムの履修を保障）、社会面の発達を促すための統合教育
- 指導方法：特別教員が学習支援のための個別教材を準備、通常学級教員への教授方法の伝達（特別教材は他の通常学級の支援の必要な子どもにも活用）、教員アシスタントが入る幾つかの授業では必要に応じて個別の支援を受ける。必要に応じて特別教員による個別抽出指導を行う。

　この実践を枠組みとして示すと表Ⅴ-3-4 の網掛けの部分に該当する。

表Ⅴ-3-4　７年生の個の統合

①学習の場	通常学級	フレックスグループ	特別学校
②指導内容	基礎（通常）学校カリキュラム	知的障害基礎学校カリキュラム	訓練学校カリキュラム
③指導方法	通常	追加調整 （個別教材、教員アシスタント） （全体・少人数を対象）	個に応じた方法 特別教員による抽出指導

表Ｖ-3-5 に具体的な聞き取り内容を記述した。

表Ｖ-3-5 ７年生の個別の統合教育を支援している特別教員に対する聞き取り結果

○ **調査日時**：2016 年 9 月 12 日、13 時から 16 時
○ **調査対象者**：統合教育を担う特別教員（主たる指導の場はオィレショー知的障害特別学校であるが、週に数時間フルールンド学校の通常学級で「個の統合」を行っている子どもとマンツーマンの抽出指導（写真 5）を行ったり、個別の教材（写真 6）を準備したりする。

写真 5　抽出指導　　　　　　　　　写真 6　特別教員が作成した個別教材

○ **調査内容**：授業見学と基礎学校高学年における「個の統合」
○ **基礎学校高学年における「個の統合」に関する内容**
　現在、個別統合している子どもは言語障害と軽度知的障害がある。学年は 7 年生であるが、学習内容としては 3、4 年生程度である。これまでは自ら話すことはなかったくらいの消極的な女の子だった。しかし知的障害特別学校のカリキュラムを履修するようになって、話すことも表現する機会も保障された。ただ話をするのみならず、考えることが大事であって、今日の授業のような「ルポルタージュ（報告文）」[34] を作成するためのインタビュー場面では、今後は準備してきた質問のみではなく、状況に応じて追加で質問ができればなおよい。現在彼女はいろいろ「勝手」に話すことができていても、言葉の「概念」ができているとはいえないので、語彙や意味理解を増やすことが課題である。例えば「光を避ける布」と言えても「カーテン」が出てくるか、などの課題設定になる。社会面の発達を考えられるのが統合教育である。知的障害特別学校のカリキュラムを履修している子どもは、成績は関係なく、義務教育修了後はホテル、レストランなど 22 の知的障害のある子どものためのコース制後期中等教育が準備されている。子どもは自分の意志によってどのコースにも進学できる。子どもにとっても成績をもらうことができるのは「権利」ではあるが、「義務」ではない。教員は成績をつける義務がある。自分の成績を数年後に見ることもできる。パティレ市は計画、目標設定等において InikomM[35] という Web システムを活用している。LPP-mall: Lgr 11[36] の Web ページを用いると学習計画がいかに学習指導要領と合致しているのか、していないのかを確認しながら個別の計画作成ができる。現在「個の統合」を行っている子どもの保護者も知的障害特別学校を見学したが、今はこの統合形態を中心に学習している。知的障害特別学校に進学したとしても、卒業後は自立のための住居と何らかの日中活動や仕事を得ることができる。
○ **基礎学校高学年における「個の統合」に関する方法**
　統合を支援する教員としては彼女の学習を支援する様々な教材を準備する。特別な教材の準備は他の通常学級の支援の必要な子どもに活用されることもある。教材の準備は特別

教員が行い、教材準備があれば彼女が一人で通常学級で授業を受けたとしても通常の授業で学ぶこともできる。通常学級教員が教材を見つけることが大変なので、特別教員として教材を準備し、支援方法を書いて通常学級教員に伝達する。幾つかの授業では教員アシスタントがいる場合があるので、その際には彼女は個別の支援を受けられる。

写真7　問題数を減らしたプリント　　写真8　インタビューのためのノートテイク方法の確認

○ 基礎学校高学年における「個の統合」に関する評価

2011 年の学習指導要領以降、知的障害特別学校カリキュラムを履修している子どもにも成績をつけることが強調されるようになった。パティレ市の知的障害特別学校では、6年生以降成績をつける。子どもにとっては「成績表をもらえる」ことによって現状や成長を振り返る良い機会になる。

○ 基礎学校高学年における「個の統合」に関する個別の計画の記載内容

以前は、個別の計画作成のために大量の文書が求められたが、その後改善され多様な方法で記述できるようになった。例えば写真も記録として認められるので、情報収集・記録が容易になった。現在は Lärologg[37] の Web ページを参照すれば、常に学習指導要領の内容を確認しつつ記述ができるようになっている。学習目標に到達していれば ABCDE の評価が記録され、目標に到達していなければ教員からコメントをもらうようになっている。教科担任制の学校体制では、教科教員や通常学級の担任がそれぞれの担当部分の内容を書き、特別教員は書いてある文章を参考に加筆する。

以上のように、この「個の統合」では学習内容を子どもに応じて変更していた。通常学級内で知的障害特別学校のカリキュラムの履修を行っているため、通常学級においても 2 つ以上の目標を設定し、学習内容を保障することが求められる。このような1 つの教室内で 2 つのカリキュラムの履修を保障するための配慮が近年強調されている（Skolverket, 2015）。統合の方法としては教材の個別化と通常学級教員への教授方法の伝達、可能な場合は教員アシスタントの活用を行っていた。評価は知的障害特別学校の評価を用いる。個別の計画作成は教科教員や通常学級の担任がそれぞれの担当部分の内容を書いて、特別教員は書いてある文章を参考に加筆するとのことで共同作業として個別の計画が作成されている。その上で随時学習指導要領を参照できたり、写真なども記録として認められるようになったりとインターネットやパソコンが有効利用されているようである。

3）事例 3　4 年生の個の統合

- 事例の実態：4 年生の個の統合として、軽度知的障害がある 4 年生 1 人の教育。
- 学習の場：通常学級
- 指導内容：通常学校のカリキュラムを履修（下学年適応も行う）
- 指導方法：同じ学習内容でも個に応じた方法を具体化する［例えば、子どもアシスタントの保障（写真 9、10）、作「文」ではなく切り抜き「写真」（写真 11）により表現する］

　この実践を枠組みとして示すと表Ⅴ -3-6 の網掛けの部分に該当する。

表Ⅴ -3-6　4 年生の個の統合

①学習の場	通常学級	フレックスグループ	特別学校
②指導内容	基礎（通常）学校カリキュラム	知的障害基礎学校カリキュラム	訓練学校カリキュラム
③指導方法	通常	追加調整 （全体・少人数を対象）	個に応じた方法 （子どもアシスタント）

写真 9　通常学級 4 年生（パソコンを用いつつ「将来の家」について作文する課題）

写真 10　同じ教室で子どもアシスタントと一緒に課題に着手

写真 11　同じ作文課題を文字ではなく写真の切り抜きで表現

写真 12　場の統合（左：特別学校、右：通常学校）

　以上のように、この「個の統合」では指導方法を子どもに応じて変更していた。基礎学校カリキュラムを履修しているものの、必要に応じて、子どもアシスタントと共に個に応じた方法を保障している。また授業によっては写真 12 にあるような場の統合形態を活用して、知的障害特別学校の授業に参加する等、知的障害特別学校の資源を活用している。評価は基礎学校の評価を用いる。

4）事例4　4-9年生のフレックスグループ

- 事例の実態：対象は知的障害のない自閉症の子どもも含めて、通常学級の環境に適応することが困難な子ども。訪問時には計22人、全校の子どもの約5%が対象になっていた。
- 学習の場：フレックスグループ
- 指導内容：通常学校カリキュラムを履修
- 指導方法：一人部屋や補助教材、個人の学習リズムの保障、チーム支援（算数の専門性もある特別教員1人、自閉症専門の教員1人、算数専門の教員1名、教員アシスタント1名の計4名）、複数担任制（通常教員と特別教員）、フレックスグループの利用開始と終了は学校の「子ども健康チーム」が判断して本人と保護者に「提案」。

　この実践を枠組みとして示すと表Ⅴ-3-7 の網掛けの部分に該当する。

表Ⅴ-3-7　4-9年生のフレックスグループ

①学習の場	通常学級	フレックスグループ	特別学校
②指導内容	基礎（通常）学校カリキュラム	知的障害基礎学校カリキュラム	訓練学校カリキュラム
③指導方法	通常	追加調整 （視覚支援、構造化、チーム支援、複数担任制）（全体・少人数を対象）	個に応じた方法

以下の表Ⅴ-3-8 に具体的な聞き取り内容を記述する。

表Ⅴ-3-8　「フレックスグループ」を担当している教員に対する聞き取り結果

○ **調査日時**：2016 年 9 月 12 日、10 時から 11 時
○ **調査場所**：フレックスグループ（Flexgruppen）
○ **調査対象者**：フレックスグループ担当教員 2 名（このフレックスグループは 4 人の教員によって運営されている）
○ **調査内容**：授業見学と基礎学校における柔軟な対応としてのフレックスグループの活動
・基礎学校フレックスグループの内容

スウェーデンの学校においても不登校が多いことが問題になり、とくに 2011 年以降自閉症及び自閉症傾向のみの子どもは知的障害特別学校に通うことができなくなったため、不適応を起こす子どもが増えた。多くの子どもは通常学級に統合させていたが、これからは環境を子どもに適応させることが重要である。よって、このフレックスグループでは学校に適応できない子どもへの対応を行っている。このフレックスグループ設置の発端はクングスバッカ（Kungsbacka）市の取組を取り上げた雑誌記事である（Elisabeth Cervin, 2016）。通常学級に適応困難な子どもに対して、環境を子どもに合わせるための場所である。このフレックスグループは今学期から始めたため、このグループ活動を始めてまた 3 週間目である。原則は通常学級と同じ学習内容を行うことであるが、その子どもに応じて学習活動を保障する場合、5 年生の子どもでも 3 年生の教育内容の履修を目指しているというような事例もある。集団に適応できない場合はこのフレックスグループで給食を食べることもある。ただし通常学級から必要以上に排除されないように通常学級から友達がきて一緒に給食を食べること、週 1 回は統合した通常学級の環境で給食を食べることを目指している。

○ 基礎学校フレックスグループの方法

　この場所では十分な空間があるため、一人部屋の保障も可能である。基本は同じ学習内容をゆったりした環境で学習ができる（写真 13）。フレックスグループが使用できる教室は、1 つの教室と付随する 4 つのグループ学習室、台所から構成されている。他の活動の場所や休憩の場所にアクセスしやすい一方、校舎裏の校庭は分離されており、静かに遊ぶことができる。

　フレックスグループ運営に関わる教員は算数の専門性もある特別教員 1 人、自閉症専門の教員 1 人、算数専門の教員 1 名、教員アシスタント 1 名の計 4 名のチーム（Arbetslaget）である。現在この場所を活用している子どもは 4－9 年を対象に、合計で 22 名である。1-3 年は通常学級での適応を促すこと、学校の組織として、1－3 年と 4－9 年の校長が別であるなどの組織区分されていることからである。4－9 年担当の校長がまずこの教育を保障することを決断した。このグループの対象になるかは「子ども健康チーム（Elevhälsoteam）」[38] で決定される。フレックスグループは週 2 回程度の利用が基本で、子ども健康チームの協議対象であったり、より支援が必要な子どもに作成される「対応プログラム（åtgärdsprogram）」の対象となったりする子どもを想定している。その上でフレッ

写真 13　フレックスグループでの指導の様子。個に応じた教材の提供と個別説明

写真 14　フレックスグループでの指導。今日の学習内容の確認。中央奥には個別のフレックスグループ利用表が掲示されている。

クスグループの利用はあくまで強制ではなく特別な支援の提案であり、本人・保護者の同意を得て開始される。このグループを活用するこの学校の子ども健康チームには①心理士、②看護師、③学校福祉士、学習・キャリア相談者（Studie- och yrkesvägledning）や校長が含まれる。子ども健康チームはいじめや不登校のみならず、誰が特別な支援（särskilt stöd）や対応プログラムの対象となるのか、通常の教育カリキュラムに従えなければ、特別な支援や対応プログラムを作成する対象となるのかの判断を行う。フレックスグループにおいて子どもの支援に関わる教職員チームは月 1 回会議を開催する。現在スウェーデンにおいては特別指導としての「小集団」指導は基本的に推奨されなくなっているため、このフレックスグループは「グループ」であるが、固定的な「集団」ではないという位置づけである。個別の柔軟性のある補償教育（individualiserad och flexibel stödundervisning）という位置づけである。ここにきている子どもの学習における困難性が高いのはスウェーデン語、算数、英語である。特別な予算がない中での新しい試みであったため、校長が各教員の空き時間を算出して、指導体制を組んだ。主たる運営に関わる 4 人以外にも教科教員が関わり、教科の専門性を保障することが重要であり、支援が属人的にならないようにも配慮する。教科教員の中でも特別な支援に関心がある人に来てもらい、この場でフレックスグループの子どもに対して授業を行ってもらう。子どもはスウェーデン語や算数を中心に、必要な時間このグループを活用する（写真 14）。状況が改善されれば通常学級に戻る時間を増やす。できるだけ通常学級で学習できることが目的である。義務教育以降の進路選択に関しては、学習・キャリア相談者が進路指導をする。不登校や家庭訪問による学習支援が必要な状況では「児童青年精神科病院（Barn och Ungdomspsykiatrin、BUP）」[39] が支援をしてくれることもある。フレックスグループを利用している子どもも通常学級の授業が終わる前にいったん自分の学級に帰るようにして「排除」されているように思わせないことが重要である。子どもができる環境を作って、自分でできることを増やす。教材は具体物を用いたり、補助教材を用いたりする（写真 13）。TEACCH の方法論も参考にする。

○ 基礎学校フレックスグループの評価

　教科の評価は通常学校カリキュラムの評価を用いる。子どもは通常学校のカリキュラムを履修している。子どもの担当教員と個別支援を日常的に行っている教員アシスタントやフレックスグループの教員が一緒に評価をすることもある。このフレックスグループは恒常的な環境ではなく、この場所の必要性と教育的効果が子どもの評価向上という点からも示されるべきという周囲の期待感もある。

○ 基礎学校フレックスグループの個別の計画の記載内容

　フレックスグループに参加する子どもは通常教員と特別教員の 2 人がメンターとなって関わることが基本であり、通常教員と特別教員が一緒に個別の計画を書く。フレックスグループの利用が通常学級からの排除ではないことを意識しているためである。支援がとくに必要な人は 7 週ごとに会議をもつなど、協議の頻度を増やすこともある。落ち着く場所が子どもに保障されていることが重要であり、以前は通常学級にいても排除されていた状態があった。しかし現在は「別の場所」で学んでいても統合的に学習できていると言えよう。多くの教員がフレックスグループの子どもの教育に関わっているため、評価は関係する教職員の会議によって決定される。フレックスグループを利用する子どものために「子ども健康チーム」に特別な検討時間を割いてもらっている。

以上のように、不登校、不適応対応のためのフレックスグループが設置されていた。知的障害のない自閉症の子どもなど通常学級の環境に適応することが困難な子どもに、子どもに合わせた環境を提供している。静かで、個人の学習リズムが保障される場である。特別教育の方法論を用いつつ、通常学校のカリキュラムを保障するために通常教員と特別教員が関わる。インクルージョンや個の統合が近年強調されているため、特別学級の設置は容易ではない。だからこそ柔軟な補償教育の場として、新たな試みが開始されたのである。フレックスグループ利用開始と終了は学校の子ども健康チームが判断し、本人と保護者に提案する。この場を利用する子どもは通常学校のカリキュラムを履修している子どもであるので、評価は通常学校カリキュラムの評価を用いるが、個別の計画や指導においては通常教員と特別教員両方の専門性が反映できるよう2人担当教員を保障している。

4 ｜ 研究3-2のまとめと課題

　知的障害特別学校カリキュラムの履修方法は、知的障害特別学校で授業を受けるのみならず通常学校に統合された環境で授業を受ける「集団統合」と「個の統合」がある。

　知的障害特別学校カリキュラムの履修においては、通常学校の指導内容を変更せずに指導方法の視覚化や構造化等で対応する場合と、通常学校において通常学校のみならず知的障害特別学校カリキュラムの教育内容を求める場合がある。

　インクルーシブ教育の推進によって、「個の統合」の重要性はいっそう強調されている。また従来の軽度知的障害の子どもも通常学級に就学するようになっている。しかし不適応問題が顕在化しており、新たな試みとして日本の通級による指導のようなフレックスグループが設置されていた。その際にはチーム支援として複数担任制が活用されたり、環境整備がなされたりするなど、特別教育の方法論が活用されていた。

　現在、知的障害特別学校に就学している子どもは、以前よりも統合が困難である子どもであるため、交流及び共同学習を通じて障害のない子どもに何を学んでほしいのか、交流及び共同学習が障害のある子どもの成長につながっているかの教育目的の明確化が重要である。本来は交流及び共同学習自体は手段であって、その目的が明確でなくてはならない。またその目的に従って交流及び共同学習の授業評価が行われる。

　教育内容に関しては教育を受ける場ではなく、通常学校もしくは、知的障害特別学校どちらのカリキュラムを履修しているかに依拠する。カリキュラムは科目別にも選択できる。

　指導方法の工夫は、環境調整、補助教材・個別化教材、教員・子どもアシスタント、特別教員による抽出指導等があった。

　評価に関しても教育を受ける場ではなく、通常学校もしくは、知的障害特別学校どちらのカリキュラムを履修しているかに依拠する。学習指導要領には評価基準が明示されているが、知的障害特別学校のカリキュラムには不可はない。到達段階や進捗状況の把握のために教員には義務として、本人・保護者にとっては権利として、評価を行っているとのことであった。

　個別の計画は主たる責任をもつ教員は明確にしつつも、通常教育と知的障害教育関係教職員が協働して作成する。

　これらの「配慮」は「子ども健康チーム」の判断に基づいて行われ、支援が属人的にならないような体制が組まれていた。スウェーデンにおける知的障害のある子どものインクルーシブ教育は個に応じた教育としての柔軟性と組織的な対応の両方を用いて推進されていたと言えよう。

　通常学級は多様になっており、以前は知的障害特別学校に就学していた軽度知的障害のある子どもにも対応する必要がある。その上、移民 / 難民、そしてギフテットなど様々な子どもの教育的ニーズにも対応する必要がある。また、支援が必要な子どもの交流・統合教育に教員が固定的に付き添って支援する形態は減ってきている。抽出指導や特別な学習集団形成よりも通常学級に早期に統合し、必要な場面のみ支援する形式が増えている。よって、通常学級において、多様な学習の場、指導内容、指導方法の保障が重要になる。そのためには支援を受ける子どもの横で注意喚起を行ったり、板書を補ったりするなどの個別支援のみならず、子ども同士につなげる支援や通常教員と特別教員 / 特別教育家、子どもアシスタント、アシスタント教員などCo-teaching による学級全体、学年全体、学校組織全体の支援が重要になると考察した。

（是永かな子）

註

1) 例えば「移民」を対象とした法律として、以下などが挙げられる。Förordning（2014:946）om statlig ersättning för utbildning i svenska för invandrare som ges till vissa utlänningar i Migrationsverkets anläggningsboenden. また国立統計局（SCB）も統計上の「移民」を定義している。Fakta: Vem är invandrare? http://www.sverigeisiffror.scb.se/hitta-statistik/sverige-i-siffror/manniskorna-i-sverige/in-och-utvandring/.

2) 例えば以下の法律などである。Lag（2016:38）om mottagande av vissa nyanlända invandrare för bosättning.

3) スウェーデンでは同棲法 Sambolagen（2003:376）によって、同棲でも結婚とほぼ同じ権利を保障される。

4) スウェーデン移民庁
http://www.migrationsverket.se/Om-Migrationsverket/Pressrum/Fokusomraden/Lagforslag-om-att-begransa-mojligheten-att-fa-uppehallstillstand-/Vem-bedoms-som-flykting.html（アクセス日 2016 年 11 月 29 日）

5) Lag（1994:137）om mottagande av asylsökande m.fl. ,I 2 och 3 §§.

6) スウェーデン移民庁
http://www.migrationsverket.se/Privatpersoner/Skydd-och-asyl-i-Sverige/Medan-du-vantar/Skola.html

（アクセス日 2016 年 11 月 29 日）

7）学校庁
　http://www.skolverket.se/skolformer/gymnasieutbildning/gymnasieskola/program-och-utbildningar/
　introduktionsprogram/sprakintroduktion-1.195789（アクセス日 2016 年 11 月 29 日）

8）スウェーデン統計局（SCB）ではストックホルム市とマルメ市での移民率の伸びが指摘されており、
　http://www.scb.se/sv_/Hitta-statistik/Statistik-efter-amne/Befolkning/Befolkningens-sammansattning/
　Befolkningsstatistik/25788/25795/Behallare-for-Press/Sveriges-folkmangd-3112-2005-definitiva-
　uppgifter/（アクセス日 2016 年 11 月 29 日），ストックホルム、イェーテボリ市、マルメ市でスウェー
　デンの外国生まれの（utrikesfödda）人 51 ％が住んでいる。http://www.migrationsinfo.se/valfard/
　boende/（アクセス日 2016 年 11 月 29 日）.

9）2017 年 8 月 13 日、スウェーデン・イェーテボリ市立 Nordhemskola（基礎学校）教員 Christina
　Möller 及び 2017 年 8 月 15 日、スウェーデン・ボロース市 Kristinebergsskolan（基礎学校）教員
　Johannna Halqvist 氏への聞き取り。

10）Särskilt stöd i grundskolan läsåret 2016/17.

11）SKOLFS 2010:37 Förordning om läroplan för grundskolan, förskoleklassen och
　fritidshemmet.,Skolverket, Skolverket（2010）Planering och genomförande av undervisningen.,
　Skolverket（2013）Den skriftliga individuella utvecklingsplanen.

12）Skolverket,Individuell utvecklingsplan, http://www.skolverket.se/（アクセス日 2012 年 2 月 29 日），
　加瀬（2009）.

13）2017 年 8 月 13 日、スウェーデン・イェーテボリ市立 Nordhemskola（基礎学校）教員 Christina
　Möller 及び 2017 年 8 月 15 日、スウェーデン・ボロース市 Kristinebergsskolan（基礎学校）教員
　Johannna Halqvist 氏への聞き取り。

14）通常学校の建物の隣に知的障害特別学校が設置されたり、通常学級の隣の教室に知的障害特別学校が
　設置されたりするスウェーデンでは 1967 年の知的障害者福祉法（SFS 1967:940）で従来の「知的障害
　基礎学校（Grundsärskola）」のみならず、それまで「教育不可能」とされていた重度知的障害のある子
　どものために「訓練学校（Träningsskolan）」が設立され、全ての子どもを対象とした義務教育が成立し
　た。現在は知的障害基礎学校と訓練学校の総称として知的障害特別学校（Särskola）が設置され、後述
　するようにカリキュラムとして知的障害基礎学校カリキュラムと訓練学校カリキュラムがある。完全就
　学義務制に伴う資源不足に関しては、地域の義務教育学校である基礎学校の施設を活用する「場の統合
　（Lokalintegring）」が推進された。そのため、1970 年には 43.6 ％であった知的障害基礎学校の場の統合
　は 1976 年には 80 ％を超えた（石田，2003）.

15）スウェーデンにおいて特別ニーズ教育に関わる専門教員は「特別教員（Speciallärare）」と「特別教育
　家（Specialpedagog）」の二種類がある。「特別教員」とは、主に直接子どもに指導する教授者の役割を担う。
　よって子どもの困難性の分析とともに指導法の具体化や環境整備等、子どもの学習に注目した指導・支
　援を行う。一方「特別教育家」とは、1990 年の教員養成改革によって設立された特別教育に関する専門
　教員であり、以下の三つの役割を担う。第一に学校長に対する子どもの学習環境整備の提言等学校組織
　への影響力をもつ助言者としての役割、第二に、通常学級教員に対する子どもの支援方法の助言、巡回
　指導、保護者との相談等のコンサルタント、スーパーバイザーとしての役割、第三に教育指導あるいは
　教育診断・評価等子どもに直接働きかける役割である。よって子ども個人レベルのみならず学校組織レ
　ベルへの指導・助言も行う（参考，是永，2007a；是永，2007b；是永，2007c）.

16）2017 年 8 月 13 日、スウェーデン・イェーテボリ市立 Nordhemskola（基礎学校）教員 Christina
　Möller 及び 2017 年 8 月 15 日、スウェーデン・ボロース市 Kristinebergsskolan（基礎学校）教員
　Johannna Halqvist 氏への聞き取り。

17）Regeringens skrivelse 2005/06:95,En nationell handlingsplan för de mänskliga rättigheterna 2006-
　2009.s.42.

18）Regeringens skrivelse 2005/06:95,En nationell handlingsplan för de mänskliga rättigheterna 2006-2009.

19）Kommittédirektiv,Tilläggsdirektiv till Delegationen för mänskliga rättigheter i Sverige（Ju 2006:02）（dir. 2008:92）.

20）障害オンブズマンHP（障害オンブズマンについて、アクセス日2011年2月28日）http://ho.episerverhotell.net/Tpl/NormalPage＿＿1162.aspx.

21）SOU 2009:36,Främja, Skydda, Övervaka–FN:s konvention om rättigheter för personer med funktionsnedsättning,Delbetänkande av Delegationen för mänskligarättigheter i Sverige.

22）2011年2月15日、Partille Öjrersjö Ståregård och Brunn Särskola,Kristina Rudow校長に対する聞き取り。

23）2017年8月16日、Partille Öjrersjö Ståregård och Brunn Särskola,Bitte Ziethén校長に対する聞き取り。

24）スウェーデンにおいても近年の知的障害特別学校の課題として就学児数の増加が指摘されており、2009年にはアスペルガー障害のある子どもは分離的教育措置ではなく基礎学校で教育を行う方針が明示された。その結果2010年改正、2011年7月1日から適応された学校法（Skollag）において知的障害のない自閉症の子どもは知的障害特別学校の対象ではなく通常学校の対象であると明記され、一方で特別学校の就学は「権利」であることが強調された。

25）知的障害特別学校は1988年から1996年にかけて県立から基礎自治体立への移行が実施された。2001年からは同一敷地内に施設が併置されている敷地的統合を基礎に、相対的に軽度知的障害を対象とする知的障害基礎学校と相対的に中度から重度の知的障害を対象とする訓練学校統合・廃止の可能性が議論される等、いっそうの統合を図ろうとした改革が推進された。しかし、インクルーシブ教育実現のための具体策が十分には示されなかったため、改革は頓挫した（是永，2009）。

26）複式学級を行っていた学校では知的障害特別学校カリキュラムを履修している子どもは可能な部分は通常学級で一緒に学習し、基礎科目などは個別抽出の形式で学習を行っていたとのことであった。2017年8月15日、スウェーデン・ボロース市Kristinebergsskolan（基礎学校）教員Johannna Halqvist氏への聞き取り。

27）学童保育（Fritidshem)は有料ではあるが、知的障害特別学校の子どもは9年生まで利用することができ、始業前と終業後の学童保育がある。始業前の学童保育は朝食が提供され、終業後の学童保育ではおやつが提供される。

28）知的障害特別学校就学の際には、教育的、心理的、医学的、社会的の4領域の評価が行われるが、引継ぎの文書で重視されるのは教育的内容の記述である。

29）障害のある子どもの保護者が就学先決定に不安がある場合は、知的障害特別学校を6か月間試行することもできる。知的障害特別学校も7歳就学であるがそれを1年早める（6歳就学）ことも、1年遅らせる（8歳就学）こともできる。

30）Lag（1995:1249）om försöksverksamhet med ökat föraldrainflytande över utvecklingsstörda barns skolgång.

31）2017年8月16日、Partille Öjrersjö Ståregård och Brunn Särskola,Bitte Ziethén校長に対する聞き取り。

32）学校庁公刊の以下の2つの資料を基に記述する。Skolverket（2009）. Särskolan-en skolform för mitt barn, Skolverket（2009）. Särskolan Hur fungerar den?.

33）聞き取り調査内容は、基礎学校における「個の統合」に関する①内容、②方法、③評価、そして④個別の計画の記載内容と、特別学校での指導に関する⑤内容、④方法、⑤評価、⑥個別の計画の記載内容、である。聞き取り調査対象は高知大学教育学部附属特別支援学校の協定校でもある、スウェーデン・パティレ市オレショー基礎学校・知的障害特別学校及びこの学校を卒業後進学するパティレ市・フルールンド(Furulund)学校(6-9年)である。訪問したパティレ市・オイレショー(Öjresjö)学校は、オイレショー・ストーレゴード学校（Öjresjö Storegård skola）とオイレショー・ブルン学校（Öjresjö Brunn skola）から構成される。全体でオイレショー・ブルン学校に就学している子どもは9年生までオイレショー・ブ

ルン学校に通学するが、オイレショー・ストーレゴード学校に就学している子どもは 6 年から 9 年の 4 年間はフルールンダ学校（Furulund skola）に通学することになる。パティレ市オレショー基礎学校と知的障害特別学校は敷地的統合の状態にあり、別の学校ではあるが、知的障害のある子どもの統合教育を行っている。聞き取り調査は 2016 年 9 月 12 日、13 日に実施した。サンプル抽出方法は知的障害のある子どもの統合教育及び教育に関わる教員、特別教員、管理職とした。聞き取り調査の柱は、基礎学校における「個の統合」に関する①内容、②方法、③評価、そして④個別の計画の記載内容と、特別学校での指導に関する⑤内容、④方法、⑤評価、⑥個別の計画の記載内容、である。以下に聞き取り調査概要を示す。

34) パティレ市の学校統一プロジェクト読み書きに注目した学習活動として「パティレストーリー（Partille Stories）」が行われており、見学した期間には「ルポルタージュ（Reportage）」として、人に伝える表現方法について通常学校も知的障害特別学校も学習を行っていた。2016 年 8 月 22 日から取り組んでいるこの活動の学習成果は Web ページを介して各学級が 2016 年 11 月 11 日までに入力して全体での講評も行われる。https://www.partille.se/barn-utbildning/verksamhetsutveckling/partille-stories/.

35) Unikum.net: Webbverktyg för mål, planer och kvalitet i skolan! http://www.unikum.net/.

36) http://skolbanken.unikum.net/unikum/skolbanken/planering/1683395253.

37) https://sites.google.com/a/ybc-nacka.se/svenska-b-bc2b/kursnyheter/laerologg.

38) 学校法 skollagen 2 kap. 25e.co 条に子どもの健康（Elevhälsa）が学校で保障されなくてはいけないことが規定されており、子どもの身体的な精神的な健康状態を守る責任が学校にあり、学校は学校庁が中心となって多方面からの検討ができるチームを学校内に設置することが求められている。近年は学校庁の責任が重要視されている（Monika, 2014）。

39) BUP-mottagning Partille, https://www.sahlgrenska.se/omraden/omrade-1/neurologi-psykiatri-habilitering/enheter/bup-mottagning-partille/

第Ⅴ章
引用文献

DO, BEO, & Skolinspektionen（2009）. Forebygga diskriminering och kränkande behandling Framja likabehandling.

Elisabeth Cervin（2016）. Här kan Emelie andas ut,Specialpedagogik,1,s.27-30.

Government Offices of Sweden Ministry of Education and Research（2011）. OECD - Overcoming school failure. Country background report Sweden.

Göteborgs Stad（2014）. Ensamkommande barn och ungdomar i Göteborg 25 frågor och svar, s. 6.

林寛平（2016）. スウェーデンにおける外国人生徒の学習権保障. 園山大祐編, 岐路に立つ移民教育. ナカニシヤ出版, pp. 102-118.

本所恵（2016）. スウェーデンにおける外国人生徒の学力保障. 園山大祐編, 岐路に立つ移民教育, ナカニシヤ出版, pp. 193-208.

石田祥代（2003）. スウェーデンのインテグレーションの展開に関する歴史的研究. 風間書房.

JamO, DO, HO, HomO, & BEO（2008）. Förebygga diskriminering framja likabehandling i skolan.

加瀬進（2009）. スウェーデンの学校教育＜個別支援計画＞―＜個別支援計画＞の推進を支える制度的基盤を中心に―. 東京学芸大学紀要　総合教育科学系, 60, 245-254.

是永かな子（2007a）. スウェーデンにおける特別ニーズ教育の専門家「特別教育家」養成制度（その 1）イェーテボリ大学の教員養成課程を中心に. 高知大学教育学部研究報告, 67, 21-28.

是永かな子（2007b）. スウェーデンにおける特別ニーズ教育の専門家「特別教育家」の養成制度（その 2）インクルージョン教育における役割を中心に. 高知大学教育実践研究, 21, 33-40.

是永かな子（2007c）. スウェーデンにおける教員養成改革：イェーテボリ大学の教員養成課程の検討を中心に. 高知大学学術研究報告 人文科学, 55, 1-11.

是永かな子（2009）．スウェーデンにおける教育政策の立案と評価に関するシステムの研究（その 3）2002 年の「カールベック委員会（Carlbeck-kommitten）」の検討を中心に．高知大学教育学部研究報告，69，71-82.

是永かな子（2011）．スウェーデンにおける障害児学校の位置づけと機能—障害者権利条約とインクルーシブ教育の動向を踏まえて—．障害者問題研究，39，20-27.

是永かな子（2012）．5 章　＜スウェーデン＞就修学支援システムと保護者との合意形成，渡部昭男編著，日本型インクルーシブ教育システムへの道，三学出版，pp.80-96.

是永かな子・石田祥代・眞城知己（2016）．スウェーデンにおける知的障害児のインクルーシブ教育—指導内容・指導方法に注目して—．高知大学学術研究報告，65，31-42.

是永かな子・田村秋穂（2017）．スウェーデン・イェーテボリ市における単身未成年難民施設の現状と課題—学校との連携と社会の統合に焦点化して—．高知大学教育学部研究報告，77,201-213.

Monika Törnsén（2014）. Rektor, elevhälsan och elevers lärande och utveckling,skolverket.

Parisprinciperna：United Nations（1993）. National institutions for the promotion and protection of human rights, General Assembly resolution 48/134 of 20 December 1993.

Skolverket（1998）. Läroplan för förskolan Lpfö 98. Reviderad 2016.

Skolverket（2011）. Läroplan för grundskolan, förskoleklassen och fritidshemmet 2011（Reviderad 2017），Lgr11.

Skolverket（2011）. Läroplan för grundsärskolan 2011（reviderad 2016）.

Skolverket（2011）. Läroplan för specialskolan, förskoleklassen och fritidshemmet.

Skolverket（2011）. Läroplan för sameskolan,förskoleklassen och fritidshemmet 2011（Reviderad 2016）.

Skolverket（2011）. Läroplan för gymnasieskolan 2011.

Skolverket（2013）. Läroplan för gymnasiesärskolan 2013.

Skolverket（2011）. Kunskapsbedömning i skolan.

Skolverket（2014a）. Grundsärskolan är till för ditt barn.s.12-14.

Skolverket（2014b）. Grundsärskolan är till för ditt barn.s.10.

Skolverket（2014c）. Grundsärskolan är till för ditt barn.s.17-19. .

Skolverket（2015）. Integrerade elever.

Skolverket（2017）. Snabbfakta, https://www.skolverket.se/statistik-och-utvardering/statistik-i-tabeller/snabbfakta-1.120821（アクセス日 2017 年 8 月 26 日）.

Skolverket（2014）. Grundsärskolan är till för ditt barn.,s.15.

Skolverket（2015）. Integrerade elever.

SPSM（2016）. Funktionsnedsättningar, https://www.spsm.se/funktionsnedsattningar/（アクセス日 2017 年 8 月 27 日）.

Utrikesdepartment（2008）. Sveriges internationella överenskommelser,SÖ 2008:26.

VI 総合考察

知的障害のある子どもの インクルーシブ教育場面における 指導内容・方法の深化に向けて

　障害のある子どもとない子どもが共に学ぶというインクルーシブ教育場面における教育実践は、個の学力面の成長と、障害のある者とない者との相互交流とをどのようなバランスで行うことが最適解であるのだろうか。教育実践はそれぞれの国の教育システム、教員の配置、教育課程の構造や内容に影響を受けるので、正解は一つではなく、本研究より、各国の様々な制度により、様々な共に学ぶための指導方法や指導体制のバリエーションがあることが分かった。

　研究1では日本の教育施策等の動向や先行研究について整理するとともに、国内外で障害のある子どもやない子ども等から成る多様性のある集団における指導方法や指導体制［学びのユニバーサルデザイン（UDL）、一人ひとりの違いに応じて指導支援を行う「指導の差異化（Differentiated Instruction）」や協働教授（Co-Teaching）など］についての概観を行った。

　それらの情報をよりよい授業計画を立てる上での参考資料とし、研究2では日本の小・中学校において、教科学習場面における「交流及び共同学習」の事例研究を行った。各事例で行われた支援内容と学習内容の変更・調整についての考察から、知的障害のある子どもが交流及び共同学習の中で充実した学びを得るためには、特別支援学級での事前学習や学習活動の見通しを持たせる工夫、子どもの認知発達段階や教育的ニーズに合わせた学習内容の変更・調整や教材の工夫が重要であることが分かった。

　特に事前学習では、学習内容を予習することで交流及び共同学習での活動で心理的に安定し、子どもの持つ力を発揮できる状態での学習が期待できる。また、教材の工夫では、知的障害のある子どもに取って分かりやすいだけでなく、通常の学級に在籍する子どもの学習の理解に役立つ工夫ともなっていた。

　しかし、これらを実現するためには、通常の学級の担任や管理職などの学校全体の協力が重要であり、この点に関する検討は今後の課題である。なお、平成31年度より教員養成制度の新課程として、全教員免許について特別支援教育関係の科目が必修

となった。上記の点からも内容の充実が求められるといえよう。

　一方、障害のない子どもにとっての交流及び共同学習は、中央教育審議会『幼稚園、小学校、中学校、高等学校及び特別支援学校の学習指導要領等の改善及び必要な方策等について（答申）』（平成28年12月21日）では、障害者理解や交流及び共同学習について『多様性を尊重し、協働して生活していくことができるよう、各教科等の特質に応じた「見方・考え方」と関連付けながら、学校の教育活動全体での一層の推進を図ることが求められる。』とあり、まさに、教科等を学ぶ本質として交流及び共同学習という教育活動があるといえる。いくつかの事例では学習目標が異なる子どもがクラスの中に混在するという学習内容のデザインがなされていた。障害がある・ないということではなく、認知的な個性は人それぞれに違うので、違いを認めたうえで指導に生かし、学びに必要な指導や環境の設定、あるいは「個人内評価」を行うことが重要であるだろう。

　さらに、研究2と研究3から得られた日本、フィンランド、スウェーデンの3カ国の知的障害のある子どものインクルーシブ教育場面での指導の内容や方法を比較すると、知的障害のある子どもが共に学ぶ教育実践の背景にある教育理念の相違が見えてきた。

　日本は、知的障害のある子どもも学ぶ目標や内容のレベルが異なっても同じ場、同じ学年で学ぶ試みを尊重する傾向があり、同年齢児集団への交流が主となっている。例えば、かけ算につまずいているからといって4年生の児童が2年生の交流学級へ通うことはあまり想定されない。

　また、スウェーデンも「個の統合」は相互交流と友人関係（Ömsesidiga relationer och kamratskap）の可能性を増大させることをねらいとしており、知的障害のある子どもも学ぶ目標や内容のレベルが異なっても同じ場、同じ学年で学ぶ教育実践が行われている。

　これに対し、フィンランドでは、通常の学級のその授業の学ぶ目標や内容のレベルが知的障害のある子どものニーズに合致すれば交流するが、子どもが自尊心を損なわず、達成感をもって安心して学習に取り組むことをナショナルカリキュラムにおいても重要視しており、学習内容や目標がその子どもに合っていなければ、無理に通常の学級の学習に参加することはしないという傾向がみられた。

　障害のある子どもとない子どもが共に学ぶというインクルージョン場面における教育実践は、個の学力面の成長と、障害のある者とない者との相互交流と、どのようなバランスで行うことが最適なのか、数事例の検討に基づく本研究結果だけでは結論をだすことはできない。今後も研究を重ね、検討していく必要がある。そして、その際には、各国の教育制度、学校がどのような立地条件にあるか（特別支援学校との併合・

併設）や、教育課程、学習集団の構成等との関係性についても加味した分析が重要である。

　また、障害のある人の成長をどのように捉えるか、対人面での成長と学力面での成長や、障害のある人とない人との相互理解をどのようにとらえるのか、教育理念や教育哲学にも関わる内容でもある。教育理念や教育哲学について机上の議論とするだけでなく、実際の教育実践での知見との往還から、可能な限り最大限子どもの能力を伸ばす指導の内容や方法について、引き続き研究を深めていくことが重要であろう。

　今後の日本の実践の参考になることとして、①通常の学級担任と特別支援担当教員との組織的な協働教授（Co-Teaching）の充実、②特別な支援の実施の専門性を確保する仕組み（フリーの特別支援教育の専門教員や、専門性のある支援員の人的配置と養成）の2点が挙げられる。学校体制や人的配置、その養成などについても今後の検討が望まれる。

　本研究の最中であった2017（平成29）年2月20日、「ユニバーサルデザイン2020関係閣僚会議」において「ユニバーサルデザイン2020行動計画」が決定された。これは、東京オリンピック・パラリンピック大会を契機として、共生社会の実現に向けたユニバーサルデザイン、心のバリアフリーを推進し、大会以降のレガシーとして残していくための施策を実行するための行動計画である。その中の「学校教育における取組」の項には、「特別支援学校と交流している幼稚園・小・中・高等学校や特別支援学級を設置している小・中学校（約2万校）等を軸に、平成29年度から、障害のある人との交流及び共同学習の更なる推進のための取組を実施し、その成果を踏まえて平成30年度から全面展開を図る。(p.8)」とある。

　今後の教育実践の興隆とともに、先述の課題を加味した学術的、実証的な検討を行うインクルーシブ教育システムの推進と共生社会の実現に寄与する研究が求められるだろう。

（涌井　恵・明官　茂）

引用文献

ユニバーサルデザイン2020関係閣僚会議 (2017) ユニバーサルデザイン2020行動計画. 首相官邸.
　http://www.kantei.go.jp/jp/singi/tokyo2020_suishin_honbu/ud2020kkkaigi/pdf/2020_keikaku.pdf
　（アクセス日 2018年2月6日）

独立行政法人 国立特別支援教育総合研究所
研究体制（平成 28 年度〜 29 年度）

研究代表者

明官　茂　　（研修事業部 上席総括研究員）

研究副代表者

涌井　恵　　（インクルーシブ教育システム推進センター 主任研究員）

所内研究分担者

清水　潤　　（研修事業部 主任研究員）

神山　努　　（研修事業部 研究員）

武富　博文　（情報・支援部 総括研究員）

松井　優子　（情報・支援部 主任研究員）

半田　健　　（発達障害教育推進センター 研究員）

平沼　源志　（発達障害教育推進センター 研究員）［平成 29 年度］

横尾　俊　　（インクルーシブ教育システム推進センター 主任研究員）

福本　徹　　（客員研究員［併］国立教育政策研究所 総括研究官）

共同研究機関

是永　かな子　（高知大学教育学部 准教授）

渡邊　あや　　（津田塾大学学芸学部 准教授）

実践協力校

川崎市立小田小学校

相模原市立東林小学校

文京区立林町小学校

文京区立第三中学校

町田市立南大谷小学校

横須賀市立野比東小学校

※所属は当時のもの

■編集・執筆者一覧

編　集
涌井　恵　　　国立特別支援教育総合研究所インクルーシブ教育システム推進センター
　　　　　　　主任研究員

執　筆 (50音順)
神山　努　　　国立特別支援教育総合研究所研修事業部 研究員
　　　　　　　　　　　　　　　　　　第Ⅱ章3－3)，第Ⅲ章5，第Ⅳ章6

是永　かな子　高知大学教育学部 教授　　　　　　　　第Ⅴ章1，2，3，4

清水　潤　　　国立特別支援教育総合研究所研修事業部 総括研究員
　　　　　　　　　　　　　　　　　　　　第Ⅱ章1，第Ⅲ章3，6

武富　博文　　元 国立特別支援教育総合研究所情報・支援部 総括研究員
　　　　　　　現 教育政策研究会特別支援教育部会 西日本支局長　第Ⅱ章1，第Ⅲ章1，2

半田　健　　　元 国立特別支援教育総合研究所発達障害教育推進センター 研究員
　　　　　　　現 宮崎大学 講師　　　　　　　　　　第Ⅱ章2，第Ⅲ章5，6

平沼　源志　　国立特別支援教育総合研究所発達障害教育推進センター
　　　　　　　研究員［平成29年度］　　　　　　　　　　第Ⅲ章5，6

福本　徹　　　国立特別支援教育総合研究所 客員研究員
　　　　　　　［併］国立教育政策研究所 総括研究官　　　　　第Ⅲ章7－2)

松井　優子　　元 国立特別支援教育総合研究所情報・支援部 主任研究員
　　　　　　　現 障害者雇用ドットコム コンサルタント
　　　　　　　　　　　　　　　　　　　　　　　　　第Ⅲ章1，2

明官　茂　　　元 国立特別支援教育総合研究所研修事業部 上席総括研究員
　　　　　　　現 明星大学教育学部 常勤教授　　はじめに，第Ⅰ章，第Ⅲ章3，5，第Ⅵ章

横尾　俊　　　国立特別支援教育総合研究所インクルーシブ教育システム推進センター
　　　　　　　主任研究員　　　　　　第Ⅱ章3－3)，第Ⅲ章2，4，7－1)

涌井　恵　　　国立特別支援教育総合研究所インクルーシブ教育システム推進センター
　　　　　　　主任研究員　　　　　　　第Ⅰ章，第Ⅱ章3－1)，3－2)，4，
　　　　　　　　　　　　　　　　　　第Ⅲ章4，第Ⅳ章4，5，7，第Ⅵ章

渡邊　あや　　津田塾大学学芸学部 准教授　　　　　　第Ⅳ章1，2，3

（平成31年1月現在）

特教研B-327　共同研究
インクルーシブ教育場面における知的障害児の
指導内容・方法の国際比較
－フィンランド、スウェーデンと日本の比較から－
平成２８年度～平成２９年度
研究成果報告書
研究代表　明官　茂　　研究副代表　涌井　恵

■表紙イラスト　岡村　治栄

「知的障害のある子ども
と共に学ぶ」を考える

－北欧の実践をふまえて－

2019 年 1 月 29 日　初版第 1 刷発行

編　　著　独立行政法人 国立特別支援教育総合研究所

発 行 者　加藤　勝博
発 行 所　株式会社 ジアース教育新社
　　　　　〒 101-0054
　　　　　東京都千代田区神田錦町 1-23 宗保第 2 ビル
　　　　　Ｔ ｅ l：03-5282-7183
　　　　　Ｆ ａ x：03-5282-7892
　　　　　E-mail：info@kyoikushinsha.co.jp
　　　　　URL：http//www.kyoikushinsha.co.jp/

表紙デザイン・DTP　株式会社 彩流工房　　　　　Printed in Japan
印刷・製本　　株式会社 創新社
○定価はカバーに表示してあります。
○落丁本・乱丁本はお取替えいたします。
　ISBN978-4-86371-489-2